장년부 성품시리즈 ①

십계명의 재해석을 통한 하나님관계 인간관계 회복

Restore Relations

회복

"성품은 복음을 담는 그릇"

장년부 성품시리즈 ①
십계명의 재해석을 통한 하나님 관계 인간관계 회복

주제 해설

주제선정

하나님께 삶을 내어드리고 항복한다는 것은 우리의 성격을 억누르는 것이 아니다. 하나님은 우리의 독특한 성품을 사용하기 원하신다. 우리의 독특한 성품은 하나님께 드릴수록 더 강화된다. "우리가 하나님께 더 많이 항복할수록 우리는 더 진정한 우리가 된다."

-RICK WARREN-

온전한 성품은 곧 완전한 성결입니다.

장년부 '성품시리즈'는 이러한 사명을 가지고 S.O.S 성품교육과정(Sungkyul Operating System)으로 개발되었습니다. S.O.S 성품교육과정은 성품훈련을 통하여 성결의 삶을 살아갈 수 있도록 도와주는 시스템을 의미합니다. 역사이래로 많은 사람들은 인품이나 인성을 중요한 덕목으로 꼽습니다. 그리고 좋은 인성을 위해 투자합니다. 그러나 성품과 인성은 분명히 구별됩니다.

성품에 대한 많은 정의가 있겠지만 우리가 다루게 될 성품은 완전한 모델인 예수 그리스도의 성품이요, 복음을 가진 그리스도인이 이 땅을 살아갈 때 필요한 나침반과 같은 성품을 의미합니다. 분명한 것은 장년 성품 시리즈에서는 성도들에게 성품을 가르치는 기술이나 구체적인 지침 등을 담고 있지 않다는 사실입니다. 약속된 모임에서 잠깐 성품을 배우고 활동하는 것으로 성품이 온전히 변할 것이라는 기대를 하는 것도 아닙니다. 이것이 그동안 성품교재가 교재로 표준화되지 못한 이유이기도 합니다. 다만 하나님께 받은 복음을 자신의 목소리로 신앙고백하게 하고 복음을 받은 사람이 이 땅을 살아가야 할 마땅한 성품을 구체적으로 배우고 실천하는 익혀 나가는 역할을 감당할 것입니다.

모든 사람에게는 회복이 필요합니다. 불행은 행복으로, 절망은 소망으로 회복되어야 합니다. 몸과 마음도 회복되어야 합니다. 슬픔은 기쁨으로 회복되어야 합니다. 지옥을 경험하는 가정은 천국을 경험하는 가정으로 회복되어야 합니다.
다툼과 분쟁은 화평으로 회복되어야 합니다. 진정한 회복은 깨어진 관계의 회복에서부터 시작됩니다.
이 세상 모든 사람들은 하나님과의 사랑의 관계가 깨어짐으로 수 많은 문제에 둘러싸여 불행하게 살고 있습니다. 피로 인해 상하고 찢긴 우리 인생은 회복이 필요합니다.

주제 해설

　우리는 예수 그리스도의 십자가의 보혈을 믿음으로 죄 용서를 받고 구원을 받습니다. 이것이 복음입니다. 하지만 복음을 지식으로만 채우고 살아간다면 우리는 여전히 회복이 필요한 사람입니다. 본 교재는 성품을 십계명으로 재해석하여 깨어진 하나님과의 관계를 회복함으로 인간관계 뿐 아니라 수없이 많은 현실적인 문제들까지도 회복하는 성결의 능력을 경험하도록 개발되었습니다.

　성도의 사명과 책임을 가장 효과적으로 배우고 실천하기 위하여 강사용과 회원용으로 구별하지 않고 통합용으로 개발하였으며 강사들을 위한 활용자료를 별도로 교육국 홈페이지(www.sungkyul.org)를 통해 제공합니다.

　또한 교회력에 따라 절기를 부록으로 편집하여 활용도를 높였으며 십계명의 순서에 따라 해당되는 실제적인 성품을 두 가지씩 배우고 실천하는 방식으로 순환-심화하여 나누도록 구성하였습니다.

한 해 동안 성령의 인도하심을 말씀 가운데 경험하고, 실천함으로써 주님의 은혜로 든든히 세워지는 믿음의 가정, 믿음의 공동체가 되기를 기대합니다.

*사람을 지성으로만 교육하고 성품을 교육하지 않는 것은
사회에 위협을 교육하는 것이다*

- 루즈벨트 대통령-

이렇게 사용하세요!!

1. 본 교재의 특징

(1) 회원용과 강사용을 구별하지 않았습니다.
(2) 기본적으로 예배순서에 따라 구성하였습니다.
(3) '쉬운 책입니다' 회원이 한번만 읽어도 함께 나눌 수 있는 본문 내용을 말합니다. 전체 흐름이 십계명과 성품 중심의 메시지로 진행되기에 성경을 중심으로 쉬운 본문 해설로 이루어진다는 뜻입니다(독자층의 고려, 짧은 분량, 쉬운 단어와 설명).
(4) '단순한 책입니다' 공과가 십계명을 성품으로 재해석하여 계명당 2개의 성품의 주제를 배우게 되지만 사실은 1년 52주의 전 내용이 하나의 주제(하나님과의 관계회복)로 흐른다는 의미입니다. 더불어 편집이 단순하고 명쾌합니다.
(5) '부담 없는 책입니다' 예배에 참여하는 구성원(회원)들이 편하고 재미있게 접근할 수 있도록 구성을 알차게 하였습니다. 성경을 공부하는 것에서 끝나지 않고 실제적으로 적용할 수 있는 나눔을 통해 삶에 적용하는 데 자신감을 줍니다. 더불어 관련된 좋은 글들을 첨가하여 주제의 이해를 높였습니다.

※ 성경은 개역개정 4판을 찬송은 새찬송가를 기준으로 하였습니다.
※ 성품의 정의와 핵심가치는 아이비엘피코리아(IBLP-Korea)와 *Charater First!*®
한국품성계발원의 허락을 받고 사용하였습니다.

2. 예배 인도와 공과 사용방법

문안 → 신앙고백 → 찬송 → 기도 → 말씀(살펴보기, 나누기, 실천하기) →
합심기도하기 → 찬송(헌금) → 헌금기도 → 주기도문 → 광고(다음모임) → 교제와 친교

▶ 진행방법

① 회원들이 모이면 서로 문안하고 받을 은혜를 위해 각자 기도합니다.
② 사도신경으로 신앙을 고백하고 찬송을 부른 후 대표기도를 합니다.
③ 이룰 목표를 다 같이 돌아가며 읽습니다.
④ 공과의 성경말씀을 함께 읽습니다.
⑤ 새길 말씀은 본문에 핵심구절이기에 암송하면 유익합니다.
⑥ 말씀 살펴보기의 질문을 함께 나눕니다.
⑦ 말씀 나누기를 강사가 선포합니다(도움성경구절을 미리 찾아 적어오면 유익하다).
⑧ 말씀 실천하기를 함께 나눕니다. 금주의 실천사항을 한 가지 적습니다.
⑨ 합심기도하기 제목과 긴급한 기도를 놓고 합심으로 기도합니다(회원 가운데 성령의 인도하심을 따르거나 순서에 맞춰 마침기도를 드린다).
⑩ 공과에 따라 헌금찬송과 함께 헌금을 드립니다(미리 헌금봉투에 담아 준비한다).
⑪ 주기도문으로 예배를 마칩니다.
⑫ 광고시간에 다음 모임의 장소와 시간을 정하고 애경사와 행사를 광고합니다.

▶ 사용방법

① 이룰 목표: 해당 모임 시간에 이룰 목표의 큰 그림을 설명해 놓았습니다.
② 말씀 살펴보기: 본문에 기록된 간단한 질문과 답을 통해 본문 내용의 이해를 돕습니다.
③ 말씀 나누기: 성경을 중심으로 쉬운 본문 해설을 제공합니다.
④ 말씀 실천하기: 전체 교육내용을 정리해서 다시 한번 핵심을 강조합니다. 삶에 적용할 수 있는 탁월하고 예리한 질문들을 통해 삶으로 말씀을 실천할 수 있는 유익을 줍니다.
⑤ 합심 기도하기 : 본문을 통한 구체적인 기도의 방향과 제목을 제공합니다.
  ※첫 모임 시간에 서로의 기도제목을 나누십시오.

목차

● 주제 해설　● 이렇게 사용하세요

십계명의 재해석을 통한 관계회복

제1과	성품을 소개합니다	성품정의	14
제2과	십계명은 우리에게 어떠한 의미일까요?	십계명의 정의	22
제3과	복음, 죄, 믿음	복음정의	28
제4과	성품은 복음을 담는 그릇	성품실천	34

제1계명 "너는 나 외에는 다른 신들을 내게 두지 말라"

제5과	경청은 하나님의 명령	경청	40
제6과	듣는 마음 보여주기	경청	44
제7과	무엇보다 값진 지혜	지혜	48
제8과	위기를 기회로 바꾸는 영적 지혜	지혜	54

제2계명 "너를 위하여 새긴 우상을 만들지 말라"

제9과	하나님의 약속이 보장된 믿음	믿음	58
제10과	성도가 가져야 할 믿음의 초점은?	믿음	64
제11과	나는 정의로운 사람인가!	정의	68
제12과	정의를 실천한 '히스기야'	정의	72

제3계명 "여호와의 이름을 망령되이 일컫지 말라"

제13과	온전히 존중하는 성도의 삶	존중	76
제14과	하나님이 세운 사람들을 존중하라!	존중	80
제15과	하나님의 거룩한 기준	덕	84
제16과	선으로 악을 이기라	덕	90

제4계명 "안식일을 기억하여 거룩하게 지키라"

제17과 　신뢰의 결단은 안식의 지름길 | **신뢰** ──── 94
제18과 　여호와를 신뢰한 '히스기야' | **신뢰** ──── 98
제19과 　상대를 높여주는 시간엄수 | **시간엄수** ──── 102
제20과 　주인을 기쁘게 하는 청지기 | **시간엄수** ──── 106

제5계명 "네 부모를 공경하라"

제21과 　창의성을 발휘할 자유 '순종' | **순종** ──── 110
제22과 　권위자의 보호를 의식하라 | **순종** ──── 114
제23과 　바울이 전한 사랑의 호소 | **호소** ──── 118
제24과 　눈물의 호소를 멈추지 말라 | **호소** ──── 124

제6계명 "살인하지 말라"

제25과 　모세의 온유 | **온유** ──── 128
제26과 　온유한 자의 복 | **온유** ──── 132
제27과 　요시야 왕의 겸손 | **겸손** ──── 136
제28과 　겸손은 하나님의 선물 | **겸손** ──── 142

제7계명 "간음하지 말라"

제29과 　나를 향한 기대를 알고 행하자! | **책임** ──── 146
제30과 　행복의 가치를 높이는 책임감 | **책임** ──── 152
제31과 　정욕을 이기는 생활 | **절제** ──── 156
제32과 　성령의 시험을 통과하라! | **절제** ──── 160

제8계명 "도둑질 하지 말라"

제33과　자원을 늘리는 방법 | **검약** ················ 164
제34과　검약의 바른 습관 | **검약** ···················· 168
제35과　진심이 담긴 고마움의 표현 '감사' | **감사** ···· 172
제36과　감사를 훈련하라 | **감사** ···················· 176

제9계명 "네 이웃에 대하여 거짓증거하지 말라"

제37과　진실만 말하라 | **진실성** ···················· 180
제38과　바나바의 진실함 | **진실성** ·················· 186
제39과　평화를 심는 성도 | **화평** ··················· 190
제40과　공동체를 세우는 힘 | **화평** ················· 194

제10계명 "네 이웃의 집을 탐내지 말라"

제41과　만족은 성숙한 믿음의 증거 | **만족** ·········· 198
제42과　자족하라! | **만족** ··························· 204
제43과　내 이웃이 누구입니까? | **베풂** ·············· 208
제44과　베풂에는 보상이 없다 | **베풂** ··············· 212
제45과　계산하지 말라 | **후함** ······················ 216
제46과　넘치도록 대접하라 | **후함** ·················· 222
제47과　용서하라! 반드시 회복된다 | **용서** ·········· 226
제48과　**신년** / 명절과 큰 계명들 ···················· 232
제49과　**부활절** / 빈 무덤 ··························· 236
제50과　**맥추감사절** / 맥추절을 지키라 ·············· 242
제51과　**추수감사절** / 여호와께 감사하라 ············ 246
제52과　**성탄절** / 큰 기쁨의 좋은 소식 ·············· 258

추석명절 가정예배서 / 258

장년부 성품 시리즈 ①

"성품은 복음을 담는 그릇입니다"

01 | 성품을 소개합니다

이룸목표 : 2-5과는 성품 공과를 바로 이해하고 유익하게 활용하기 위하여 사전에 살펴보아야 할 내용을 다루고 있습니다. 성품 공과를 통하여 하나님의 사랑이 흘러갈 것입니다. 축복합니다.

성품정의

사도신경 / 다같이
찬송 / 259장(통193장)
기도 / 회원 중
말씀 / 벧후 1:4
· 새길말씀 - 신 6:4
헌금찬송 / 304장(통404)
헌금기도 / 회원 중
주기도문 / 다같이

성품은 쉽게 조용히 계발될 수 없다. 오직 시련과 고통의 경험을 통해서만 영혼이 튼튼해지고 포부가 생기며 성공을 이룰 수 있다.

-Helen Keller-

말씀 살펴보기

- 풍요로운 삶을 사는 것이 진정한 성공일까요?
- 하나님과 사랑의 관계가 회복되지 않을 때 어떤 현상이 일어날까요?
- 나는 어떤 성품의 소유자일까요?

말씀나누기

오늘도 이 땅을 살아가는 많은 사람들이 있습니다. 많은 사람들이 성공적인 삶을 사는 것을 인생의 목표로 삼습니다. 세상은 더 많이 누리고 소유하며 풍요로운 삶을 사는 것을 성공적인 삶이라고 말합니다. 하지만 높은 자리에서 많은 것을 소유하고 풍요로운 삶을 사는 것이 진정한 성공일까요?

당신의 인생 목표는 무엇입니까?

우리는 기초를 무시하고 성공을 위해 뛰다가 직장, 사업, 가정 등이 성수대교나 삼풍백화점처럼 한 순간에 무너져 절망하는 사람들을 많이 봅니다. 그때마다 나만은 예외라고 착각합니다. 우리는 인생의 연륜이 쌓일수록 높은 자리와 많은 소유의 풍요로움이 참된 행복을 주지 못한다는 사실을 깨닫게 됩니다.

하나님을 아버지로 모시고 그 분의 자녀로 살 때 어느 누구나 인정할 수 있는 진정한 성공의 삶을 살게 됩니다. 그 성공적인 삶을 살기 위해서는 하나님이 우리 삶에 기초가 되어야 합니다. 이 사실을 빨리 깨닫는 사람만이 진정한 성공자가 될 수 있습니다.

우리 인생의 목표가 바로 세워진다면 우리의 인생은 반드시 변화될 것입니다. 성품은 우리의 목표를 바르게 세우고 세워진 목표를 향해 살아갈 수 있는 힘이 됩니다.

인생을 향한 하나님의 목적은 무엇입니까?

우리 인생의 목표보다 더욱 중요한 가치가 여기 있습니다. 바로 우리의 인생을 향한 하나님의 목적입니다. 하나님의 목적은 모든 사람이 복음을 듣는 것입니다. 복음(福音)이란 '복된 소식', '반가운 소식'을 성경은 복음을 비밀이라고 정의합니다. 아는 사람은 다 알아도 모르는 사람은 절대 알 수 없는 보물섬에 감추어진 보물과 같다는 것입니다. 복음의 이해를 돕기 위해 아래 몇 가지 질문과 답을 살펴보겠습니다.

첫째, 하나님이 인간을 창조하신 목적은 무엇입니까?

성경은 인간 창조의 목적을 "하나님께 영광을 돌리는 것"(사 43:7)이라고 선포합니다. '영광 돌린다' 는 말은 많은 의미를 포함하고 있어 설명하기가 쉽지 않습니다. 헬라어로 '영광' (독사; δοξα)은 '인정한다' 는 의미를 갖고 있습니다. 예를 들어 일상에서 우리는 의자를 신뢰하기 때문에 의자에 앉고 그래서 몸을 의지하며 맡깁니다. 우리의 몸을 전적으로 의자에 맡기고 의지할 때 우리는 의자를 통해 쉼을 얻고, 안정감과 평안을 경험합니다. 즉 창조목적은 한마디로 '하나님은 하나님이 창조하신 우리에게 인정받고싶어 하신다' 는 사실입니다. 그런데 하나님이 진정으로 인정받기 원하시는 것이 있습니다. 그것은 우리를 향한 하나님의 사랑입니다. 하나님은 신명기 6장 4절에 "너는 마음을 다하고 성품을 다하고 힘을 다하여 네 하나님 여호와를 사랑하라"고 말씀하십니다.

둘째, 성품이란 무엇입니까?

인격, 인성, 덕성, 인품 등을 혼용하여 자주 사용하면서도 대부분의 사람들은 그 뜻을 정확히 모르고 사용할 때가 많습니다.

성품이란 '환경에 구애받지 않고 바른 일을 올바르게 효과적으로 하는 마음의 내적 동기'를 의미합니다. 즉 아무도 보지 않을 때 나타나는 자기 자신의 모습 속에 진정한 성품이 있다는 것입니다.

성경은 성품에 대하여 마태복음 22장 37절에 "너는 마음을 다하고 성품을 다하고 힘을 다하여 하나님을 사랑하라"고 선포하고 있으며 베드로후서 1장 4절에서는 "이로써 그 보배롭고 지극히 큰 약속을 우리에게 주사 이 약속으로 말미암아 너희로 정욕을 인하여 세상에서 썩어질 것을 피하여 신의 성품에 참예하는 자가 되게 하려 하셨으니"라고 말씀하십니다.

신의 성품이란 곧 성결을 의미합니다. 내가 성결하니 너희도 성결하라는 말씀처럼 성도로서 이 땅 가운데 성결한 하나님의 사람으로 변화받고 성장하며 살아가기 위해서는 반드시 하나님의 형상을 회복해야 합니다. 하나님 형상의 회복이란 복음의 본질인 하나님의 사랑 때문에 정욕(자기 사랑)으로 세상에서 썩어질 것을 피하여 신의 성품 즉 하나님의 형상으로 이 땅을 살게 되는 것입니다. 하나님과의 사랑의 관계가 회복된 모습입니다.

하나님과의 사랑의 관계가 회복되지 않으면 교회를 출석하고 직분을 맡고 봉사를 해도 우리는 개인적 삶의 갈등, 자녀들 문제, 부부간의 문제, 동료간 갈등 등 삶의 모습은 시기, 질투, 부도덕, 부정직, 분노, 근무태만, 무책임, 부정, 부패, 불평, 불만 등 여러 비인격적인 행위로 나타납니다. 그로 인해 우리는 좌절하게 되고 하나님 앞으로 나오지 못하게 됩니다.

[좋은 성품 더 깊히 알기]

1. 성품은 반응입니다

성품은 우리가 만나는 상황에서 반응하는 우리의 모습입니다. 누군가 나에게 잘못했을 때 화를 내거나 또는 웃으면서 용서하는 두 가지의 선택을 하게 됩니다. 누구나 예외없이 밝은 태도로 웃으면서 용서로 반응하는 사람을 선호합니다. 이럴 때 좋은 관계가 시작되고 유지됩니다. 그 이유는 이 모습이 좋은 성품이기 때문입니다.

2. 성품은 한 순간을 위해 평생을 준비하는 것입니다

어떤 사람은 순간적인 분을 이기지 못하고 돌이킬 수 없는 말과 행동으로 평생을 후회하는 사람을 종종 보게 됩니다. 한 순간의 유혹과 시험에 넘어져서 하나님의 자녀의 능력과 기쁨을 누리지 못하는 안타까운 일이 없도록 성품을 훈련해야 합니다.

3. 성품은 성령의 열매입니다

성품은 우리의 열심이나 결단으로 훈련되지 않습니다. 하나님이 우리 심령에 사랑으로 채워주시지 않으면 절대로 우리는 사랑으로 회복될 수 없습니다. 성령님은 이 시대에 하나님의 사랑을 우리에게 흘려보내셔서 깨어진 하나님과의 관계를 회복시켜 첫사랑의 감격으로 살게 하시는 분이십니다.

셋째, 왜 성품이 중요합니까?

성품을 통해 죄로 인해 깨어진 하나님과의 관계가 회복되기 때문에 중요합니다. 성품은 복음을 담는 그릇과도 같습니다. 사람은 복음인 하나님의 사랑으로 채워질 때 자신의 인생과 인생의 문제를 하나님께 전적으로 맡기고 의지하는 삶을 살게 됩니다.

하나님을 만난다는 말은 하나님의 사랑을 느끼고, 그 사랑으로 채워지는 것을 의미합니다. 모든 사람은 예외없이 창조의 목적을 회복할 때 즉, 하나님의 사랑을 느끼고 그 사랑이 채워짐으로 인생과 인생의 문제의 주도권을 하나님께 맡겨드리게 되며 비로소 참 평안과 안정, 쉼을 누리게 됩니다. 우리의 믿음의 선조들이 순교자의 삶을 살 수 있었던 것도 심지어 십자가 앞에서 순교할 수 있었던 것도 이러한 이유 때문이었습니다. 그러나 사탄은 이 복음을 방해하기 위해 하나님의 사랑, 예수 그리스도의 사랑, 성령님의 사랑을 느끼지도 채우지도 못하게 속입니다. 그래서 복음을 담아내는 성품의 그릇을 깨뜨리고 금가게 만듭니다.

더불어 오늘날의 '사랑'이라는 단어는 남녀간의 불완전하고, 변하는, 육체적인 사랑으로 변질되어 버렸습니다. 각종 영상 매체와 가요는 이러한 사랑을 보여주고 노래합니다. 하나님의 사랑을 보고 느낄 수 있는 사랑의 공동체인 가정과 교회는 깨지고 무너진 모습입니다. 이혼율이 급증하고 세상이 교회를 개혁하겠다고 목소리를 높이고 있습니다.

깨어진 가정과 마음에는 결코 복음을 담을 수 없습니다. 이것이 복음을 무력화 시키려는 사탄의 전략입니다. 하나님의 사랑으로 채워지지 않은 사람은 평안과 안정, 쉼을 누리지 못함으로 ① 자신만을 사랑하는 사람으로 변질되어 ② 세상의 사랑을 구걸하며 ③ 올바른 성품으로 살아가지 못하게 됩니다. 성품 훈련을 통해 하나님과 회복된 사랑의 관계, 즉 복음이 우리의 못된 습관과 가치관과 태도를 새롭게 변화시킬 것입니다.

넷째, 성품이 회복되려면 어떻게 해야 합니까?

그 동안 교회 안에서 성품훈련이 없었던 것이 아닙니다. 매주 선포되어지는 설교 말씀은 가장 탁월한 성품훈련이었으며 성경말씀이 최고의 안내자입니다. 이미 하나님은 성품의 완벽한 모델인 예수 그리스도를 우리에게 본보여 주셨습니다. 하지만 하나님의 사랑을 느끼고, 그 사랑을 만나지 못한 사람, 즉 자기를 사랑하고 자기가 인생의 주도권을 가진 사람은 육신의 정욕, 안목의 정욕, 이생의 자랑(요일 2:12-17)으로 살기를 기뻐하기 때문에 계속해서 죄와 회개의 결단을 반복하며 살게 되고, 그 결과 세상 속에서 맛과 빛을 잃은 힘없는 그리스도인, 세상과 구별되지 않는 무기력한 그리스도인이 양산되고 있는 것입니다.

교회와 가정 안에서 하나님의 사랑 때문에 환경에 구애받지 않고 바른 일을 올바르고 효과적으로 하는 실천을 통해 구체적으로 어떤 상황에서 어떻게 대처해 나가야 하는지 배우며 삶 속에 적용할 수 있게 합니다.

예수 그리스도를 닮은 성품은 단지 환경이나 가족의 배경, 부모의 영향, 그리고 결단과 노력만으로 형성되는 것은 아닙니다. "구하는 자에게 후하게 주시고 꾸짖지 않으시는 성령께" 하나님의 사랑을 선물로 구해야 합니다. 하나님의 사랑으로 채워진다는 것은 성령의 충만을 의미합니다. 성령충만은 고린도전서 13장을 삶 가운데 재현하고 성령의 9가지 열매를 맺게 합니다. 우리들이 먼저 해야 할 일은 성품교육이 아닙니다. 그것은 복음을 회복하는 일입니다. 성결의 은혜는 바로 하나님 사랑의 복음입니다. 이 사랑 때문에 대가를 지불하고 헌신하고 예수 그리스도의 성품을 닮아가게 되는 것입니다.

성품 공과를 통하여 모든 성도들과 믿음의 가정 공동체 가운데 하나님의 사랑이 흘러가 그 사랑을 느끼고, 하나님을 만난 사랑 까닭에 예수그리스도의 제자와 자녀, 신부의 성품훈련을 시작하게 될 것이며 이 땅 가운데 사랑의 복음을 흘려보내는 온전한 그리스도인의 능력을 가지고 증인된 삶을 살게 될 것입니다. 성품의 변화는 하나님의 사랑을 깨닫는 데서부터 시작됩니다.

말씀 실천하기
1. 성품의 회복을 위해 주어진 상황마다 하나님의 사랑으로 말하고 행동하도록 기도문을 작성해봅시다.
※ 오른쪽의 작성하기란을 활용하세요.

합심 기도하기
1. 나를 창조하신 하나님의 목표를 이루며 살 수 있도록.
2. 나의 말과 행동 가운데 하나님의 사랑을 날마다 채워주시기를.

♥ 금주의 실천사항을 한가지씩 적어보세요.

♥ 다음예배는 (　　　　　) 에서 (　　)월 (　　)일 (　　)시 (　　)분

기도문 작성하기

02 | 십계명은 우리에게 어떠한 의미일까요?

이룸목표 : 십계명을 통해 하나님의 뜻을 깨닫는다.
계명 실천이 주는 유익을 안다.

십계명 정의

사도신경 / 다같이
찬송 / 268장(통202)
기도 / 회원 중
말씀 / 히 8:7-13
· 새길말씀 - 히 8:10
헌금찬송 / 325장(통359)
헌금기도 / 회원 중
주기도문 / 다같이

"사실을 말하는 것으로는 환경도, 사람도 절대 바뀌지 않는다. 하지만 사랑으로 말하면 환경도, 사람도 반드시 변한다. 하나님 사랑의 실천이 곧 십계명 율법의 완성이다."

말씀 살펴보기

· 새 계명은 무엇입니까?
· 십계명에 담겨있는 하나님의 약속은 무엇입니까?

말씀나누기

십계명은 하나님이 주신 언약입니다. 율법은 하나님이 모세를 통해 주신 하나님의 법입니다. 율법의 대표적인 것이 십계명입니다. 유대인들이 지키는 율법은 총 613개인데 해야 할 율법은 248개이고 하지 말아야 할 율법은 365개에 이른다고 합니다. 이것을 조금 넓게 정의하면 성경에 '하나님이 하라, 혹은 하지 말라고 한 모든 것'이 다 율법입니다. 당연한 사실이지만 이 율법은 좋은 것입니다. 그런데도 많은 사람들이 율법에 대해서 부정적인 이미지를 갖고 있습니다. 바울은 로마교회 성도들을 향해 반문합니다. "율법이 죄냐? 그럴 수 없느니라." 율법은 우리에게 죄가 무엇인지를 가르쳐 줍니다.

만약 율법이 없었다면 "우리는 죄를 짓고도 그것이 죄인 줄 모를 것입니다. 바울도 고백합니다. 율법으로 말미암지 않고는 내가 죄를 알지 못하였으니 곧 율법이 탐내지 말라 하지 아니하였더면 내가 탐심을 알지 못하였으리라." 율법은 죄에 형벌이 있음을 가르쳐 줍니다. 율법은 죄가 무엇인지를 가르쳐 주고 그 죄의 결과가 어떠한지도 알려줍니다. 죄를 지으면 망합니다. 죄를 지으면 비참해집니다. 죄의 삯은 사망입니다. 죄를 지으면 지옥 갑니다. 우리가 이 사실을 알게 된 것은 율법을 통해서입니다.

사랑으로 옛 언약을 완전케 하셨습니다

그러나 하나님은 율법대로 살지 못하는 우리가 죄책감과 정죄감에 빠져 살아가지 않도록 새 언약, 새 계명을 주실 것인데 그것을 우리의 마음에 기록하시겠다고 하셨습니다.

십계명의 율법, 즉 옛 언약은 새 언약으로 대체될 것이라고 선포하십니다. 새 언약이 옛 언약을 대신한다는 의미는 예수께서 십자가의 피, 즉 하나님의 사랑으로 옛 언약을 완성하셨다는 것입니다.

요한복음 13장 34절에서는 "새 계명을 너희에게 주노니 서로 사랑하라 내가 너희를 사랑한 것 같이 너희도 서로 사랑하라"는 말씀이 바로 새 언약, 새 계명입니다. 그러므로 이제는 하나님의 사랑의 법 안에서 사는 것입니다. 로마서 13장 10절에서도 "사랑은 악을 행치 아니하나니 그러므로 사랑은 율법의 완성이니라"고 선포하십니다.

왜 십계명을 지켜야 할까요?

다시 한번 강조하지만 새 계명을 주셨다는 것은 우리가 십계명을 지킬 필요가 없다는 것을 의미하지 않습니다. 로마서 3장 9절에서는 "그러면 어떠하뇨 우리는 나으뇨 결코 아니라 유대인이나 헬라인이나 다 죄 아래 있다고 우리가 이미 선언하였느니라" 예수의 사랑으로 인한 대속의 은혜가 없이는 아무도 구원을 얻을 수 없다는 것을 율법이 가르쳐 주는 역할을 하는 것입니다. 그러므로 은혜로 사는 것, 믿음으로 사는 것, 사랑으로 산다는 것은 율법을 다 지키는 것이요 다 이루는 것입니다.

율법을 폐한 것이 아니기에 지켜야 합니다. 그러나 예수님의 사랑 안에 은혜로 굳게-완전하게-된 율법을 믿음으로 지키라는 말씀입니다. 그러기에 이제는 은혜로 사는 사람, 믿음으로 사는 사람, 사랑으로 사는 사람은 미워하지 않으며 음욕을 품지 않으며 우상을 섬기지도 않고 다른 신에게 마음을 주지도 않을 것이며 부모를 공경하고 도적질도 하지 않을 것이며 이웃에게 악을 행치도 않을 것이며 탐욕을 부리지도 않을 것입니다.

십계명을 더 진실하게 완전한 삶으로 지키게 될 것이라는 것입니다. 뿐만 아니라 오리를 가자고 하면 십리도 동행해주고 오른편을 치면 왼편도 돌려댈 것입니다. 미워하는 것이 아니라 원수를 위해서도 기도하며 불쌍히 여기는 것입니다. 그래서 사랑은 율법의 완성이라고 말하는 것입니다. 성도가 하나님의 사랑 안에 거하면 율법 전체를 지킬 수 있는 것입니다. 그러나 잠깐이라도 은혜에서 떨어지면 율법을 지킬 수가 없습니다.

포도나무 비유처럼 예수 안에 있으면 내가 열매를 맺는 것이 아니고 예수께서 맺어 주시는 것처럼 내가 율법을 지키는 것이 아니라 예수께서 도와주심으로 지키게 되고 저절로 열매 맺는 삶을 살게 되는 것입니다. 단지 성도는 예수님 안에 붙어 있어야만 가능한 것입니다. 예수님 안에서 떨어지면 스스로는 열매를 맺을 수 없다고 하셨습니다.

십계명을 통해 얻는 유익이 있습니다

그렇다면 십계명을 지키지 않아도 된다는 의미일까요? 그렇지 않습니다. 그럼에도 십계명이 우리에게 주는 유익이 있습니다. 그것은 십계명을 통하여 우리가 지켜야 할 하나님의 뜻을 알게 되며, 아직 거듭나지 않은 옛사람의 육체적인 충동을 억제하기 위한 예방주사의 기능을 하는 것입니다. 마치 거울을 보고 머리를 매만지고 얼굴에 묻은 잡티를 떼어내는 것처럼 실천적인 행동지침을 제시해 주는 유익이 있다는 사실입니다.

구원받기 위하여 십계명을 받아들이는 것이 아니라 이미 구원받았고 하나님의 자녀와 백성이 현실의 삶 가운데 삶의 원리가 바로 십계명입니다. 그러므로 예수 그리스도의 복음으로 변화를 입었으면 율법을 지키기 위해 하나님을 섬기는 것이 아니라 그 원리를 따라 예수께서 십자가로 완성하신 사랑의 법으로 하나님을 사랑하고 내 몸같이 이웃을 사랑하는 사랑의 법을 이루기 위해 사는 삶을 살아야 합니다.

하나님과 관계를 회복해야 합니다

그러나 우리가 살아가는 세상은 아버지 하나님을 사랑하지 않고 자기 자신을 사랑하는 것이 지혜로운 사람이요 현명한 사람이라고 말하고 있습니다. 악한 사단의 속임입니다. 십계명은 이러한 하나님과의 관계를 회복하기 위한 하나님의 구체적인 약속을 담고 있습니다. 십계명에 담겨있는 하나님의 약속은 하나님의 사랑입니다. 이 약속을 지킬 때 깨어진 하나님과의 사랑의 관계가 회복되는 것입니다. 세상에서 마음과 성품을 다해서 아버지 하나님을 사랑하는 것은 참으로 어려워 보입니다. 마음은 우리에게 치우쳐 있어서 아버지하고 나눌 대화도 없습니다. 여러 가지 분주함으로 아버지하고 사랑을 나눌 시간도 없습니다. 하나님의 사랑을 느끼지 못하고 작은 일에도 고되고 버겁게 느껴집니다. 결국 자기를 사랑하는 마음에 치우쳐 세상의 방법과 노력으로 이 땅을 살게 되는 것입니다.

어떻게 십계명을 통해 관계회복을 할 수 있을까요?

이번 성품 공과는 익숙하고 무뎌지기 쉬운 사랑의 복음실천을 십계명의 재해석을 통해 제안하고 훈련할 것입니다. 십계명의 재해석이란 말은 온전한 하나님의 형상을 회복하는 구체적인 방법을 성품을 통해 제안하고 있다는 의미입니다. 성품은 복음을 담는 그릇과도 같습니다. 환경에 구애받지 않고 모든 일을 올바르고 효과적으로 하는 마음의 내적 동기가 바로 하나님의 사랑입니다. 결국 복음이란 인간이 하나님과의 사랑의 관계가 회복되어 회복된 하나님의 형상으로 살아가는 것입니다.

한 해 동안 성경을 중심으로 실제적인 성품훈련을 통해 하나님과의 관계가 회복되고 회복된 삶이 능력으로 나타나게 될 것입니다.

말씀 실천하기
1. 십계명의 회복을 위해 구체적으로 실천할 성품의 내용을 적어봅시다.
2. 하나님과의 관계회복을 방해하는 문제를 정직하게 인정합시다.

합심 기도하기
1. 하나님의 사랑 때문에 의무가 아니라 자원하는 마음으로 십계명을 지키도록.
2. 사랑은 율법의 완성임을 알고 매일매일 사랑으로 실천함으로 십계명의 복을 누리도록.

♥ 금주의 실천사항을 한가지씩 적어보세요.

♥ 다음예배는 (   ) 에서 (   )월 (   )일 (   )시 (   )분

節制

절제의 성품을 소개합니다

힘을 아껴 중요한 목표에 집중하십시오.
절제는 자기를 다스리는 것입니다.
힘과 말과 분노를 발하는 것을 아끼는 것이며,
힘을 아껴 중요한 목표에 집중하는 것입니다.
절제는 싸움을 멈추고 화평을 추구하는 것이며,
원망을 멈추고 감사하는 말을 사용하는 것이며,
칭찬 뿐만 아니라 쓰디쓴 조언도 들을 줄 아는 마음입니다.
우리 각자에게 맡기신 독특한 사명을 이루기 위해서는 절제해야 합니다.

자기를 다스릴 때 절제할 수 있습니다.
자신의 마음과 생각과 욕망과 분노를 다스리는 것입니다.
중요한 일에 힘을 집중할 수 있어야 합니다.
절제의 힘은 낭비하지 않고 목표에 집중하며 철저히 자신을 관리하는 힘입니다.

03 | 복음, 죄, 믿음

이룸목표 : 죄와 죄악의 차이점이 무엇인지 안다.
믿음이 무엇인지 정확히 배우고 고백한다.

복음정의

사도신경 / 다같이
찬송 / 524장(통313)
기도 / 회원 중
말씀 / 롬 1:16-17
· 새길말씀 – 롬 1:16
헌금찬송 / 304장(통404)
헌금기도 / 회원 중
주기도문 / 다같이

예수를 믿는다는 것은
하나님의 형상,
즉 성품을 회복하는 것이다.
나의 성품이 예수그리스도를
닮아가고 복음을 회복하며
죄에서 자유하고
믿음으로 승리하는 삶이다.

말씀 살펴보기

· 복음의 의미가 무엇일까요?
· 죄란 무엇일까요?
· 믿음이란 무엇일까요?

말씀나누기

복음이란 무엇입니까? 죄는 무엇입니까? 믿음이란 무엇입니까? 신앙생활의 길고 짧음의 연한과 관계없이 교회 안에 많은 성도들은 너무나 중요할 뿐 아니라 익숙하고 자주 접하는 복음, 죄, 믿음을 머릿속으로는 알고 있는 것 같지만 정작 구체적으로 설명하려 하면 막막해집니다. 말로 설명할 수 없다는 것은 내 안에 구체적으로 자리잡지 못했다는 의미일 수도 있습니다.

본 과에서는 기독교의 기본 진리인 복음, 죄, 믿음에 대한 분명한 정의를 배우고 아울러 신앙고백을 통하여 하나님과의 관계회복을 위한 첫걸음을 떼도록 하겠습니다.

복음은 무엇입니까?

　앞서 배웠지만 복음(福音)이란 '복된 소식', '반가운 소식'이라고 합니다. 성경은 복음을 비밀이라고 정의합니다. 아는 사람은 다 알아도 모르는 사람은 절대 알 수 없는 보물섬에 감추어진 보물과 같기 때문입니다. 복음을 한마디로 표현하면 '인간에게 인정받기 원하시는 하나님의 창조목적을 이루는 것'입니다. 그렇다면 하나님이 우리에게 인정받고 싶어 하시는 것은 무엇일까요? 그것은 우리를 향하신 하나님의 사랑입니다. 즉 이것이 바로 복음의 핵심입니다. 예수 그리스도는 십자가에 달리시기 전 "오직 내가 아버지를 사랑하는 것과 아버지께서 명하신 대로 행하는 것을 세상이 알게 하려 함이러라"(요 14:31)고 말씀하셨습니다.

　우리를 너무나 사랑하셔서 창조하시고 독생자 아들을 대속 제물로 주시는 하나님의 사랑, 우리를 너무나 사랑하셔서 하나님께 순종하심으로 십자가에서 죽으시고 우리의 죄를 대속하시어 부활의 감격으로 살아갈 수 있는 부활의 첫 열매되신 예수 그리스도의 사랑, 이 사랑을 이 땅 가운데 계속해서 흘려보내시는 성령님의 사랑(롬 5:5), 이 사랑의 대서사시, 사랑의 결정체인 십자가, 이것이 바로 복음입니다.

　이 시대의 위기는 이 복음인 사랑을 너무나 흔하게 접하고 점차 익숙해지면서 지식으로만 아는 무감각한 신앙인이 되었다는 데 있습니다. 주님은 얼굴과 얼굴을 마주 대하는 것처럼 내 안에 채워진 주님의 사랑이 사람들의 마음속에 흘러가서 사람들이 주님을 느끼고 만나는 사건, 즉 주님의 사랑을 경험하기를 원하십니다(고전 13:12). 이것이 복음인 사랑을 우리 안에 채워야 하는 이유입니다.

죄는 무엇입니까?

야고보서 1장 15절에 보면 "욕심이 잉태한즉 죄를 낳고 죄가 장성한즉 사망을 낳느니라"라는 말씀이 있습니다. 그렇다면 죄의 본질은 무엇일까요? 창세기 3장에 보면 선악과 사건이 나옵니다. 한 가지 질문을 드려볼까요? 선악과를 따 먹은 것이 왜 죄인가요? 대부분 불순종을 이야기 합니다. 맞습니다. 하나님께 불순종이 죄입니다. 하지만 하나님이 따먹지 말라는 선악과를 따먹은 행동, 그 이유 하나만으로 영벌, 곧 지옥에 가게 하시는 분이신가요? 선악과 사건은 이렇게 보아야 할 것입니다. 선악과 사건 이전까지 하와는 하나님과 친밀한 관계였습니다.

만약 뱀이 하와에게 눈이 밝아져 하나님처럼 될 것이라고 유혹할 때 하와가 "나는 하나님께 모든 것을 의지하고 맡기고 살기 때문에 눈이 밝아질 필요가 없어 나에게는 하나님이 최고야"라고 말했다면 아마도 하나님이 나타나셔서 박수를 치시며 기쁨을 이기지 못하셨을 것이라고 믿습니다. 그 이유는 하나님을 신뢰하기에 의지하고 맡기는 것, 하나님께 영광 돌리는 믿음의 삶이 바로 창조의 목적이기 때문입니다.

죄란? 하나님을 의지하고 맡기지 않는 삶이라고 할 수 있습니다. 여기서 한 가지 질문을 더 드리죠 그렇다면 악이란 무엇일까요? 흔히 우리가 죄악이라고 혼용하여 사용하지만 복음을 정확하게 알기 위해서는 구별이 필요합니다. 악이란? 하나님께 맡기고 의지하는 믿음의 삶을 살지 않는 죄인의 삶의 부산물이며 열심히 살면 살수록 생기는 결과물인 것입니다. 예를 들어 술, 담배, 도박, 음란 등 의존도가 높아 중독의 문제가 발생하는 것들입니다. 사람들이 언제 술을 마시나요? 대부분 그 시작은 실패와 거절, 고통스러운 상황을 만났을 때 그 상황을 잊고 싶은데 자신에게는 그런 능력이 없기에 술의 힘을 의지하고 술에게 문제를 맡기는 것이 아닌가요? 담배는 어떻습니까? 줄담배를 피는 사람은 병원 응급실 밖이나 매우 초조할 때, 음악가는 악상이, 작가는 시상이 떠오르지 않는 절박함 앞에 담배에 그 마음을 의지하는 것 아닐까요? 더 정확하게 말하자면 악이란 자신의 인생과 인생의 문제를 하나님께 맡기고 의지하지 않는 사람들이 조금의 위로라도 얻기 위해 세상의 쉽고 빠른 방법을 찾는 것이라고 말할 수 있습니다.

우리는 주변에 사람들이 술과 담배 등에 의존하여 행동하는 것을 볼 때 정죄하기가 쉽습니다. 하지만 그들도 하나님의 사랑을 느끼게 될 때 하나님께 맡기고 의지하여 참 평안을 누리는 믿음의 삶을 살게 될 것입니다.

믿음은 무엇입니까?

성경은 오직 "믿음으로 구원받는다"(롬 1:17)는 선포와 예수 그리스도의 이름으로만 구원받을 수 있다고 선포합니다. "다른 이로서는 구원을 얻을 수 없나니 천하 인간에 구원을 얻을만한 다른 이름을 우리에게 주신일이 없음이니라 하였더라"(행 4:12).

예수 그리스도를 믿어야만 구원받습니다. 예수 그리스도를 믿는다는 것은 내 인생의 모든 문제를 하나님께 온전히 맡긴다는 것을 의미합니다. 하나님의 사랑을 경험해보지 않으면 주님을 신뢰할 수 없고 자기 인생을 최고의 가치에 두어 자기사랑으로 살게 됩니다. 세상적인 방법으로 자신을 가꾸고 남들 앞에서 돋보이고자 노력하고 투자하며 살아갑니다. 그러나 결국 찾는 것보다 잃어버리는 것이 더 많습니다. 평안함과 안정감, 쉼은 잃어버리고 그 속에 불안과 두려움, 비교하는 비교의식에 사로잡혀 불평불만하며 살게 됩니다. 많은 것을 가지고 생활의 풍족함을 누리면서도 자신의 목숨을 끊는 기업가나 연예인들도 이와 같은 경우입니다.

자신의 학업, 외모, 건강, 물질, 친구, 가정문제 등 모든 문제를 예수 그리스도께 전적으로 맡기고 의지함으로 예수 그리스도를 인정해 드리십시오. 반드시 도우시는 성령의 능력을 경험하며 승리의 삶, 믿음의 삶, 성결의 삶을 살게 될 것입니다. 그렇게 할 때 세상이 알 수 없고 줄 수 없는 안정감과 평안과 쉼을 맛보게 되는 것입니다. 성경은 오직 의인은 믿음으로 말미암아 산다고 약속합니다(롬1:17). 하나님의 사랑 때문에 하나님만 의지하고 살아가는 삶, 하나님이 인정받으시는 우리의 삶이 인생을 향한 하나님의 목표입니다. 이번 성품 공과를 통해 막연했던 복음과 죄 그리고 믿음의 의미가 내 안에 선명하게 세워지게 될 것입니다.

예수 그리스도의 사랑이 모든 구역원들과 그들의 가정에 이르기까지 흘러넘치는 복된 소식이 되어 전해질 것입니다. 그래서 '성품은 복음을 담는 그릇'이라는 말의 의미를 깨닫게 될 뿐 아니라 그리스도의 성품에 참여하는 기쁨과 능력, 그리고 예수 그리스도의 사랑 때문에 변화된 삶을 살아가는 성결의 사람이 될 것입니다.

말씀 실천하기

1. 하나님의 사랑이 복음임을 알고 주위에 복음 알지 못하는 가족과 이웃에게 전합시다.
2. 하나님의 사랑을 알지 못함으로 자신의 인생을 하나님께 맡기고 의지하지 않는 자기사랑이 죄임을 알고 자신의 죄된 삶의 모습을 생각해 보고 인정합시다.

합심 기도하기

1. 어떠한 상황 가운데서라도 복음에 바로 서서 죄악을 물리치는 강한 믿음을 가지고 살도록.
2. 복음을 담는 그릇인 성품이 예수그리스도의 형상으로 회복되도록.

♥ 금주의 실천사항을 한가지씩 적어보세요.

♥ 다음예배는 (   ) 에서 (   )월 (   )일 (   )시 (   )분

긍휼의 성품을 소개합니다

긍휼을 베풀고 위로하십시오.
긍휼이란 부모가 자식을 불쌍히 여기는 마음입니다.
즉 단순하거나 미지근한 감정이 아니라 강하고
깊은 사랑의 감정이며 애끓는 사랑의 감정이라 할 수 있습니다.
긍휼은 상대방의 마음을 공감하는 능력으로써 긍휼히 여기는 마음을 가질 때
강렬한 사랑의 열정을 갖게 됩니다.
또한 긍휼은 연약하고 가난한 사람,
죄인임을 인정하는 사람, 고난 중에 있거나
의심하는 사람을 불쌍히 여기는 하나님의 마음입니다.
그리고 하나님께서 우리를 긍휼히 여기셔서 용서해 주셨으므로
우리도 다른 이에게 긍휼을 베풀고 용서해야 합니다.
긍휼을 베푸는 것은 다른 사람을 위하는 것이기 이전에
우리 자신을 위하는 것입니다.

04 | 성품은 복음을 담는 그릇

이룸목표 : 관계회복을 위해 어떤 결단이 있어야 하는지 안다.
회복된 사람을 통해 하나님의 역사가 어떻게 일어날 수 있는지 배운다.

성품실천

사도신경 / 다같이
찬송 / 438장(통495장)
기도 / 회원 중
말씀 / 고전 13:1-13
· 새길말씀 - 고후 13:2
헌금찬송 / 488장(통539)
헌금기도 / 회원 중
주기도문 / 다같이

"사람을 지성으로만 교육하고 성품을 교육하지 않는 것은 사회에 위협을 교육하는 것이다"

-Teddy Roosevelt-

말씀 살펴보기

· 당신이 1000년을 산다면 무엇을 하겠습니까?
· 100년을 산다면 무엇을 하겠습니까?
· 10년을 산다면 무엇을 하겠습니까?
· 하루를 산다면 무엇을 하겠습니까?
· 나에게 인생의 가장 중요한 것은 무엇입니까?

말씀 나누기

　복음인 사랑이 내 안에 채워지기 위해서는 사랑을 담을 수 있는 그릇을 준비해야 합니다. 먼저 사랑으로 채워져야 다른 사람에게 넘쳐서 흘러가기 때문입니다. 사단은 우리 안에 주님의 사랑이 채워지지 않도록 우리의 그릇, 즉 성품을 깨뜨리고 금이 가게 만듭니다. 성경은 우리가 질그릇과 같다고 말합니다. 하지만 예수그리스도의 사랑을 느끼고 경험한 사람이 바로 보배를 가진 사람입니다. 이 보배가 바로 예수 그리스도의 사랑의 복음입니다. 질그릇은 깨지기 쉽습니다. 조금만 부주의해도 금이 갑니다. 질그릇이 깨지고 금이 가면 사랑을 채울 수 없습니다. 우리는 참으로 질그릇 같습니다. 시부모님의 꾸지람이나 남편, 또는 아내의 지나가는 말 한마디, 친구의 말 한마디에 우리 마음의 질그릇은 산산 조각이 나고 맙니다.

고린도전서 13장 4-7절 말씀을 보면 "사랑은 언제나 오래참고, 온유하며, 투기하지 않고, 자랑하지 않고, 교만하지 않고, 불의를 기뻐하지 않고, 진리와 함께 기뻐하고, 모든 것을 참으며, 모든 것을 바라며, 모든 것을 견디느니라"고 선포합니다. 우리는 이 말씀을 읽을 때 사랑하는 사람은 고린도전서13장 4-7절의 말씀처럼 살아야 한다거나 살 수 있다고 설명합니다. 하지만 이 말씀을 반대로 해석하면 오래 참지 않고, 온유하지 않고, 투기하고, 자랑하고, 교만하고, 불의를 기뻐하고, 진리와 함께 기뻐하지 않고, 모든 것을 참지 않으며, 모든 것을 바라지 않고, 모든 것을 견디지 못하기 때문에 결국 주님의 사랑을 느끼지 못하게 됨을 선포하고 있는 것입니다.

복음이 없는 자리에는 세상의 사랑을 채웁니다

주님의 사랑을 느끼기만 하면 그 큰 사랑 때문에 주님을 주인으로 모시고 자신의 인생을 의지하고 맡기는 삶을 살게 됩니다. 그렇기 때문에 사탄은 우리의 성품의 그릇을 깨뜨려 오래참지 못하게 하고 온유하지 않게 말하고 행동하게 하며 자기를 사랑함으로 자기의 자랑을 일삼기를 즐기게 하고, 교만하며, 불의를 보고 기뻐하게 하고, 진리되신 주님과 함께 하는 것을 불편하게 여기게 하고, 기대하지 않게 하며. 인내하지 못하게 만듭니다. 성품의 그릇에 복음이 담겨있지 않은 사람을 보고서는 절대로 주님의 사랑을 느낄 수도 상상할 수도 없습니다.

우리는 주님의 사랑을 채워야 살 수 있습니다. 그런데 깨져버린 성품의 그릇에는 그 사랑을 절대로 담을 수도, 채울 수도 없게 됩니다. 주님의 사랑을 느끼고 경험한 사람, 주님을 만난 사람은 그 사랑 때문에 아무리 깨지고 금이 간 질그릇이라도 온전하게 회복되어 복음을 그 마음에 채우고 흘려보내게 됩니다.

교회 공동체 안에 많은 사람들이 믿음을 강조하다 보니 종종 사랑을 가볍게 여기는 경우가 있습니다. 마태복음 17장에는 불에도, 물에도 넘어지는 아들의 병을 고치기 위해 예수님을 찾아온 한 사람의 이야기가 나옵니다. 제자들은 병을 고치지 못했고 예수님께서 귀신을 쫓으신 사건입니다. 최선을 다했지만 아이의 병을 고치지 못한 제자들이 예수님께 고치지 못한 이유를 여쭙자 20절에 "너희 믿음이 작은 까닭이니라 진실로 너희에게 이르노니 만일 너희에게 믿음이 겨자씨 한 알 만큼만 있어도 이 산을 명하여 여기서 저리로 옮겨지라 하면 옮겨질 것이요 또 너희가 못할 것이 없으리라"고 말씀하십니다. 겨자씨만한 믿음만 있어도 못할 것이 없다는 말씀은 엄청난 사실입니다. 하지만 고린도전서 13장 2절에서는 "내가 예언하는 능력이 있어 모든 비밀과 모든 지식을 알고 또 산을 옮길 만한 모든 믿음이 있을지라도 사랑이 없으면 내가 아무것도 아니요"라고 선포합니다.

무엇이 더 큰 가치입니까? 말씀 그대로를 해석하면 하나님의 사랑은 산을 옮기는 능력보다 더 큰 능력이며, 말로 산을 옮길 수 있는 능력마저도 이에 비할 수 없다는 진리입니다.

하나님의 사랑이 성품을 움직이는 원동력입니다. 하나님의 사랑이 하나님과의 관계를 회복하는 열쇠가 됩니다. 부모와 자녀의 관계가 좋을수록 자녀는 부모의 영향을 많이 받습니다. 교사와 학생의 관계가 좋을수록 학생은 교사의 영향을 많이 받습니다. 관계가 깨어지면 영향력도 깨어지는 것입니다. 아담과 하와가 하나님의 사랑을 떠나 자기사랑의 삶을 결정하자 인류는 하나님과의 사랑의 관계가 깨어지게 되었습니다. 하나님의 영향을 받기를 싫어하고 세상에서 자기사랑을 채우며 살기를 즐겨하게 된 것입니다. 자기사랑으로 세상을 살아가는 사람은 하나님과 관계가 깨어진 것처럼 가정과 모든 만남에서도 그 관계가 깨어지게 됩니다.

디모데후서 3장 1-5절의 말씀에서는 말세에 일어난 일들을 "말세에 고통하는 때가 이르리니 사람들이 자기를 사랑하며 돈을 사랑하며 자랑하며 교만하며 비방하며 부모를 거역하며 감사하지 아니하며 거룩하지 아니하며 무정하며 원통함을 풀지 아니하며 모함하며 절제하지 못하며 사나우며 선한 것을 좋아하지 아니하며 배신하며 조급하며 자만하며 쾌락을 사랑하기를 하나님 사랑하는 것보다 더하며 경건의 모양은 있으나 경건의 능력은 부인하니 이같은 자들에게서 네가 돌아서라"고 말씀하고 있습니다.

말씀에 비춰볼 때 우리의 모습은 어떻습니까? 많은 사람들이 스스로를 속이고 사람들을 속이고 심지어는 하나님 앞에서도 나와는 상관이 없는 것처럼 가면을 쓰고 살아갈 때가 있습니다. 이때 필요한 것이 죄의 잣대인 십계명입니다. 그리고 실제적인 성품의 훈련을 통해 하나님의 사랑이 차오르고 결국 우리는 하나님과의 관계가 회복되는 것입니다. 아무에게도 말할 수 없는 깨지고 고통스러운 마음이 있다면 있는 그대로 하나님께 나와 하나님의 사랑을 구할 때 하나님은 우리에게 찾아오셔서 위로하시고 힘주시며 회복시키십니다.

사람들은 자신들의 깨지고 금가고 어그러진 마음의 그릇을 회복하기 위해 세상의 수많은 방법을 사용합니다. 하지만 그 결과는 더 큰 절망과 낙심임을 우리는 인생을 통해 배우게 됩니다. 깨진 부위가 회복된 것처럼 보일때도 있습니다. 하지만 예기치 않은 곳에서 예기치 못한 방법으로 또 다른 문제가 나를 엄습해옵니다.

이것이 하나님을 떠난 사람의 삶의 실상입니다. 주님 앞에 나아가십시오. 주님 앞에 나오는 우리 마음의 그릇이 깨지고 금가고 어그러져 있더라도 상관없습니다. 하나님의 사랑이 모든 것을 뒤덮어 하나님의 사랑을 채우실 것입니다. 채워진 사랑은 하나님의 사랑이 필요한 사람에게 흘러가게 될 것입니다. 하나님은 이렇게 하나님 관계를 회복시키고 하나님 나라를 회복시키고 계십니다.

하나님은 나를 나보다 더 사랑하셔서 독생자 예수그리스도를 대속물로 주심으로 구원하신 분이십니다.

예수님은 하나님의 사랑 때문에 십자가를 참으셔서 구원을 이루셨으며 우리가 공중권세 잡은 마귀의 도전에 죽은 사람처럼 냄새를 풍기며 무기력하게 이 땅을 살아가지 말라고 부활의 첫 열매가 되셨습니다. 정말 죽은 것이 사실이고 다시 살아난 것이라면 과연 우리가 그저 그렇게 평범하게 살 수 있을까요? 부활은 감격입니다. 이 땅을 살아갈 때 가슴뛰는 감격을 가지고 살게 될 것입니다.

성령님은 하나님의 사랑을 자기사랑으로 살아가는 사람들에게 흘려보내는 일을 하시는 분입니다. 하나님의 사랑을 차오르게 하셔서 회복시키고 회복된 하나님의 사람들을 통해 그분의 사랑을 흘러가게 하시는 멈출 수 없는 열정이 바로 성령님이십니다.

성경을 보면 하나님은 이 땅의 모든 것을 우리에게 주시며 지혜롭게 잘 다스리라고 하셨습니다. 그리고 두 가지, 유일하게 자세한 사용 설명서를 주셨습니다. 그것은 가정과 교회에 대한 것입니다. 가정의 머리는 남편이라고 가르치고 있으며 교회의 머리는 예수 그리스도라고 말씀하십니다(엡 5:23).

이렇듯 가정과 교회에 대하여 머리부터 발끝까지를 비유하시면서 바람직한 모습을 우리에게 설명하시고 당부하십니다. 그 이유가 무엇일까요? 가정과 교회를 사랑이 흘러가는 통로로 사용하시기 때문입니다. 그것은 가정과 교회를 통해 하나님의 사랑이 전해지고 사랑이 전해지는 모습을 통해 하나님을 만나고 느끼게 되기 때문입니다.

회복된 사람은 사랑이 흘러가는 통로가 됩니다

하나님은 창세기 1장 27절에 "하나님이 자기 형상, 곧 하나님의 형상대로 사람을 창조하시되 남자와 여자를 창조하시고"라고 말씀하셨습니다. 사랑을 흘려보내는 통로인 우리 안에 하나님의 형상이 담겨 있습니다. 그래서 하나님의 사랑을 알지 못함으로 세상의 사랑을 채우며 좇는 사람들이 나를 통해 하나님의 사랑을 즉 하나님을 만나게 되는 것입니다.

가정에서 아버지를 보면서 하나님의 권위와 성실하심을, 어머니를 보면서 하나님의 용서와 인자하심을, 목사님과 직분자들을 보면서 하나님의 사랑과 형상을 느끼도록 만드셨습니다. 가정이 그 기능을 마비된 채 이혼과 여러 가지 가정문제에 노출되어 살아가는 자녀들은 부모님을 대하면서도 하나님의 사랑을 경험하지 못하는 경우가 대부분입니다. 교회도 여러 가지 문제들로 세상에 손가락질을 받고 있습니다. 이는 하나님의 사랑을 흘려보내지 못하도록 방해하고 속이는 악한 사탄의 치밀한 전략입니다.

결국 사람들은 세상의 사랑으로 자신의 공허한 마음을 채우려고 열심을 냅니다. 그러나 관계가 회복되면 우리의 삶은 하나님의 사랑으로 가득 차올라 사랑의 통로로 쓰임받는 능력과 기쁨을 맛보게 될 것입니다.

말씀 실천하기

내가 빈번하게 하나님의 사랑을 느끼지 못하는 연약함에 대해 적어봅시다.

합심 기도하기

1. 어떠한 상황 가운데서라도 나와 우리 가족, 그리고 교회의 믿음의 공동체 가운데 하나님의 사랑이 나에게 채워지도록.
2. 가정과 교회에서 하나님의 사랑이 잘 흐르게 하는 사랑의 통로가 되도록.

♥ 금주의 실천사항을 한가지씩 적어보세요.

♥ 다음예배는 (　　　　) 에서 (　)월 (　)일 (　)시 (　)분

05 | 경청은 하나님의 명령

이룸목표 : 경청의 정의를 배운다.
하나님의 말씀을 경청하는 습관과 태도를 기른다.

성품 / 경청

사도신경 / 다같이
찬송 / 351장(통389)
기도 / 회원 중
말씀 / 신 6:4-9
  · 새길말씀 – 신 6:4
헌금찬송 / 575장(통302)
헌금기도 / 회원 중
주기도문 / 다같이

경청이란?

경청은 우리가 집중해야 할 사람이나 과제에 대해 '듣는 마음'을 보여주는 것이다.

반대말 / 산만

말씀 살펴보기

· '쉐마 이스라엘!'의 뜻은 무엇입니까?(4절)
· 모세의 고별 설교에서 '쉐마, 이스라엘!'을 선포한 까닭은 무엇일까요?(4절)
· 하나님이 이스라엘 백성에게 말씀하신 것은 무엇입니까?(5-9절)

말씀 나누기

하나님은 이스라엘 백성에게 찾아오셔서 세 가지를 약속하셨습니다. '너희는 내 것이다, 너희를 제사장 나라가 되게 하겠다, 너희는 거룩한 백성이 될 것이다' 라는 것이었습니다. 그리고 그들이 어떻게 하나님의 말씀을 지켜야 하는지 본문을 통해서 말씀하고 계십니다.

이스라엘 백성들에게 허락한 말씀을 요약하면 오늘날 우리가 잘 알고 있는 십계명입니다. 하나님은 이스라엘 백성에게 반드시 이 계명을 지킬 것을 명하셨습니다. 그리고 그것을 잘 지켜 행하면 형통의 복을 주신다고 약속하셨습니다. 우리는 형통의 복을 받아야 합니다. 형통의 복을 누리지 못하는 이유는 하나님과의 관계가 깨어졌기 때문입니다. 하나님과의 관계가 깨어진 원인은 하나님의 말씀을 바르게 경청하지 못했기 때문입니다. 하나님을 사랑하는 대신 자기를 사랑하고 세상을 사랑할 때 세상의 소리에 귀기울이게 되며 하나님이 아닌 자신이 인생의 주인공입니다.

십계명 가운데 첫 번째 "너는 나 외에는 다른 신들을 네게 두지 말라"는 계명은 하나님과의 깨어진 사랑의 관계 회복을 위해 주신 하나님의 약속입니다. 이 약속이 성취되기 위해서는 내 마음의 소리보다 하나님의 뜻을 경청하는 자세가 우선되어야 합니다. 이러한 자세는 우리가 관계하며 살아가는 사람들의 말에 경청하는 태도에서부터 시작됩니다. 하나님과의 사랑의 관계 회복을 위한 구체적인 실천방법인 경청의 성품을 배우고 실천함으로 온전한 성결과 완전한 회복의 기쁨을 누리게 될 것입니다.

1. 경청이란 무엇일까요?

경청(敬聽)이란 '상대방이 내게 말할 때 그 말을 소중히 여기며 집중해서 들어주는 것' 입니다. 성도는 하나님의 명령을 경청해야 합니다. 하나님의 말씀을 경청(敬聽)하는 것은 하나님을 경외(敬畏)하는 성도들이 하나님의 말씀을 '두려움으로 듣는 것' 입니다.

모세는 가나안 정복의 큰 일을 여호수아에게 맡기면서 백성들에게 마지막 당부와 함께 하나님의 말씀을 잘 듣고 지켜야 한다고 선포했습니다. 그것을 우리는 '쉐마' 라고 부르며 그 의미는 '들으라' 는 뜻입니다.

"쉐마 이스라엘~!", 곧 "이스라엘아, 하나님의 말씀을 경청하라" 이 말씀은 자신들 뿐만 아니라 자자손손 대대로 이어가며 하나님을 경외하는 모든 자들이 지켜 순종하며 살아가야 한다는 것입니다.

하나님의 말씀을 바르게 경청하는 것은 성도의 의무이자 도리입니다. 자녀들에게 자자손손 하나님의 말씀을 경청하도록 가르치는 것이 하나님께 축

복받는 길입니다. [도움말씀] 민 15:37-41

2. 왜 경청해야 할까요?

하나님은 이스라엘 백성 앞에 순종과 불순종에 따라 축복과 저주, 생명과 사망을 두셨고 그 선택의 결과는 이스라엘 백성들의 책임이라고 하셨습니다. 우리는 하나님의 말씀을 집중해서 경청해야만 하나님의 뜻에 합당한 순종을 하게 됩니다(신 28:1-4). 경청을 잘 하기 위해서는 하나님이 어떠한 분이시며 하나님과 우리의 관계가 어떠한지 분명히 알아야 합니다.

[도움말씀] 신 11:13-21 민 15:37-41

3. 어떻게 경청할 수 있을까요?

첫째, 하나님만 뜨겁게 사랑해야 합니다

처음 사랑을 시작할 때는 몇날 며칠 상관하지 않고 함께있고 싶어하고 이야기 나누고 싶어합니다. 사랑하는 이의 말이라면 시시콜콜한 이야기까지라도 다 듣고 싶어합니다. 그러나 세월이 흐를수록 사랑은 점점 식어가고 서로에 대한 관심은 멀어지고, 상대방의 이야기도 대충대충 한 귀로 듣고 한 귀로 흘려버립니다. 이것은 사랑의 마음이 식었기 때문입니다.

우리가 하나님의 말씀을 올바르게 경청하려면 항상 자신의 믿음을 살펴 하나님을 향한 사랑의 마음이 식지 않도록 깨어 있어야 합니다. 그 사랑의 마음이 차갑고 뜨거운 정도에 따라 하나님의 말씀을 경청하는 태도가 달라집니다. 우리를 너무 너무 사랑하셔서 이른 새벽부터 우리에게 말씀하시기 원하시는 분이 우리 하나님이십니다. 이제 그 사랑 앞에 나아가 우리의 마음과 뜻과 힘을 다하여 하나님을 사랑하며 그분의 말씀을 잘 경청하는 아름다운 성도의 삶이 되어야 합니다(신 6:5). [도움말씀] 잠 13:13

둘째, 하나님의 말씀을 마음에 새겨야 합니다

모세는 하나님의 말씀을 경청하되 그 말씀을 마음에 새기면서 경청하라고 명령했습니다(신 6:6). 우리가 하나님의 말씀을 마음에 새기며 듣기 위해서는 어떻게 해야 할까요? 소나 양이 그 먹은 음식을 되새김질 하듯, 우리도 들은 말씀을 마음에 담아 되새김질 해야 합니다. 그러기 위해서는 그 말씀을 깊이 묵상하고 연구해야 합니다. 마음으로 듣는 사람은 말씀을 소홀히 여기거나 쉽게 잊지 않습니다. 자녀가 부모님의 유언을 소중히 생각하며 지키려고 노력 하듯 하나님의 말씀을 가슴에 새겨야 합니다. 생명의 말씀을 가슴으로 듣기 위해서는 먼저 하나님의 말씀을 사모하는 마음이 우리 안에 준비되어야 합니다.

[도움말씀] 사 50:10

말씀 실천하기

1. 그동안 하나님의 말씀을 잘 경청했다고 자신있게 말할 수 있는가요?
2. 경청을 잘하기 위해서는 어떤 점을 개선해야 하는가요?

합심 기도하기

1. 하나님만을 뜨겁게 사랑하게 하소서.
2. 하나님의 말씀을 귀히 여기고 경청하는 믿음의 사람이 되게 하소서.

♥ 금주의 실천사항을 한가지씩 적어보세요.

♥ 다음예배는 (   ) 에서 (   )월 (   )일 (   )시 (   )분

06 | 듣는 마음 보여주기

이룸목표 : 삶에서 경청하는 자세를 기른다.
누구에게나 관심을 갖고 상대방의 말에 경청하며 살아간다.

성품 / 경청

사도신경 / 다같이
찬송 / 461장(통519)
기도 / 회원 중
말씀 / 삼상 3:1-21
· 새길말씀 - 렘 7:23
헌금찬송 / 463장(통518)
헌금기도 / 회원 중
주기도문 / 다같이

경청이란?

경청은 우리가 집중해야 할 사람이나 과제에 대해 '듣는 마음'을 보여주는 것이다.

반대말 / 산만

말씀 살펴보기

· 하나님이 사무엘을 부르셨을 때 사무엘이 알아듣지 못한 이유는 무엇일까요?(5절)
· 엘리 제사장이 사무엘에게 가르쳐 준 일은 무엇이었나요?(9절)
· 사무엘이 하나님의 말씀을 들었을 때 어떻게 했나요?(18절)

말씀 나누기

한나는 서원 기도를 통하여 아들 사무엘을 낳았습니다. 사무엘은 어떤 사람인가요? 그는 혼탁한 이스라엘을 하나님께로 인도한 대선지자입니다. 그는 젖 뗄 때부터 엘리 제사장에게 맡겨졌고 성전에서 나실인으로 자랐습니다. 성전의 모든 잔심부름을 도맡아 하면서 어릴 때부터 오직 하나님만 경배하는 삶을 체득합니다. 하나님 외에 다른 신을 섬기지 않았던 사무엘에게 어느날 하나님이 찾아오십니다. 하나님의 말씀을 잘 경청한 어린 사무엘은 엘리제사장의 집안에 대한 심판을 알게 되고 그 심판의 내용을 엘리제사장에게 전하여 줍니다. 사무엘처럼 오직 하나님만을 사랑하고 경외하며 그 말씀을 경청하고 살아갈 때 우리도 하나님의 거룩한 형상을 닮아갈 수 있고 하나님의 영광을 드러내는 삶을 살 수 있습니다. 사무엘의 경청하는 모습을 통하여 하나님의 뜻이 무엇인지 살펴봅시다. 경청이 주는 교훈은 무엇일까요?

1. 경청하는 자만이 하나님의 뜻을 압니다

하나님의 말씀을 기쁨으로 경청했던 사무엘은 훗날 이스라엘의 영적 지도자(제사장, 선지자, 사사)가 되어 이스라엘 나라에 영향력을 행사하며 원로로서 하나님의 영광을 드러냈습니다. 반면 엘리 제사장의 두 아들은 하나님의 말씀을 잘 경청하지 않았고 결국 하나님의 말씀에 불순종하여 두 아들 홉니와 비느하스는 블레셋과의 전쟁에서 하나님의 언약궤를 빼앗기고 젊은 나이에 죽었습니다. 두 아들의 전사 소식을 듣고 엘리 제사장은 앉아있던 자기 의자에서 자빠져 문곁에서 목이 부러져 수치스러운 죽음을 맞이합니다(삼상 4:18).

하나님의 말씀을 바르게 경청하지 않고, 바르게 가르치지 않았던 엘리제사장의 죽음은 결코 우연이 아닙니다. 이처럼 바른 경청의 자세는 개인은 물론 가문의 흥망성쇠를 좌우하기도 합니다.

[도움말씀] 신 5:29

2. 경청은 생명을 보존받습니다

엘리는 하나님의 말씀을 전하고 가르치는 제사장임에도 불구하고 정작 자기 자녀들에게는 하나님의 말씀을 제대로 가르치지 않았습니다. 그들이 하나님과 사람 앞에서 불량하며 하나님을 경외치 않고 하나님 보시기에 악을 행하게 한 것은 전적으로 아버지의 책임입니다. 결국 하나님이 사무엘에게 말씀하신 예언에 따라 엘리 제사장의 두 아들은 블레셋과의 전쟁에서 비참하게 죽었으며 그들의 죽음을 들은 엘리제사장 역시 부끄러운 죽음을 맞이했습니다. 이 모든 결과는 하나님의 말씀을 바르게 경청하지 않았기 때문에 일어난 사건입니다.

이와같이 하나님의 말씀을 제대로 경청하지 않으면 하나님과의 관계가 단절되고 하나님의 말씀을 경청할 때 생명을 보존하는 것입니다. 나 외에 다른 신을 섬기지 말라는 계명처럼 하나님보다 더 사랑하는 것은 곧 우상숭배이며 우상숭배는 스스로의 죽음을 자처하는 것입니다.

[도움말씀] 신 5:33

3. 경청을 통해 하나님의 뜻을 아는 능력이 주어집니다

사무엘은 어릴 때부터 하나님의 말씀을 잘 경청하였습니다. 그래서 제단에 하나님의 대변자인 엘리 제사장이 있음에도 불구하고 어린 사무엘이 하나님의 계시의 말씀을 받게 됩니다. 이와 같이 경청은 하나님의 뜻과 계획하심을 알게 합니다.

주님의 음성에 귀기울일 때만 우리의 영과 육이 살 수 있습니다. 그러나 마귀는 생활 속에서 하나님의 말씀을 듣지 못하도록 믿는 자들을 방해합니다. 때로는 하나님의 음성처럼 다가와 우리를 미혹하고 현혹합니다.

하나님과 가까이 가면 갈수록 마귀의 방해가 심해지지만 우리와 항상 대화하시기를 원하시는 하나님의 세미한 음성을 우리는 잘 경청해야 합니다. 하나님의 말씀을 잘 경청하면 하나님은 크고 비밀한 것을 우리에게 말씀해 주십니다.

참된 지혜의 말씀을 경청할 때 하나님의 뜻을 이루어드릴 수 있습니다.

[도움말씀] 잠 2:2

말씀 실천하기
1. 지난 한주간 느꼈던 경청의 의미를 말해보고 경청하기 위해 실천했던 일들을 나누어 봅시다.
2. 경청하면서 유익했던 점들은 무엇이었나요?

합심 기도하기
1. 하나님 말씀을 사모하고 경청하며 따르는 성도가 되게 하소서.
2. 경청의 자세를 통하여 인간관계가 더 아름답게 하소서.

♥ 금주의 실천사항을 한가지씩 적어보세요.

♥ 다음예배는 (   ) 에서 (   )월 (   )일 (   )시 (   )분

07 | 무엇보다 값진 지혜

이룸목표 : 참된 지혜의 정의를 안다.
하나님께 힘써 지혜를 구하여 지혜로운 성도가 된다.

성품 / 지혜

사도신경 / 다같이
찬송 / 459장(통514)
기도 / 회원 중
말씀 / 왕상 3:3-15
 · 새길말씀 - 왕상 3:11
헌금찬송 / 455장(통507)
헌금기도 / 회원 중
주기도문 / 다같이

지혜란?

지혜는 삶의
모든 경험 속에서
하나님의 손길을
보는 것이다.

반대말 / 어리석음

말씀 살펴보기

· 왕이 된 솔로몬은 제일 먼저 무엇을 하였습니까?(3절)
· 솔로몬이 하나님께 요구한 것은 무엇이었습니까?(9-10절)
· 지혜는 왜 필요합니까?(11절)

말씀 나누기

하나님은 솔로몬의 꿈속에 찾아오셔서 원하는 것을 구하라고 말씀하셨습니다. 이때 솔로몬은 지혜를 구했고 하나님은 지혜를 구한 솔로몬을 크게 기뻐하시며 지혜뿐만 아니라 부귀와 영광도 누리게 하셨습니다.

기도 응답을 받은 솔로몬은 세상의 그 어떤 사람보다도 지혜롭고 총명한 왕이 되어 이스라엘을 잘 다스렸고, 그로 인해 이스라엘은 강성한 나라가 되었습니다.

지혜로운 사람은 솔로몬과 같이 하나님을 가까이 하는 자입니다. 성경에도 여호와를 경외하는 것이 지혜의 근본이라고 했습니다.

십계명 가운데 첫 번째 "너는 나 외에는 다른 신들을 네게 두지 말라"는 계명은 하나님과 우리의 깨어진 사랑의 관계를 회복하기 위해 주신 약속입니다. 지난 과에서 이 약속이 성취되기 위해서는 내 마음의 소리보다 하나님의 뜻을 경청하는 자세가 우선되어야 하며 이러한 자세는 우리가 관계하며 살아가는 사람들의 말에 경청하는 태도에서 시작되어야 함을 살펴보았습니다. 이번 과에서는 하나님을 사랑하는 것이 참된 지혜를 얻는 길임을 배우고 실천함으로 온전한 성결과 완전한 회복의 기쁨을 누리게 될 것입니다.

1. 지혜란 무엇일까요?

지혜의 히브리 어원은 '호크마' 로서, 관찰, 경험, 사고 등의 산물을 말하며 그 의미는 '남보다 근면하고, 언제나 정직하며, 몸과 마음의 순결을 지키는 것 같은 생활 방식'을 말합니다. 곧 '지혜'(知慧)란 일상적인 결정적 사항에 있어서 진리를 실제적으로 적용하는 것을 의미합니다. 지혜로운 사람은 문제에 봉착했을 때 당황하지 않고 그 문제를 쉽게 풀어가는 사람입니다. 지혜를 통하여 문제의 해결책을 제시하고, 문제를 풀어나가는 능력이 우리에게 임할 수 있도록 하나님께 지혜를 달라고 간구해야 합니다.

[도움말씀] 잠 4:11

2. 왜 지혜가 필요할까요?

첫째, 지혜는 진리를 분별하게 합니다

솔로몬은 지혜로운 사람입니다. 그는 하늘로부터 받은 지혜로 땅의 모든 지식을 통달합니다. 땅의 이치, 하늘의 이치, 사람의 도리, 모든 피조세계의 창조물에 대하여 모르는 것이 없는, 말 그대로 만물박사입니다. 솔로몬왕은 자신의 견해대로 아는 것이 아니라 참으로 진리를 따라 정확하게 알고 있었습니다. 지혜는 진리를 분별하는 능력입니다. 지식은 학문을 통해서 습득하지만 지혜는 하늘로부터 내려오는 것입니다. 아무리 많이 공부하고 많은 것을 알고자해도 지식을 이해하고 풀어가는 지혜가 없으면 제대로 되지 않습니다.

솔로몬은 아버지 다윗을 통해 선민 이스라엘을 통치하는데 지혜가 얼마나 중요한가를 알았습니다. 그래서 이스라엘의 왕이 되자마자 가장 먼저 하나님 앞에 나아가 지혜를 구하였습니다. 여호와 하나님을 경외하고 그 계명을 지켜 행하는 성도는 지혜로워야 합니다. 지혜의 근본되시는 하나님의 뜻을 바르게 알고 헤아려야 하기 때문입니다. 삶의 우선순위를 결정할 때 하나님의 말씀을 가까이 하면 진리를 분별하는 지혜가 생깁니다. 후히 주시고 꾸짖지 아니하시는 하나님께 지혜를 달라고 간구해야 합니다.

[도움말씀] 단 12:3

둘째, 지혜는 삶의 문제를 해결합니다

솔로몬의 탈무드에 기록된 이야기입니다. 서로 자기 아이라고 주장하는 두 여인이 솔로몬 왕을 찾아와 진짜 아기엄마를 찾아달라고 재판을 청구했습니다. 두 여인의 말만으로는 쉽게 판결을 내릴 수가 없었습니다. 그러나 하나님께 지혜를 얻은 솔로몬은 해결책을 알고 있었습니다. 솔로몬은 병사를 불러 서로의 아기라고 주장하는 그 아기를 반으로 잘라 두 여인에게 똑같이 나누어주라고 명령했습니다. 이에 한 여인은 "내 자식이 못 될 바에야 차라리 그렇게 해주세요"라고 말했고, 한 여인은 "차라리 이 아이를 저 여인에게 주더라도 아이를 죽이지는 말라"며 흐느껴 울었습니다. 솔로몬 왕은 아기를 죽이지 말라고 울면서 애원하는 여인을 가리켜 "바로 이 여인이 진짜 아이의 어미니라"고 명 판결을 내렸습니다. 지혜로운 왕 솔로몬은 '어머니는 아이를 사랑하는 남다른 모정(母情)이 있음'을 알고 있었기에 아기의 진짜 어머니를 가릴 수 있었습니다(왕상3:16-28).

솔로몬왕이 하나님의 지혜로 문제를 해결하자 사람들은 솔로몬왕을 두려워하며 지혜주신 하나님께 영광돌렸습니다(왕상 3:28). 이와같이 하나님께 지혜를 얻은 자는 어떤 문제든지 쉽게 해결할 수 있는 능력을 갖게 됩니다.

[도움말씀] 잠 14:1

3. 어떻게 지혜를 얻을 수 있을까요?

첫째, 하나님께 구체적으로 구해야 합니다

하나님은 솔로몬에게만 지혜를 주시는 분이 아닙니다. 하나님은 믿고 구하는 자에게 하늘의 지혜를 주신다고 약속하셨습니다(마10:16). 하나님은 약속의 말씀을 붙잡고 믿고 기도하는 모든 자에게 지혜를 주시는 분입니다. 다니엘도 하나님께 지혜를 구하여 느브갓네살 왕의 꿈을 해몽하여 하나님의 영광을 드러냈고 훗날 바벨론의 총리대신이 되는 영광까지 누렸습니다(단 2:47-48). 야고보서 1장 5절 말씀에는 "너희 중에 누구든지 지혜가 부족하거든 모든 사람에게 후히 주시고 꾸짖지 아니하시는 하나님께 구하라 그리하면 주시리라"고 기록하고 있습니다. 하나님의 말씀을 굳게 믿고 지혜를 구하는 성도가 됩시다.

[도움말씀] 창 41:39

둘째, 말씀을 힘써 읽어야 합니다

하늘의 지혜가 있는 곳에는 아름다운 화평이 있습니다. 왜냐하면 하나님께 속한 지혜는 온유하고 성실하며 성결하기 때문입니다. 하나님께 속한 지혜는 말씀을 읽고 말씀대로 살 때 받을 수 있습니다.

미국, 워싱턴 D.C 에는 아브라함 링컨이 다녔던 교회가 있는데, 그 곳에는 링컨 대통령이 평소에 가지고 다니던 성경책이 그대로 보관되어 있다고 합니다. 어릴 때 링컨이 밖에 나가려고 하면 그의 어머니는 성경을 꼭 챙겨 주었습니다. "너는 꼭 이것을 가지고 다니면서 읽어라." 그래서 링컨은 어머니가 주신 성경을 항상 주머니에 넣고다녔습니다. 대통령의 자리에 오를 때까지 그에게는 많은 시련이 있었습니다. 그때마다 좌절하지 않고 다시 일어설 수 있게 한 힘이 바로 성경이었습니다. 링컨은 말씀을 통해 많은 시련을 이겨나갈 수 있는 하늘의 지혜를 배웠습니다.

하나님은 오늘도 성경을 통해 지혜의 말씀을 주시고 계십니다. 성경에는 지혜와 권능이 하나님께 있고 계략과 명철도 그에게 속하였다고 하였습니다. 지혜를 얻으려면 하나님의 말씀을 늘 곁에 두고 읽고, 묵상해야 합니다(시 119:105). 그러면 우리도 지혜로운 하나님의 사람이 될 수 있습니다.

[도움말씀] 딤후 3:15

말씀 실천하기
1. 내 생활 가운데 지혜가 필요한 부분은 무엇인가요?
2. 지혜로운 자가 되기 위해서 내가 먼저 해야 할 일이 무엇인가요?

합심 기도하기
1. 지혜로운 사람이 되어 하나님의 뜻을 밝히 깨닫게 하소서.
2. 솔로몬 같은 지혜를 우리에게도 허락해 주소서.

♥ 금주의 실천사항을 한가지씩 적어보세요.

♥ 다음예배는 (   ) 에서 (   )월 (   )일 (   )시 (   )분

겸손의 성품을 소개합니다

하나님의 자리, 내 자리를 구분하십시오.

겸손은, 인간은 하나님의 형상을 따라 지음 받았기에
무한한 가능성을 지닌 존재이면서 동시에 한계를 가진 존재라는
사실을 아는 것입니다. 하나님은 겸손한 사람에게 은혜를 베푸십니다.
때가 되면 겸손한 사람을 존귀케 하십니다.
또한 하나님은 스스로 부족함을 느끼고
지혜를 갈망하는 사람에게 깨달음의 은혜를 주십니다.
겸손한 사람은 하나님의 평강과 부흥의 축복을 받습니다.

겸손한 사람이 되는 원리

하나님을 경외하면 겸손할 수 있습니다.
자기를 낮출 때 겸손할 수 있습니다.
자신의 위치를 알 때 겸손할 수 있습니다
자신의 역할을 알 때 겸손할 수 있습니다.
자신의 한계를 인정할 때 겸손할 수 있습니다.

08 | 위기를 기회로 바꾸는 영적 지혜

이룸목표 : 참된 지혜를 얻도록 힘쓴다.
내가 해야 할 일들이 무엇인지 깨닫고 실천한다.

성품 / 지혜

사도신경 / 다같이
찬송 / 449장(통377)
기도 / 회원 중
말씀 / 단 1:1-17
· 새길말씀 – 단 1:17
헌금찬송 / 445장(통502)
헌금기도 / 회원 중
주기도문 / 다같이

지혜란?

지혜는 삶의
모든 경험 속에서
하나님의 손길을
보는 것이다.

반대말 / 어리석음

말씀 살펴보기

· 바벨론에 포로로 잡혀갔던 다니엘과 세 친구에게 찾아온 시련은 무엇이었습니까?(8절)
· 시험을 이긴 다니엘과 세 친구에게 하나님이 주신 것은 무엇이었습니까?(17절)
· 지혜는 누가 누구에게 줍니까?(17절)

말씀 나누기

바벨론의 포로로 잡혀온 다니엘과 세 친구는 우상에게 바쳤던 부정한 음식을 먹지 않기로 결심했습니다(단 1:8). 이 사실을 알고 환관장은 깜짝 놀랐습니다. 왕의 명령을 거역하는 일은 곧 반역이기 때문입니다. 다니엘은 "우리가 열흘 동안 채식과 물을 먹은 후, 왕의 음식을 먹은 사람과 비교하여 그들만 못하면 따르겠다"고 환관장을 설득했고 그날부터 채식과 물만 먹었습니다. 그리고 열흘 후, 다니엘과 세 친구의 얼굴은 임금의 산해진미를 먹고 있는 다른 어떤 사람과도 비교할 수 없을 만큼 아름다워 환관장을 감동시켰습니다. 그 후 환관장은 이 네 소년에게는 진미와 포도주를 제하고 채식을 주었습니다.

하나님은 하나님을 사랑하고 그 계명을 지키기 위하여 위험을 무릅쓴 다니엘과 세 친구들에게 학문을 깨닫게 하시고, 지혜를 주셨습니다(단 1:17). 그리고 그 결과 다니엘은 바벨론의 총리로서 명성을 떨치며 하나님의 영광을 위해 일하는 훌륭한 하나님의 사람이 되었고, 다니엘의 세 친구들도 훌륭한 사람이 되었습니다.

우리의 삶에서 신앙과 충돌되는 문제가 생겼을 때 우리는 종종 이성으로 타협하며 나아갑니다. 그러나 그것은 지혜로운 방법이 아닙니다. 죽음을 무릅쓰고 다른 신을 섬기지 않았던 다니엘과 세 친구의 지혜로운 삶을 통해 지혜가 주는 교훈이 무엇인지 살펴봅시다.

1. 위기 가운데 담대하게 나아갑니다

하나님은 하나님을 경외하는 다니엘과 그의 세 친구들에게 지혜를 주셔서 오히려 위기를 기회가 되게 하셨습니다. 지혜로운 사람은 무슨 일을 만나도 자신을 포기하거나 하나님을 버리지 않습니다. 오히려 문제를 두려워하지 않고 나아갑니다. 만군의 여호와 하나님이 우리와 함께하시면 두렵지 않습니다. 세상을 이길 수 있는 힘을 주십니다. 말씀을 믿고 순종하기에 어떠한 결과도 감사로 받을 준비가 되어있습니다. 이렇게 환경을 뛰어넘는 우리들의 용기와 결단력을 통하여 하나님은 역사하시고 영광받으십니다.

[도움말씀] 고전 1:25

2. 지혜는 위기를 벗어나게 합니다

어느날 느브갓네살 왕은 이상한 꿈을 꾸었습니다. 그 꿈으로 인해 마음이 번민하여 잠을 이루지 못하였습니다. 무슨 꿈인지 도무지 알 수 없어 박수와

술객과 점쟁이와 술사들을 불러 꿈을 해몽하라고 명령합니다. 그리고 꿈을 해몽하지 못할 경우 죽음을 면할 수 없다고 하였습니다. 그러나 그들은 한결같이 이 꿈을 해몽하는 것은 신들 외에는 해석할 수 없다고 말하였습니다. 느브갓네살 왕은 진노하여 바벨론에서 지혜있다 하는 술사와 박사들을 다 죽이라고 명령했습니다(단 2:1-12).

이때 하나님 중심의 삶을 살았던 다니엘이 이 소식을 듣고 그 꿈을 해석할 수 있다고 왕에게 전했습니다. 그리고 그의 세 친구와 더불어 느브갓네살 왕의 꿈을 해석할 수 있는 지혜를 달라고 하나님께 기도했습니다(단 2:17-18). 하나님은 다니엘에게 느브갓네살 왕이 꾼 꿈을 알려 주셨고, 다니엘은 느브갓네살 왕의 꿈을 해몽해주었습니다(단 2:45). 이로 인해 다니엘은 바벨론 왕국의 총리가 되어 하나님의 영광을 드러냈습니다(단 2:48-49). 이와 같이 하나님의 지혜는 문제 해결의 열쇠입니다. 우리에게도 이런 하나님의 지혜가 필요합니다.

[도움말씀] 잠 3:18

3. 지혜는 삶을 성결케 합니다

지혜에는 세상 지혜와 하나님의 지혜가 있습니다. 세상 지혜는 많을수록 사람을 번뇌케 하고(전 1:18), 자만하여 죄의 유혹에 빠지게 하고(사 47:10), 결국은 하나님의 말씀을 버리고 하나님을 떠나게 합니다(렘 8:9; 겔 28:17). 그래서 잠언서의 기자는 세상 지혜는 헛된 것이라고 노래했습니다(전 1:17, 2:15). 하나님의 지혜는 위로부터 난 지혜로, 먼저 우리를 성결하게 하고, 그 다음으로는 화평하고 관용하고 양순하며 긍휼과 선한 열매가 가득하고 편벽과 거짓이 없게 만들어 줍니다(약 3:17). 하나님께 지혜를 받는 사람이 복된 사람입니다. 하나님은 지혜를 구하는 자의 기도에 응답해 주셨습니다(약 1:5). 그러므로 우리들도 자신에게, 자녀들에게 하나님의 지혜가 충만하도록 간구하는 삶을 살아야 합니다. [도움말씀] 신 34:9

말씀 실천하기
1. 하나님의 지혜와 세상 지혜의 차이점은 무엇일까요?
2. 하나님의 지혜를 어떻게 받을 수 있을까요?

합심 기도하기
1. 나와 우리 가족, 특히 자녀들에게 하나님의 지혜가 충만하게 하소서.
2. 지혜로운 사람이 되어 날마다 하나님의 뜻을 이루며 살게 하소서.

♥ 금주의 실천사항을 한가지씩 적어보세요.

♥ 다음예배는 (   ) 에서 (   )월 (   )일 (   )시 (   )분

09 | 하나님의 약속이 보장된 믿음

이룰목표 : 믿음이 무엇인지 깨닫는다.
하나님께 인정받는 믿음의 사람이 되기를 힘쓴다.

성품 / 믿음

사도신경 / 다같이
찬송 / 390장(통444)
기도 / 회원 중
말씀 / 창 12:1-4
 · 새길말씀 - 롬 4:20
헌금찬송 / 542장(통340)
헌금기도 / 회원 중
주기도문 / 다같이

믿음이란?

믿음은 주어진 상황 속에서 하나님의 뜻을 깨닫고 그 뜻에 맞게 행동하는 것이다.

반대말 / 불신

말씀 살펴보기

· 하나님께서 갈대아 우르에 살던 아브라함을 부르신 이유는 무엇일까요?(1절)
· 하나님은 아브라함에게 어떤 것들을 약속 하셨나요?(2-3절)
· 하나님의 부르심에 아브라함은 어떻게 했나요?(4절)

말씀 나누기

하나님은 우상도시 갈대아 우르에 사는 아브라함을 찾아오셔서 그와 언약을 맺으셨습니다. 축복이 보장된 약속이었습니다. 그리고 하나님은 아브라함에게 갈대아 우르를 떠나라고 명령하셨습니다. 우상도시인 갈대아 우르는 하나님의 축복을 받아 누릴 만한 땅이 될 수 없었습니다.

아브라함은 하나님의 약속을 붙잡고 갈대아 우르에서 가나안까지 멀고도 긴 여행을 했고, 하나님은 이런 아브라함을 믿음의 조상으로 택하셨습니다. 본토 친척 아비집을 떠날 수 있었던 것은 전적으로 하나님을 신뢰했기 때문입니다. 수많은 사람들이 삶 가운데 현실의 염려와 질병과 사고의 두려움 가운데 사로잡혀 사는 이유는 하나님을 전적으로 신뢰하지 못하기 때문입니다. 우상은 하나님 외에 다른 것을 사랑함으로 신뢰하는 것입니다.

하나님 외에 다른 것으로 마음에 위안을 삼으려는 것입니다. 다른 것을 의지하지 않고 하나님께만 맡기고 의지하는 것이 참된 그리스도인의 믿음입니다. 믿음을 잃어버린 사람은 자신의 마음과 세상의 우상을 하나님의 자리에 모시고 살게 됩니다.

십계명 가운데 두 번째 "너를 위하여 새긴 우상을 만들지 말라"는 계명은 하나님과 우리의 깨어진 사랑의 관계를 회복시켜 주신다는 하나님의 약속입니다. 하나님의 사랑은 잃어버린 믿음을 회복시키는 능력입니다. 이 약속이 성취되기 위한 구체적인 실천방법인 믿음의 성품을 배우고 실천함으로 온전한 성결과 완전한 회복의 기쁨을 누리게 될 것입니다.

1. 믿음이란 무엇일까요?

믿음은 '하나님을 신뢰할 때 최선의 결과가 내게 주어질 것을 믿는 것' 입니다. 믿음있는 사람은 최선의 것을 기대하면서 당장 눈앞에 보이는 것보다는, 비록 이해되지 않아도 멀리 내다보며 최선의 것을 사모하고 인내로 기다릴 줄 아는 성품을 가진 자들입니다. 성경이 말하는 믿음은 헬라어 원어로 '피스티스' 이며 진리에 대한 '확신', 특히 구원에 대한 '신뢰', '믿음', '충성', '충실', '성실' 등의 의미를 갖습니다.

믿음은 하나님의 선물입니다(롬 12:3). 믿음은 마음에서 비롯되며 구원얻는 축복의 통로입니다(롬 10:9-10). 믿음은 예수 그리스도를 주로 시인하며 예수 그리스도의 십자가 구속의 은총을 믿는 자에게 주시는 은혜의 선물입니다(엡 2:8-9).

성도들이 가져야 할 성품 중 믿음의 성품은 소중합니다. 우상 숭배를 멀리하고 오직 한분이신 하나님을 경외하며 하나님을 기쁘게 할 수 있는 성품이기 때문입니다.

[도움말씀] 히 11:1

2. 왜 믿어야 할까요?

첫째, 인간을 만드셨기 때문입니다

천지 만물을 지으신 하나님은(창 1:1), 하나님의 형상을 닮은 사람도 지으셨습니다(창 1:26). 하나님은 "내 이름으로 불려지는 모든 자 곧 내가 내 영광을 위하여 창조한 자를 오게 하라 그를 내가 지었고 내가 만들었느니라"(사 43:7)라고 말씀하셨습니다. 인간은 모두 하나님께 나아와 믿고 순종하며 말씀대로 살아야 합니다. 하나님을 믿고 따르는 것은 피조물의 당연한 의무이자 도리이며, 복받는 길입니다.

[도움말씀] 롬 8:28

둘째, 영원한 심판이 있기 때문입니다

하나님의 형상을 닮은 인간은 영적인 존재입니다(살전 5:23). 그 육체가 수명이 다하여 죽어서 땅에 묻힐지라도 그 영혼은 구원받아 저 천국에 들어가게 됩니다(요 5:24). 그러나 하나님의 형상을 닮은 사람이라고 해서 모두가 믿음을 가지고 있는 것은 아닙니다. 경우에 따라서는 "믿음에서 떠나 미혹하는 영과 귀신의 가르침을 따르는 사람"(딤전 4:1)도 있습니다. 그래서 성경은 믿지 않는 자는 심판을 받는다고 기록하고 있습니다(히 9:27). 우리가 하나님을 믿는 가장 중요한 이유 중 하나는 구원받는 것이다.

[도움말씀] 벧전 1:9

셋째, 의롭다 함을 얻게 됩니다

　하나님을 믿고 예수 그리스도를 구주로 영접하는 자는 모든 죄를 용서받고(행 10:43), 예수 안에서 의롭다 함을 얻어 하나님께 나아갈 수 있습니다(갈 2:16). 성령 충만받을 수 있습니다(행 11:17). 열매 맺는 하나님의 사람이 될 수 있습니다(약 2:1-5). 믿음은 성도들에게 아브라함이 누렸던 모든 축복을 함께 누리며 살 수 있게 해 줍니다(갈 3:7-9).

[도움말씀] 롬 8:33

3. 어떻게 믿을 수 있을까요?

첫째, 우상으로부터 떠나야 합니다(창 12:1)

　하나님이 아브라함을 찾아오셔서 처음 하신 말씀이 "갈대아 우르를 떠나라"(창 12:1)라는 것이었습니다. 하나님의 말씀에 따라 일가친척과 부모 형제를 떠나야 하는 일이 그리 쉬운 일은 아니었을 것입니다. 아마도 인생에 있어 큰 결단을 해야 하는 상황이었을 것입니다. 그러나 그는 하나님을 믿었고 의지했기 때문에 75년 동안 살던 정든 고향집을 다 버리고 떠날 수 있었습니다.

　여기에서 '떠남'이 주는 교훈은 아브라함에게 하나님을 믿는 믿음의 시작을 의미합니다. 아브라함에게 있어서 떠남은 옛사람을 벗어버리는 일로서 우상을 버리고, 죄악된 생활을 청산하고, 새로운 삶을 시작하는 것을 뜻합니다. '떠나라'는 말씀은 오늘 우리에게도 적용됩니다. 우리가 아브라함과 같은 큰 믿음을 가지려면 먼저 유혹의 욕심을 따라 썩어져가는 구습을 좇는 옛사람을 벗어버려야 합니다(엡 4:22). 음란과 부정과 사욕과 악한 정욕과 탐심 등을 버려야 합니다(골 3:5). 물론 우상 숭배하던 모든 일도 다 버리고 오직 하나님만 의지하고 신뢰해야 합니다.

[도움말씀] 갈 2:16

둘째, 축복주심을 믿어야 합니다(2-3절)

하나님은 아브라함에게 약속하셨습니다. 첫 번째 약속은 "내가 너로 큰 민족을 이루겠다"(2절)는 것입니다. 두 번째 약속은 "네 이름을 창대케 하겠다"(2절)는 것입니다. 세 번째 약속은 "네가 복의 근원이 되게 하겠다"(3절)는 것입니다. 아브라함은 힘든 가운데서도 하나님의 약속을 믿고 하나님의 명령에 순종하였습니다.

신앙생활을 하다보면 보이지 않는 하나님의 말씀을 믿고 기다려야 하는 경우들이 많이 있습니다. 하나님이 약속을 어기시는 것이 아니라 우리가 너무 성급해서 하나님의 축복을 받지 못하는 경우가 많습니다. 하나님의 약속은 결코 더디지 않습니다. 때때로 우리는 하나님에 대한 믿음과 인내가 부족해서 축복을 받지 못할 때가 많이 있습니다.

하나님은 오늘날 아브라함의 믿음을 계승한 성도들에게도 그와 똑같은 복을 허락하셨습니다. 그 모든 복을 받아 누리는 것은 믿음으로 하나님께 나오는 성도들만이 누릴 수 있는 것입니다. 하나님의 약속을 의심치 않고 그대로 믿고 순종한 아브라함처럼 순종함으로 복받는 성도가 되시길 바랍니다.

[도움말씀] 롬 4:18

말씀 실천하기

1. 하나님이 우리에게 어떠한 믿음을 원하시는지 이야기 해 봅시다.
2. '떠난다' 는 것은 무엇을 의미하는 것이며 우리가 아브라함과 같은 믿음을 갖기 위해서 어떻게 해야 할까요?

합심 기도하기
1. 믿음의 조상 아브라함에게 주셨던 믿음을 우리에게도 허락해 주소서.
2. 하나님의 축복을 받는 큰 믿음의 사람이 되게 하여 주소서.

♥ 금주의 실천사항을 한가지씩 적어보세요.

♥ 다음예배는 (　　　　) 에서 (　)월 (　)일 (　)시 (　)분

성도가 가져야 할 믿음의 초점은?

이룸목표 : 아브라함 같은 믿음의 사람이 되기로 결심한다.
삶 속에서 구체적으로 믿음을 실천해 나간다.

성품 / 믿음

사도신경 / 다같이
찬송 / 543장(통342)
기도 / 회원 중
말씀 / 신 13:1-11
· 새길말씀 – 신 13:4
헌금찬송 / 542장(통340)
헌금기도 / 회원 중
주기도문 / 다같이

믿음이란?

믿음은 주어진 상황 속에서 하나님의 뜻을 깨닫고 그 뜻에 맞게 행동하는 것이다.

반대말 / 불신

말씀 살펴보기

· 믿음의 성도로서 해야 할 일은 무엇인가요?(3절)
· 하나님이 내게 주신 가장 큰 사명은 무엇인가요?(4절)
· 하나님이 다른 신, 곧 우상을 섬기지 말라 하신 이유는 무엇인가요?(11절)

말씀 나누기

하나님이 이스라엘에게 명하신 두 번째 계명은 "우상을 만들지 말라"는 것입니다. 이에 모세는 이스라엘 백성이 약속의 땅 가나안에 들어가서 할 일들을 가르쳐 주면서 특히 우상 숭배를 금할 것을 가르쳐 주었습니다.

가나안 땅은 약속의 땅, 축복의 땅, 은혜의 땅입니다. 하나님은 그 땅에서 살아야 할 이스라엘 백성들이 다른 신을 좇고 섬기는 것과 거짓 선지자들의 미혹에 빠지는 것을 결코 용납하지 않으십니다. 본문은 다른 신을 좇아 섬기고, 유혹하는 자들에 대한 처리법을 설명하고 있습니다. 그 처리법은 죽이는 것입니다. 그럼 왜 그들은 죽어야 할 자입니까? 그들은 이적과 기사를 내세우면서 다른 신을 섬기자고 꾀이기 때문입니다.

하나님이 원하시는 믿음은 하나님만 신뢰하는 믿음입니다. 하나님보다 '이적이나 꿈, 기사'를 앞세워 그것들을 우상처럼 따르고 믿는 믿음이 아닙니다. 인간은 기적에 약하여 신기한 일을 목격할 때 그것이 진리인 것처럼 받아드립니다. 그리고 자신의 개인적인 체험을 앞세워서 예수 그리스도의 보혈의 공로보다도 기적이나 꿈, 각종 신비한 체험을 더 강조하고 그것들이 신앙의 전부인양 주장하는 이들이 많습니다. 그러나 이러한 행위는 우상숭배가 될 수 있습니다. 믿음이 주는 교훈은 무엇일까요?

1. 참 믿음을 갖게 합니다

믿음은 소중합니다. 그러나 믿음 자체가 중요한 게 아니고 그 대상이 누구냐가 중요합니다. 복과 화는 누구를 믿느냐에서 시작되기 때문입니다. 믿음의 대상은 사람도 아니고, 우상도 아닙니다. 오직 한분 전능하신 하나님만이 우리가 믿어야 할 믿음의 대상입니다. 믿음을 가진 성도는 오직 한 분 하나님만을 사랑하고, 그 말씀을 믿고 따라야 합니다. 그것이 참 믿음이기 때문입니다.

[도움말씀] 렘 28:15

2. 하나님과 동행하는 삶을 살게 합니다.

하나님을 믿는 성도는 임재의식(臨在意識)을 가져야 합니다. 임재의식이란 '하나님이 언제나 나와 함께 계심을 믿는 믿음'을 말합니다.

에녹은 임재의식을 갖고 하나님과 300년이나 동행하는 삶을 살았습니다. 하나님은 이런 에녹을 기뻐하셨습니다. 결국 에녹은 하나님과 동행하다 살아서 하늘나라로 승천하였습니다.

믿음의 사람들은 하나님과 동행하는 삶을 살면서 하나님께만 순종해야 합니다. 예수께서는 십자가 고난의 길을 걸으면서도 결코 하나님께 대한 순종의 길을 저버리시지 않으셨습니다. 주의 길 가는 것은 주님의 뒤를 따르는 것입니다. 그 가는 길이 좁고 협착하여 때로는 견디기 힘들더라도 가야만 하는 고난의 길입니다(마 7:13-14). 그래서 예수께서는 "누구든지 나를 따라오려거든 자기를 부인하고 자기 십자가를 지고 나를 따를 것이니라"(마 16:24)고 말씀 하셨습니다. 에녹처럼 하나님과 교제하며 하나님의 뜻을 순종하므로 하나님을 기쁘시게 하는 삶을 살아야 합니다.

[도움말씀] 창 5:21-24

3. 하나님을 기쁘시게 합니다

많은 성도들은 착하고 성실하며, 이웃을 돕는 행위 속에서 하나님이 기뻐하실 것이라고 생각합니다. 물론 착하게 살아서 나쁘다고 할 사람이 어디 있겠습니까? 그러나 '착하게 사는 것'이 성도에게 주어진 사명은 아닙니다.

성도가 가져야 할 믿음의 초점은 예수 그리스도를 기쁘시게 하는 것입니다. 사람들에게 '착한 사람'이라고 불리우는 것도 필요하지만, 그것보다는 예수님을 바라보고 주를 기쁘시게 하는 삶에 초점을 맞추어야 합니다. 그것이 우리의 믿음생활이고 사명입니다.

'사명(使命)'하면 많은 사람이 내게 주신 직분을 잘 감당하는 것으로 생각하거나, 신학을 공부해서 목사, 전도사가 되는 것으로 생각 합니다. 그러나 하나님을 잘 믿고 따르는 성도라면 하나님께서 내게 주신 직분이나 사명은 당연히 감당해야 할 일일 뿐입니다.

우리 하나님은 남들이 갖지 못한 재능과 능력으로 큰 일을 해서 실적이나 업적을 드러내는 것보다는 에녹처럼 언제나 하나님과 동행하며 하나님을 사랑하고, 하나님과 교제하며, 하나님을 기쁘시게 해 드리는 것을 더 귀하게 여기시고 좋아 하십니다.

하나님은 우리가 여호와 하나님을 따르고, 경외하며 그 명령을 지키고, 그 목소리를 청종하며, 그를 의지하는 삶을 사는 믿음을 원하십니다. 그것이 하나님을 기쁘시게 해 드리는 최고의 믿음입니다.

[도움말씀] 합 2:4

말씀 실천하기
1. 모세가 백성들에게 가르친 믿음에 대하여 말해보고, 바른 믿음에 대한 견해를 나누어 봅시다.
2. 하나님이 원하시는 믿음과 상식적으로 여겨지는 믿음의 차이점에 대해서 나누어 봅시다.

합심 기도하기
1. 하나님이 기뻐하시는 믿음을 갖게 하소서.
2. 에녹처럼 하나님과 동행하는 삶을 사는 믿음의 사람이 되게 하소서.

♥ 금주의 실천사항을 한가지씩 적어보세요.

♥ 다음예배는 (   ) 에서 (   )월 (   )일 (   )시 (   )분

11 | 나는 정의로운 사람인가!

이룸목표 : 정의에 대해 바르게 안다.
삶 속에서 구체적으로 정의를 실천하는 방법을 배운다.

성품 / 정의

사도신경 / 다같이
찬송 / 546장(통399)
기도 / 회원 중
말씀 / 대하 14:1-5
· 새길말씀 – 렘 33:15
헌금찬송 / 430장(통456)
헌금기도 / 회원 중
주기도문 / 다같이

정의란?

정의는
하나님의 법과
성품에 근거하여
현명한 판단을 내리는
것이다.

반대말 / 공평

말씀 살펴보기

· 아사 왕 이전의 왕들은 하나님 보시기에 어떤 왕이었나요?(1절)
· 정의를 실현하기 위해 아사왕은 유다백성들에게 무엇을 명했나요?(3-4절)
· 아사 왕 재임 시절에 평화가 지속된 이유는 무엇이었나요?(5절)

말씀 나누기

다윗 왕 이후의 왕들은 하나님의 계명을 지키지 않아 하나님의 진노를 샀습니다. 하지만 아사왕은 달랐습니다. 그는 남유다 왕 중 세 번째 왕으로 하나님의 계명을 잘 지켜 복을 받은 왕입니다. 아사왕은 왕이 되자 제일 먼저 자기 할머니 '마아가'에 의해 만들어진 우상을 파괴하고, 유다 백성들을 명하여 모든 우상을 제하고 그 조상들이 믿던 여호와 하나님을 경외하게 하고, 율법과 그 명령을 지키게 하였습니다.

이렇게 아사왕이 하나님 여호와 보시기에 선과 정의를 행하였더니 하나님은 아사왕을 기뻐하시고, 하나님을 찾으며 정의를 실천한 아사에게 10년 동안 평안을 주셔서 성읍을 건축하고 성곽과 망대를 쌓아 한 나라를 만들게 하셨습니다. 뿐만 아니라 그 후 구스 왕 세라가 군사 백만을 이끌고 쳐들어왔을 때도 전쟁에서 큰 승리를 거두게 하시고 많은 전리품을 거두게 하셨습니다. 아사왕은 하나님의 공의와 정의를 실현한 믿음의 사람이었습니다.

십계명 가운데 두 번째 "너를 위하여 새긴 우상을 만들지 말라"는 계명은 하나님과의 깨어진 사랑의 관계 회복을 위해 주신 하나님의 약속입니다. 하나님의 사랑은 하나님의 사랑을 잃어버린 믿음을 회복시키는 능력입니다. 지난 과에서 이 약속이 성취되기 위한 구체적인 실천방법인 믿음의 성품을 살펴보았다면 이번 과에서는 어떤 상황 가운데에서도 내 마음에 하나님보다 더 사랑하는 대상인 우상을 버리고 우리의 삶을 하나님께만 맡기고 의지하는 진정한 믿음을 소유하게 될 때, 정직하고 바르게 말하고 행동하는 삶을 살 수 있음을 배우고 실천할 때 온전한 성결과 완전한 회복의 기쁨을 누리게 될 것입니다.

1. 정의란 무엇일까요?

정의(Justice)란 히브리 원어로 '쩨다카' 인데, 그 의미는 '정직한, 적합한, 옳은' 등을 말합니다. 결국 정의란 '깨끗하고 옳으며 진실한 것을 지키기 위해 개인적으로 책임을 지는 것' 을 말합니다. 하나님은 정의를 사랑하십니다(시 33:5). 그런데 우리가 사는 세상은 불법과 불의가 가득하고 정의는 실종되고 각종 부패한 것으로 가득합니다. 정의롭지 못한 세상은 온갖 죄로 인해 타락하고, 썩어 냄새가 납니다. 우리가 살고 있는 이 땅에 정의가 실현되기 위해서는 이 땅의 백성들이 하나님의 관점에서 정직하게 정의를 실천해야 합니다.　[도움말씀] 잠 11:3

2. 왜 우리에게 정의가 필요할까요?

하나님은 두 가지 속성을 가지고 계십니다. 정의로우심과 자비로우심입니다. 하나님의 정의는 우리가 지은 죄에 대한 정죄의 심판을 말하고, 하나님의 자비는 우리가 죄인임에도 불구하고 우리를 향해서 베푸시는 하나님의 사랑과 용서를 말합니다. 그런데 하나님을 제대로 알지 못하는 사람들은 흔히 하나님의 자비를 생각하며 죄를 졌음에도 불구하고 하나님께서는 인류를 형벌하셔서 지옥 불에 던져 넣는 일은 절대 없을 거라는 궤변을 늘어습니다.

하나님은 사랑의 하나님이시며 하나님의 공의와 정의로 이 땅을 다스리시는 정의의 하나님이십니다. 그래서 죄인인 우리를 구원하시기 위해 독생자 예수 그리스도를 이 땅에 보내셔서 온 인류의 죄 값을 대신하여 십자가에 죽게 하셨습니다(요 3:16). 그만큼 우리를 사랑하시기 때문입니다. 그러나 하나님의 크신 사랑을 받아들이지 않고 끝까지 하나님을 거역하며 죄를 짓다가 하나님의 심판대에 선 사람들에게는 더 이상 사랑의 하나님은 아니십니다. 다만 정의를 집행하는 인류의 재판관이실 뿐입니다. 하나님은 이 땅에 공의과 정의를 행하시는 분이십니다(렘 23:5). 그리고 이 땅에 하나님의 다스림을 통해 정의가 이루어지기를 원하십니다. 그러므로 하나님을 믿고 따르는 성도는 정의를 실천하는 일에 앞장서야 합니다. [도움말씀] 시 34:15

3. 어떻게 하면 정의를 실현할 수 있을까요?

첫째, 우리 삶의 우상을 제거해야 합니다(2절)

돈, 명예, 자녀, 취미생활 혹은 배우자 등을 하나님보다 더 사랑하면 우상입니다. 아사가 왕이 되자 제일 먼저 한 일은 이방 제단과 신당을 없애고 모든 우상을 제거한 후 온 이스라엘 백성들이 하나님 앞에 지은 죄를 회개하게 하고, 여호와 하나님의 율법을 지켜 행하게 함으로 유다왕국에 하나님의 정의가 세워지도록 하였습니다. 하나님은 이러한 아사왕을 기뻐하시고 복을 주셨습니다. 이에 유다왕국은 평안해졌고 나라는 부강해졌습니다(대하

14:5-6). 이와 같이 우리의 마음, 가정, 교회, 직장 등이 평안해지기 원한다면 먼저 아사왕처럼 우리 안에 있는 모든 우상들을 제거해야 하며 하나님의 정의로 다스림을 받아야 합니다. 하나님의 정의는 이 땅에 우상을 제거하고 하나님과의 올바른 관계에서 세워지기 때문입니다. [도움말씀] 대하 31:20

둘째, 마음이 하나되어야 합니다
아사왕은 구스 사람 세라가 백만 대군을 이끌고 전쟁을 일으켜 유다를 공격하자 하나님께 부르짖어 하나님의 도움을 구했습니다. 하나님은 아사왕이 하나님의 정의를 세우기 위해 온갖 우상을 부수고, 백성들로 하여금 하나님만을 섬기게 했던 일들을 기억하시고는 구스의 백만 대군을 쳐서 유다왕 아사로 하여금 큰 승리를 거두게 하셨습니다(대하 14:12-14).
정의의 실현은 혼자만의 힘으로는 불가능 합니다. 반드시 하나님이 도와주셔야만 하나님의 정의를 세울 수 있습니다. 아사왕은 하나님의 정의를 세우기 위하여 기도에 힘썼습니다. 우리들도 하나님의 정의를 실현하기 위하여 날마다 하나님께 기도하며 우상을 멀리하고 하나님의 말씀을 순종하는 삶을 살도록 힘써야 합니다. [도움말씀] 렘 23:5

말씀 실천하기
1. 정의로운 삶을 살기 위해 내가 버려야 하는 우상은 무엇입니까?
2. 우리 삶 가운데 하나님의 정의가 필요한 이유를 말해 봅시다.

합심 기도하기
1. 하나님의 정의가 나와 내 가정, 내 교회부터 이루어지게 하소서.
2. 하나님의 나라가 이 땅에 속히 이루어지게 하소서.

♥ 금주의 실천사항을 한가지씩 적어보세요.

♥ 다음예배는 (   ) 에서 (   )월 (   )일 (   )시 (   )분

12 | 정의를 실천한 '히스기야'

이룸목표 : 정의롭게 살기를 결심한다.
정의를 사랑하고 삶 속에서 구체적으로 실천한다.

성품 / 정의

사도신경 / 다같이
찬송 / 384장(통434)
기도 / 회원 중
말씀 / 대하 31:1-10, 20-21
 · 새길말씀 – 대하 31:20
헌금찬송 / 290장(통412)
헌금기도 / 회원 중
주기도문 / 다같이

정의란?

정의는
하나님의 법과
성품에 근거하여
현명한 판단을 내리는
것이다.

반대말 / 공평

말씀 살펴보기

· 히스기야 왕이 단행한 종교개혁의 내용은 무엇인가요?(1-10절)
· 히스기야 왕의 선한 의도는 어떤 결과를 가져왔나요?(11-21절)
· 하나님 앞에 정의를 실현한 히스기야 왕은 어떤 복을 받았나요?(21절)

말씀 나누기

　선민 이스라엘은 하나님의 율법과 계명을 지켜 행하지 않아 하나님의 진노를 샀으나 돌이켜 회개하지 않고 여전히 하나님을 거역하고 우상을 숭배하며 범죄하기를 쉬지 않았습니다.

　이러한 죄 때문에 나라가 북왕국 이스라엘과 남왕국 유다, 둘로 갈라지는 불행을 초래하였습니다. 그럼에도 불구하고 그들은 여전히 하나님을 떠나 우상을 숭배하고 하나님의 율법과 법도를 지키지 않았습니다. 이러한 때에 히스기야 왕은 즉위하자마자 제일 먼저 성전을 성결케 하고, 백성들에게 유월절을 지키게 하였습니다.

히스기야 왕은 백성들을 모아 산과 들에 세워진 각종 우상을 제거하고, 백성들이 성전에 나아와 하나님 앞에 제사드릴 때 불편하지 않도록 제사장과 레위인들의 직책을 회복시켰습니다.

히스기야 왕은 하나님이 명령하신 계명과 율례를 지킴으로 하나님의 정의를 실현했습니다. 하나님은 하나님의 정의를 실천하여 하나님의 뜻을 세운 히스기야 왕과 유다 백성에게 형통의 복을 허락하셨습니다. 하나님의 계명을 지켜 하나님의 정의를 실현한 히스기야 왕의 신앙적 교훈을 살펴보도록 합시다.

1. 가정이 평안해집니다

히스기야 왕은 백성들로 하여금 우상을 모두 부수어 없애도록 하였고, 유월절을 지키게 했습니다. 그리고 레위인들이 온전히 하나님의 성전을 봉사하도록 제도를 보완하여 제사장의 직무를 잘 감당하게 했습니다(대하 31:17-19). 그 결과 유다 온 백성들이 여호와 하나님의 명령에 따라 우상을 멀리하고 유월절을 지키며 하나님의 율법을 지켜 행하였습니다. 하나님은 이런 유다를 축복하시고 나라를 평안하게 해 주셨습니다.

우리들의 가정에 하나님의 정의를 세우기 위해서는 우상들을 없애야 합니다. 때로는 믿는 가정에서도 제사를 없애지 못하는 경우가 있습니다. 진정으로 하나님을 섬기는 가정이라면 하나님이 제일 싫어하시는 우상부터 제거해야 합니다. 조상 대대로 내려오는 제사문제를 없앤다고 믿지 않는 형제들과 다툼이 일어날 것 같지만 오히려 하나님은 화평케 하셔서 그 가정에 진정한 평안을 더해주십니다.

[도움말씀] 시 119:112

2. 형통하는 복을 받았습니다

히스기야 왕은 온 유다에 여호와 하나님 보시기에 선함과 진실함으로 하나님의 정의를 실천하였고(대하 31:20) '하나님의 정의'(God's justice)를 실현하는 나라를 만들었습니다. 하나님은 모든 일에 하나님 정의를 세우고 하나님을 의지하며 기도하는 삶을 살았던 히스기야 왕을 기뻐하시고 사랑하셔서 그가 통치하는 동안 온 유다에 형통의 복을 주셨습니다. 하나님은 하나님의 정의를 세우는 모든 성도들에게도 형통의 복을 주시기 원하십니다. 이제 우리도 히스기야 왕의 신앙을 본받아 하나님 보시기에 정직히 행하는 삶을 살도록 힘씁시다. 그것이 복 받는 비결입니다.

[도움말씀] 창 39:2

3. 삶 속에서 구체적인 다스림을 받습니다

히스기야 왕은 선조들이 행하던 악을 따라 범죄치 아니하고 오히려 그들이 섬겼던 우상을 타파하고 신실함으로 하나님의 정의가 실현되도록 적극적으로 앞장섰습니다. 이러한 히스기야 왕의 마음을 하나님은 매우 기뻐하셨습니다. 그리고 그가 살아있는 동안에 형통하며 여호와의 진노가 임하지 아니하는 복을 주셨습니다. 즉 하나님이 히스기야 왕의 삶을 형통의 길로 인도하셨습니다.

우리의 삶이 만사형통하려면 하나님의 다스림이 우리 안에 있어야 합니다. 아무리 오랫동안 신앙생활을 했을지라도 하나님의 바른 도를 행하지 아니하면 하나님의 다스림을 받지 못합니다. 하나님 보시기에 선하고 성결한 삶을 통하여 하나님의 정의를 실천하는 성도가 되기를 힘써야겠습니다.

[도움말씀] 시 45:7

말씀 실천하기
1. 하나님의 정의가 왜 이 땅에 세워져야 하는지 서로 이야기해 봅시다.
2. 우리의 삶속에서 하나님의 정의를 실천하기 위해 어떻게 해야하는지 서로 나누어 봅시다.

합심 기도하기
1. 하나님의 정의가 이 땅에 실현되어 하나님의 나라가 임하는 그날이 속히 오게 하소서.
2. 나와 내 가정, 내 교회에 하나님의 정의가 실현되게 하소서.

♥ 금주의 실천사항을 한가지씩 적어보세요.

♥ 다음예배는 (   ) 에서 (   )월 (   )일 (   )시 (   )분

13 | 온전히 존중하는 성도의 삶

이룸목표 : 존중의 깊은 가치를 배우고 실천한다.
삶에서 하나님을 존중하는 방법을 배운다.

성품 / 존중

사도신경 / 다같이
찬송 / 64장(통13)
기도 / 회원 중
말씀 / 출 20:1-2, 7
· 새길말씀 – 출 20:7
헌금찬송 / 80장(통101)
헌금기도 / 회원 중
주기도문 / 다같이

존중이란?

존중은
타인의 행복을
우리 자신의 즐거움보다
먼저 생각하는 것이다.

반대말 / 무례함

말씀 살펴보기

· 하나님은 무엇으로 가르치셨습니까?(1절)
· 하나님은 자신을 어떻게 소개하셨습니까?(2절)
· 하나님은 무엇을 하지 말라고 하셨습니까?(7절)

말씀 나누기

하나님은 모세를 통하여 이스라엘 백성들을 애굽에서 나오게 하셨고 두 달 만에 홍해를 건너 시내산에 이르게 하셨습니다. 하나님은 그들을 시내산 아래 머물게 하고 그들이 지켜야 할 십계명과 여러 계명들을 주셨습니다. 하나님이 그들에게 준 계명들은 도덕의 기준이 되는 도덕법과 하나님의 백성으로서 지켜야 할 시민법 그리고 하나님께 제사하는 의식이 담긴 종교의식법입니다. 이 가운데 도덕법의 핵심은 십계명입니다. 십계명은 이스라엘 백성이 선민으로 살아가는데 뼈대가 되는 법입니다. 사람들 중에는 다른 사람을 존중할 때 자신이 낮아지거나 무시당하지 않을까 두려워서 상대에게 무례하게 행동하기도 합니다. 자신을 소중히 여기는 사람은 다른 사람도 소중하게 여겨야 합니다. 곧 존중은 자신 뿐 아니라 상대방도 소중히 여기는 것입니다.

십계명 가운데 세 번째 "여호와의 이름을 망령되이 일컫지 말라"는 계명은 하나님과의 깨어진 사랑의 관계 회복을 위해 주신 하나님의 약속입니다. 하나님의 사랑은 다른 사람을 존중함으로 그 사랑이 흘러가도록 하는 하나님의 능력입니다. 하나님의 사랑을 알지 못하는 사람은 자기 자신만을 사랑하게 되어 하나님 앞에서 무례하게 말하고 행동합니다. 하나님과의 관계 회복의 약속이 성취되기 위한 구체적인 실천방법인 존중의 성품을 배우고 실천함으로 온전한 성결과 완전한 회복의 기쁨을 누리게 될 것입니다.

1. 존중이란 무엇일까요?

'존중'이란 주변 사람들이 즐기고 좋아하는 것을 거스르지 않기 위하여 내 자유를 제한하는 것입니다. 존중의 반대는 무례함입니다. 곧 내 마음대로, 임의대로 행하는 것입니다. '존중'의 어원적 의미는 히브리어로 '카바드'입니다. 부정적인 의미로는 '힘들다', '무겁다'는 뜻이 있으며, 긍정적인 의미로는 '명예롭다', '영광스럽다'는 뜻을 갖고 있습니다. 그러므로 '존중'은 자신이 힘들고 어렵더라도 상대방을 명예롭게 하고 영광스럽게 한다는 뜻입니다. 하나님은 하나님을 존중히 여기는 자를 존중히 여기시겠다고 말씀하셨습니다(삼상 2:27-30). [도움말씀] 말 3:16

2. 왜 존중해야 할까요?

하나님을 존중해야 할 첫째 이유는 명령이기 때문입니다. 하나님은 자기를 존중하여 그 이름을 망령되이 부르지 말라고 하셨습니다. 하나님을 존중해야 할 두 번째 이유는 복 받는 일이기 때문입니다. 하나님은 자기를 존중히 여기는 자들을 존중하고, 멸시하는 자들을 경멸하십니다. 이스라엘 백성들은 선지자들을 통하여 하나님을 존중하며 그 말씀을 따라 살도록 지도받았으나 마음이 완악하여 무례하게 행하였습니다. 우리에게 하나님을 존중하는 마음이 없으면 외식에 불과합니다. 입술로는 하나님을 존경하면서 마음에 존경심이 없으면 이는 외식하는 자입니다(사 29:13). 하나님은 마음과 입술로 하나님을 존중하는 자를 또한 존중해 주십니다. [도움말씀] 삼상 2:30

3. 어떻게 존중할 수 있을까요?

첫째, 하나님의 이름을 높여드립니다

하나님은 자신의 이름이 치욕을 당하는 것을 허락하지 않으십니다. 삼손의 아버지 마노아는 천사의 방문을 받고 하나님의 이름을 존중하였습니다(삿 13:17). 이사야 선지자도 여호와는 지극히 존귀하신 분이라고 높였습니다(사 33:5). 느헤미야 시대에 레위 사람들은 성벽 공사 후 영화로운 하나님의 이름을 찬양하였습니다(느 9:5). 이와 같이 하나님을 존중하면 우리도 존중히 여김을 받게 됩니다. 전능하신 하나님은 나를 존중히 여기는 자를 존중히 여기고 나를 멸시하는 자를 내가 경멸하리라고 하셨습니다. 무엇보다 창조주 하나님을 존중히 여길 때 하나님도 나를 귀히 여기고 존중 받게 하십니다. 만약에 누군가 사람들로부터 외면당하고 관계가 원활하지 못하다면 먼저 하나님과의 관계를 점검하고 회복해야 합니다. 하나님을 존중할 때 나도 귀히 여김을 받을 수 있습니다. [도움말씀] 시 104:1

둘째, 예배를 통해 하나님을 존중할 수 있습니다

사울은 전쟁에서 이기기 위하여 예배드렸지만, 다윗은 전쟁을 통하여 자신에게 주시는 하나님의 음성을 듣기 위하여 예배드렸습니다. 참된 감격과 기쁨을 상실한 채 반복적으로 형식적인 예배를 드리거나 예배의 감각만 즐기고 진실한 예배를 드리지 못하는 어리석음을 범하지 말아야 합니다. 또한 다른 사람의 예배를 돕느라고 진정 자신은 예배에 온전히 집중하지 못하거나 예배의 감격을 잃어버리지 않도록 깨어있어야 합니다. 하나님은 예배를 통하여 우리의 존중을 받으십니다. 예배를 통해 주의 거룩한 이름이 높아지며 주의 영광이 드러납니다. 예배를 잘 드린다는 것은 우리의 삶 속에서 하나님의 이름을 부끄럽게 하지 않음은 물론 열방 가운데 그 이름을 높여드리는 것입니다. 그러면 하나님도 우리를 세계 열방 가운데 높여주십니다.

[도움말씀] 요 4:23-24

셋째, 가장 좋은 것을 하나님께 드립니다

하나님을 존중한다고 말하면서 정작 우리들은 하나님께 가장 좋은 것을 드리기 보다는 오히려 자신을 위해서 가장 좋은 것을 쓰려고 하는 경향들이 많습니다. 그러나 지혜로운 사람은 가장 좋은 때를, 그리고 가장 좋은 것을 하나님께 드립니다. 모든 일의 결국을 알기 때문입니다. 하나님이 당신의 시간과 재능과 물질 등을 요구하고 계시지는 않습니까? 그렇다면 아낌없이 내어드리길 바랍니다. 하나님이 일하심을 믿고 존중하는 자는 하나님으로부터 풍성한 복을 받을 수 있습니다. 우리 마음을 가득 채우고 있는 온갖 것들을 속히 주님 앞에 내려놓고 소중한 것을 드리는 모습이 주님을 온전히 존중하는 성도의 삶입니다. [도움말씀] 딤후 3:15-16

말씀 실천하기

1. 하나님의 이름이 망령되이 일컬어질 때 분노한 적이 있나요?
2. 어떻게 하면 교회 밖에서도 하나님을 존중할 수 있을까요?

합심 기도하기

1. 우리 안에 먼저 하나님에 대한 존중함이 가득할 수 있기를.
2. 우리가 대하는 사람들에게도 존중함이 드러날 수 있기를.

♥ 금주의 실천사항을 한가지씩 적어보세요.

♥ 다음예배는 (   ) 에서 (   )월 (   )일 (   )시 (   )분

하나님이 세운 사람을 존중하라

이룸목표: 존중의 구체적인 실천 방법을 결심한다.
삶 속에서 존중을 구체적으로 실천한다.

성품 / 존중

사도신경 / 다같이
찬송 / 436장(통493)
기도 / 회원 중
말씀 / 삼상 24:1-15
· 새길말씀 – 삼상 24:6
헌금찬송 / 449장(통377)
헌금기도 / 회원 중
주기도문 / 다같이

존중이란?

존중은
타인의 행복을
우리 자신의 즐거움보다
먼저 생각하는 것이다.

반대말 / 무례함

말씀 살펴보기

- 사울은 다윗을 잡으려고 정예 병사 몇 명을 데리고 나갔습니까?(2절)
- 다윗은 사울을 죽일 수 있는 기회가 왔는데도 왜 죽이지 않았습니까?(6절)
- 다윗은 사울과의 문제를 누가 재판장이 되어 해결하여 주길 원하였습니까?(15절)

말씀 나누기

다윗은 사울을 죽일 수 있었지만 사울의 겉옷 자락만 잘라냈습니다. 그러나 그는 그것까지도 마음에 걸렸습니다. 다윗은 자기 손으로 여호와께서 기름부어 세운 왕 사울을 치는 일은 여호와께서 금하신 일이라고 하였습니다. 한편 다윗은 동굴에서 나와 벤 옷자락을 보이며 "내 주 왕이시여"라고 외치고 땅에 얼굴을 대고 엎드려 절하였습니다. 그리고 다윗은 사울 왕께 잘못을 저지르거나 반역한 것이 아니라는 것을 알아달라고 하였습니다. 또한 여호와께서 우리 재판관이 되셔서 우리 사이를 판단해 주시기 바란다고 하였습니다.

하나님을 존중했던 다윗은 사울을 죽일 수 있는 기회가 왔지만 죽이지 않았습니다. 하나님을 존중하는 마음은 하나님이 기름 부어 세운 사울을 존중할 수 있었습니다. 오늘 이 시간에는 십계명 중 3계명에 "하나님의 이름을 망령되이 일컫지 않고 하나님을 존중하는 성품"을 지닌 사람은 어떤 생활을 하는지 함께 나누고자 합니다.

1. 존중은 하나님의 뜻을 먼저 헤아립니다(1-7절)

다윗의 신하들은 사울이 용변을 보고 있을 때 여호와께서 그를 죽일 수 있는 기회를 주신 줄로 확신하고 사울을 죽이라고 조언하였습니다. 그러나 다윗은 사울의 옷자락만 잘랐고 그것까지도 양심의 가책을 느꼈습니다. 그리고 다윗은 자기 신하들에게 "여호와의 기름부음 받은 내 주를 치는 것은 여호와의 금하신 것"이라며 사울을 해하지 말라고 명령하였습니다. 다윗은 이는 여호와의 기름부음받은 자를 해치는 것은 여호와께서 금하신 하나님의 뜻임을 알고 있었습니다.

하나님의 뜻이 자기의 생각과 다를지라도 먼저 하나님의 뜻을 존중하고 행동해야 합니다. 이와 같이 존중의 성품은 무례하게 행동하지 않습니다. 내 감정대로 행동하지도 않습니다. 먼저 하나님의 뜻을 헤아려 본 후에 그 뜻을 따라 행동합니다.

[도움말씀] 눅 22:42

2. 존중은 악을 선으로 갚습니다(8-10절)

사울은 기회만 있으면 다윗을 죽이려 했지만 다윗은 사울을 죽이지 않았습니다. 존중의 성품은 악을 악으로 갚지 않고, 악을 선으로 갚는 것입니다. 아둔한 백성들은 예수님을 죽이기 위하여 거짓 증인을 세우고, 군중을 선동하고, 위법적인 방법을 동원하여 십자가에 못을 박았습니다. 그러나 예수님은 오히려 하나님 아버지께 저들의 죄를 용서하여 달라고 기도하였습니다. 스데반도 자기를 죽이려고 돌을 던지는 무리들을 위하여 무릎꿇고 기도하였습니다.

[도움말씀] 살전 5:15

3. 존중은 모든 판단을 하나님께 맡깁니다(11-15절)

하나님을 존중하는 다윗의 행동은 그의 생활 현장에서도 그대로 나타납니다. 다윗은 범사에 하나님의 주권을 인정하고 그분의 지도를 따랐으며 모든 판단은 하나님이 하심을 믿고 있었습니다. 이와 같이 하나님을 존중하면 모든 일에 있어서 하나님을 인정하고 의지하게 됩니다. 하나님은 범사에 자기를 인정하면 그 길을 지도하여 주신다고 약속하였습니다(잠 3:6).

존중함이 없는 사람은 주변에 자신을 인정하고 따라주는 사람이 없습니다. 상대방을 존중하면 할수록 내가 인정받는다는 것을 깨달아야 합니다.

하나님께 대한 존중은 하나님이 세우신 자들을 존중합니다. 곧 부모를 존중합니다(출 20:12). 기름부음을 받은 하나님의 사람을 존중합니다(삼상 9:6). 교회 지도자들을 존중합니다(살전 2:6).

늙은이를 대할 때는 아버지를 대하듯이 하고, 젊은이는 형제에게 하듯 하고, 늙은 여자는 어머니에게 하듯 하고, 젊은 여자에게는 자매에게 하듯 합니다. 참 과부로 사는 자를 존대하고, 잘 다스리는 장로들은 갑절로 존경할 자로 알고 말씀과 가르침에 수고하는 자들을 더욱 존경합니다(딤전 5장).

[도움말씀] 시 96:10

말씀 실천하기

1. 하나님을 존중하는 자는 교회 지도자들과 성도들을 존중합니다. 존중하므로 얻게 되었던 유익은 어떤 것이 있었는지 나누어봅시다.
2. 그들을 존중하지 못한 무례함이 있었다면 어떻게 해결하였습니까?

합심 기도하기

1. 어떤 상황에서든지 먼저 하나님의 뜻을 헤아리고 행동할 수 있도록.
2. 어떤 일이든지 선으로 악을 갚을 수 있도록.

♥ 금주의 실천사항을 한가지씩 적어보세요.

♥ 다음예배는 (   ) 에서 (   )월 (   )일 (   )시 (   )분

15 | 하나님의 거룩한 기준

이룸목표 : 덕의 정의를 배운다.
덕을 생활 속에서 실천한다.

성품 / 덕

사도신경 / 다같이
찬송 / 540장(통219)
기도 / 회원 중
말씀 / 벧후 1:5-10
 · 새길말씀 – 벧후 1:5
헌금찬송 / 315장(통512)
헌금기도 / 회원 중
주기도문 / 다같이

덕이란?

덕성은
하나님의 거룩한 기준에
부합된 삶의 능력이다.

반대말 / 유약함

말씀 살펴보기

· 우리가 더욱 힘써야 할 것은 무엇입니까?(5절)
· 덕을 세우기 위해서는 어떻게 해야 합니까?(6-7절)

말씀 나누기

덕은 그리스도인에게 있어서 꼭 있어야 할 자산입니다. 초대 교회의 성도들은 자신의 믿음을 지키기 위하여 고향을 떠나고, 재산을 포기하고, 많은 불이익을 감수하며 살았습니다. 하나님은 이와 같은 성도들에게 반드시 갖춰야 할 8가지 신앙의 덕목을 다음과 같이 가르쳐주셨습니다. 하나님은 "믿음에 덕을, 덕에 지식을, 지식에 절제를, 절제에 인내를, 인내에 경건을, 경건에 형제 우애를,

형제 우애에 사랑을 더하라"(벧후 1:5-7)고 말씀 하셨습니다. 덕은 초대 교회의 공동체를 더욱 견고하고 아름답게 가꾸어 가는 덕목 중 하나였습니다. 그래서 주님은 로마 교회, 고린도 교회, 에베소 교회, 빌립보 교회, 데살로니가 교회를 비롯한 초대 교회들에게 덕을 세우는 교회가 되라고 말씀하셨습니다(롬 14:19; 고전 14:4; 엡 4:29; 살전 5:11).

이 시대에 많은 교회와 믿음의 가정 그리고 성도들이 하나님의 덕을 가지고 살아가지 못함으로 인해 세상의 비난과 조롱을 받습니다. 십계명 가운데 세 번째 "너는 내 하나님 여호와의 이름을 망령되이 일컫지 말라"는 계명은 하나님과의 깨어진 사랑의 관계 회복을 위해 주신 하나님의 약속입니다. 하나님의 사랑은 다른 사람을 존중함으로 그 사랑이 흘러가게 하시는 하나님의 능력입니다. 지난 과에서 이 약속이 성취되기 위한 구체적인 실천방법인 존중의 성품을 살폈다면 이번 과에서는 하나님과 다른 사람들을 존중하는 삶에 머물지 않고 한 걸음 나아가 옳은 일을 하나님의 거룩한 기준에 부합된 삶의 능력인 덕성의 성품을 배우고 실천함으로 온전한 성결과 완전한 회복의 기쁨을 누리게 될 것입니다.

1. 덕이란 무엇일까요?

덕성이란 옳은 일을 꾸준히 행할 때 내 생활 속에 나타나는 탁월한 도덕적 증거입니다. '덕'의 어원적 의미는 '아레테'입니다. 본래적 의미는 '탁월함', '칭찬', '미덕'이란 뜻으로 이 낱말은 생각과 감정과 행동의 덕스러운 모습, 겸손과 순결과 같은 뛰어난 도덕적 우수성을 뜻하는 말입니다. 이와 같이 덕이 있는 자는 좋은 친구를 갖게 되고(잠 22:11), 여러 사람들보다 뛰어나게 되며(잠 31:29), 인생의 방향을 제시해 줍니다.

[도움말씀] 고전 14:12

2. 왜 덕을 지녀야 할까요?

첫째, 하나님의 아름다운 공동체를 이루기 위함입니다

주님은 우리에게 하나님의 아름다운 공동체를 이루기 위해 덕을 세우는 데 힘쓰라고 하셨습니다(롬 14:19, 15:2). 방언을 말하는 사람은 자신에게만 덕을 세우지만, 예언하는 자는 교회에게 덕을 세우게 된다고 말씀합니다. 또한 우리가 함께 모이는 자리에는 찬송하는 사람도 있고, 가르치는 사람도 있고, 하나님의 계시를 말하는 사람도 있고, 방언하는 사람도 있고, 통역하는 사람도 있습니다. 이 모든 일을 할 때 교회에 덕을 세우기 위해 하라고 권면하고 있습니다. 이것은 교회에 유익을 주기 위함입니다. 이와 같이 모든 일에 덕을 세워야 하는 것은 교회를 지키기 위한 주님의 명령이므로 순종해야 합니다. 하나님은 덕을 세우는 자에게 복을 주십니다. 입술에 덕이 있으면 임금도 친구가 되는 복을 얻게 됩니다(잠 22:11). 행실에 덕이 있으면 모든 사람들 위에 뛰어난 복을 받게 됩니다(잠 31:29).

[도움말씀] 빌 4:8

둘째, 덕을 통하여 겸손과 온유의 모습이 드러납니다

세상에는 상당한 지식을 갖춘 사람들이 매우 많습니다. 아무리 지식이 많아도 덕이 없으면 교만해집니다. 하나님의 아름다운 덕이 우리를 통해서 드러날 때 하나님의 이름이 존귀해집니다. 덕이 있는 사람은 행동을 함부로 하지 않습니다. 말을 함부로 하지 않습니다. 덕을 통하여 내면의 성품이 온유하고 겸손하게 드러납니다. 덕은 인격의 최고 요소이므로 많은 사람에게 존경을 받습니다. 하나님은 덕이 있는 사람을 좋아하십니다.

우리에게는 하나님께서 허락하신 지식을 선하게 사용할 책임이 있습니다. 우리가 갖고 있는 지식으로 다른 사람을 세우는 일을 해야 합니다. 교회 안에는 각기 다른 지체들이 있습니다. 성경을 좀 더 알고 있다고 교만하거나 상대를 무시하는 어리석은 행동이 우리 안에 있는지 점검해 봐야 합니다. 익은 벼가 고개를 숙이듯 덕 있는 자녀는 겸손함과 온유함으로 지체를 돌보며 세워나갑니다. 이런 모습이 덕있는 성도의 모습입니다.

[도움말씀] 벧후 1:5

3. 어떻게 덕을 드러낼 수 있을까요?

첫째, 함부로 맹세하지 않습니다

여호와 하나님은 자신의 이름을 망령되이 부르지 말라고 하였습니다. 왜냐하면 하나님은 인간의 욕심을 채워주고 이익을 도모하여 주는 헛된 신이 아니라 자신이 모든 일에 주인이 되셔서 자신의 뜻을 이루시는 참 신이시기 때문입니다. 사람들은 자신의 이익을 얻기 위하여 여호와 하나님의 이름으로 맹세하거나 하늘과 땅으로 맹세하는 일이 많았습니다. 그러나 하나님은 하늘로나 땅으로나 맹세하지 말라고 하였습니다. 덕의 성품을 지니면 자기 욕심을 채우기 위하여 하나님의 이름을 몰래 이용하거나 함부로 사용하지 않습니다. 오히려 하나님을 존경하여 그의 이름을 높이며 찬양합니다.

[도움말씀] 신 5:11

둘째, 이웃에게 은혜를 베풉니다

덕은 하나님과의 관계를 바르게 할 뿐 아니라 이웃과의 관계를 새롭게 만들어줍니다. 덕은 형제에 대하여 노하지 않게 하고, 욕설로 모욕을 주거나 무시하지 않습니다(마 5:22). 우리가 덕을 베풀 때 나와 친한 사람이나 나와 좋은 관계에 있는 사람에게만 좋은 감정으로 덕을 베풀지는 아니 했는지 뒤돌아봅시다. 덕은 나에게 있는 것을 주는 게 아니라 하나님께 있는 것을 나누는 것입니다. 그때 하나님의 은혜와 역사가 나타납니다. 덕의 성품을 지닌 성도는 자기중심적이고 이기적인 태도를 버리고 지체의식을 가지고 형제와 이웃을 위하여 헌신하고 봉사하는 생활을 하게 됩니다. 교회 안에서 방언을 할지라도 무례하지 않으며, 예언을 할지라도 천박하지 않으며 오히려 덕을 세웁니다(고전 14:4).

[도움말씀] 엡 4:29

말씀 실천하기

1. 당신의 생활 속에 덕스러운 생활을 방해하는 생각이나 행동, 그리고 습관을 말해 봅시다.
2. 자신이 속한 공동체에서 어떻게 실천할 지를 나눠봅시다.

합심 기도하기

1. 우리 안에 하나님이 주시는 덕의 성품으로 회복될 수 있도록.
2. 덕이 삶에서 자연스럽게 드러나 하나님께 영광이 되도록.

♥ 금주의 실천사항을 한가지씩 적어보세요.

♥ 다음예배는 (　　　　) 에서 (　)월 (　)일 (　)시 (　)분

충성의 성품을 소개합니다

착하고 충성된 종은 누구입니까?.
충성이란 맡겨진 일에 전심으로 헌신하는 우직한 성품이자,
그 일을 능히 감당할 수 있는 능력입니다.
충성된 일꾼은 아무리 작은 일이라도
성실하고 겸손하게 맡겨진 일에 집중해서 일합니다.
인내심을 가지고 열심히 일하는 종에게 하나님은 착하고 충성된 종이라는
칭찬을 아끼지 않으십니다.

충성된 일꾼이 가져야 할 충심의 원리
일편단심의 성실한 마음: 한결같이 흔들리지 않고
성실한 마음을 가진 사람이 충성된 일꾼입니다.
말씀을 성취하는 신실한 마음: 충성이란 말씀을 마음 중심에 두고 이루는 것입니다. 그러므로 충심은 말씀을 이루는 신실한 마음이라고 할 수 있습니다.

겸손한 마음 - 충성의 사람은 크고 작은 것을 따지지 않고 일꾼으로
선택받은 것만으로도 감격하는 겸손함이 있습니다.

16 | 선으로 악을 이기라

이룸목표 : 덕의 실천을 결심한다.
삶 속에서 덕을 구체적으로 실천한다.

| 성품 / 덕 |

사도신경 / 다같이
찬송 / 445장(통502)
기도 / 회원 중
말씀 / 삼하 16:5-14
 · 새길말씀 – 삼하 16:11
헌금찬송 / 432장(통462)
헌금기도 / 회원 중
주기도문 / 다같이

덕이란?

덕성은
하나님의 거룩한 기준에
부합된 삶의 능력이다.

반대말 / 유약함

말씀 살펴보기

· 다윗이 바후림에 이르렀을 때에 누가 계속하여 그에게 저주하였습니까?(5절)
· 아비새는 다윗에게 무엇을 간청하였습니까?(9절)
· 다윗은 시므이에 대하여 어떻게 하라고 하였습니까?(11절)

말씀 나누기

압살롬은 아버지 다윗왕을 반역하고 쿠데타를 일으켰습니다. 이에 다윗왕은 아들 압살롬에게 쫓겨 도피생활을 시작하게 되었습니다. 그가 감람산에 이르렀을 때, 사울의 손자 므비보셋의 종 시바는 각종 음식물을 싣고 와서 다윗을 영접했습니다. 이때 다윗은 시바에게 므비보셋의 안부를 물었는데 시바는 므비보셋이 다윗의 왕권을 노리고 있다며 거짓말을 했습니다. 이는 다윗을 위하는 척하면서 그를 속인 후 므비보셋의 전 재산을 빼앗으려는 모함이었습니다. 다윗은 이를 알아채지 못하고 그에게 므비보셋의 모든 재산을 시바에게 넘겨주었습니다. 다윗이 바후림에 이르렀을 때 사울의 친척 시므이가 그를 향하여 돌을 던지며 저주할 때 맞서 대항하지 않고 여호와께서 자기의 원통함을 보시고 선으로 갚아주실 것이라고 고백하면서 다시 피난길을 재촉하여 떠났습니다.

다윗이 약할 때에 압살롬은 반역을 일으켰으며, 시바는 다윗을 속여 재물을 약탈하였고, 시므이는 다윗을 저주하였습니다. 이와 같이 어려운 형편 속에서 다윗은 오직 하나님의 일하심을 기다렸습니다. 다윗의 삶을 통하여 3계명 중에 담겨 있는 덕의 성품이 성도들의 실제 생활에 어떻게 적용되는지에 대하여 함께 나누고자 합니다. 덕이 주는 삶의 교훈은 무엇일까요?

1. 시므이는 다윗을 저주하였습니다(5-8절)

시므이는 사울 왕에게 충성을 다하였던 자로서 다윗이 왕 위에 오르자 그를 '반역자'로 여겼습니다. 이제 다윗이 압살롬에 쫓겨 도망하는 신세가 되자 이때 다윗을 향해 돌을 던지고 저주하였습니다. 시므이는 명확한 근거도 없이 잘못된 선입견을 가지고 판단하고 어리석게 행동하였습니다. 시므이의 이런 행위는 역사를 이끄시는 하나님의 절대 주권을 부정하고 지파와 혈연에 근거한 이기주의의 결과였습니다. 다윗에 대한 시므이의 저주는 하나님을 대적하는 것이었습니다. 또한 그는 "사울 족속의 모든 피를 여호와께서 네게로 돌리셨다" "여호와께서 이 나라를 압살롬의 손에 넘기셨다"라면서 여호와의 이름을 제멋대로 도용하므로 하나님의 이름을 망령되이 일컫는 죄를 범하였습니다. 이에 화가 난 다윗의 수하 아비새가 그를 죽이기 원하였지만 다윗은 덕있는 말로 그의 화를 다스리며 맞서지 않았습니다. 후에 반란이 수습되고 다윗이 개선하였을 때 시므이는 재빨리 다윗에게 나와 용서를 빌고 위기를 모면하였습니다. 그러나 후일 솔로몬의 왕명을 거역하여 처형을 당하였습니다(왕상 2:36-36). 이와 같은 시므이의 비참한 최후는 그의 죄악과 무관하지 않습니다.

[도움말씀] 시 71:13

2. 아비새는 다윗에게 복수를 간청하였습니다(9절)

아비새는 다윗의 군장으로서 그를 호위하고 있었습니다. 아비새 장군은 시므이가 여호와의 이름을 들먹이며 다윗에게 돌을 던지고, 저주하고 비난하는 것을 목격하였습니다. 다윗은 자신을 조롱하며 저주하는 시므이에게 어떠한 제지도 가하지 않았지만 아비새는 도무지 그냥 보고 넘길 수 없었으므로 다윗에게 그의 목을 베게 해 달라고 간청하였습니다. 아비새는 시므이를 '죽은 개'에 비유하였습니다. '개'라는 표현도 보잘 것 없는 존재라는 의미를 담고 있는데, '죽은 개'라고 표현한 것은 더욱 강한 뜻으로써 '아무 쓸모도 없는 자'를 뜻하는 것입니다. 아비새는 쓸모도 없는 시므이가 자기의 주인이 되는 다윗왕을 저주한다는 것에 대하여 도무지 참을 수 없었습니다. 아비새는 율법에 "백성의 지도자를 저주하지 말지니라"(출 22:28)고 엄정하게 명령하고 있으므로 시므이의 그런 행동을 하나님의 율법을 모독하는 죄악으로 판단하였습니다.

[도움말씀] 출 21:23-25

3. 다윗은 모든 것을 하나님께 맡깁니다(10-14절)

다윗은 시므이의 저주까지도 하나님의 징계의 한 방편인 줄 알고 겸손하게 받아들였습니다. 심한 모욕과 저주를 유순하게 받아들일 수 있는 덕이 그에게 있었습니다. 이는 다윗의 신앙이 높은 덕성을 지니고 있음을 보여줍니다. 뛰어난 덕성을 지닌 다윗은 심한 모욕과 저주를 받은 상황에서도 하나님께서 자기의 원통함을 감찰하시고 선으로 갚아주실 것을 믿고 고백하고서 가던 길을 묵묵히 걸어갔습니다. 또한 아비새의 살기어린 감정까지도 절제시켰습니다. 덕성은 이와 같이 모욕을 당하여도 하나님을 바라보며 인내합니다. 주변의 흥분한 사람들의 감정도 누그러뜨립니다.

덕성의 성품은 자기의 이익을 따라 하나님의 이름을 남용하지 않고, 하나님의 영광을 위하여 자기를 희생합니다. 악으로 악을 갚지 않고, 선으로 악을 이깁니다. 세상으로부터 미움을 받고 욕을 먹을지라도 하늘의 상을 바라보고 인내합니다. 욕을 욕으로 갚지 않고 도리어 축복합니다. 이와 같이 덕성은 성도들을 승리하게 하고, 성숙한 삶으로 이끌어줍니다.

[도움말씀] 고전 14:40

말씀 실천하기

1. 당신은 까닭 없는 모욕이나 비난을 받았을 때 어떻게 대응하였습니까?
2. 당신은 덕의 성품이 감정과 육체를 지배합니까? 아니면 그 반대입니까?

합심 기도하기

1. 다윗과 같은 덕성의 성품이 분명하게 생활 속에 드러나도록.
2. 나의 덕성을 통하여 주변 사람들에게 선한 영향력을 미칠 수 있도록.

♥ 금주의 실천사항을 한가지씩 적어보세요.

♥ 다음예배는 (   ) 에서 (   )월 (   )일 (   )시 (   )분

17 | 신뢰의 결단은 안식의 지름길

이룸목표 : 신뢰의 정의를 배운다.
생활 속에서 신뢰를 구체적으로 실천한다.

성품 / 신뢰

사도신경 / 다같이
찬송 / 43장(통57)
기도 / 회원 중
말씀 / 민 21:4-9
 · 새길말씀 – 민 21:9
헌금찬송 / 46장(통58)
헌금기도 / 회원 중
주기도문 / 다같이

신뢰란?

신뢰성은
어떤 대가를 치르더라도
하나님의 뜻을 행하겠다고
마음에 작정하는 것이다.

반대말 / 변덕

말씀 살펴보기

- 백성이 하나님과 모세를 향해 원망한 내용은 무엇입니까?(5절)
- 하나님이 모세에게 명하신 말씀은 무엇입니까?(8절)
- 어떻게 해야 살 수 있습니까?(9절)

말씀 나누기

이스라엘 백성은 가나안 땅을 눈 앞에 두고 한 차례의 승리를 거둔 후에도(21:1-3) 다시금 원망하기 시작했습니다. 이들은 여호와께서 주신 선물인 만나를 하찮게 여기고 불평했습니다. 이런 불평은 하나님의 인도와 공급에 대한 불신으로, 지금까지 계속되어 온 옛 사람의 습관과 성질을 끊지 못해서 온 결과였습니다. 이렇게 불평하는 백성에게 하나님은 불뱀들을 보내시어 물어 죽게 하셨습니다. 이때 모세는 백성들로부터 불뱀을 떠나게 해달라는 중보기도 부탁을 받고 하나님께 기도하였습니다. 이 기도에 대한 하나님의 응답은 "불뱀을 만들어 장대 위에 달라 물린 자마다 그것을 보면 살리라" 하였습니다.

　하나님의 약속을 인내하면서 기다리지 못한 백성들이었지만 그들에게 다시 한번 기회를 주셨습니다. 말씀을 신뢰하고 바라본 자만이 살 수 있었습니다. 뱀에 물린 이스라엘이 단지 놋뱀을 쳐다보기만 해도 살았던 것처럼 어떤 상황에 처하든지 하나님을 신뢰하는 성숙함을 통해 안식일을 온전히 주님께 드리겠다는 결단이 있어야 합니다. 특히 신앙생활에서 하나님을 온전히 신뢰하지 못했을 때 안정감과 쉼을 누리지 못하는 경우를 많이 봤습니다. 의자가 튼튼한 것을 신뢰한다면 그 몸을 전적으로 맡기고 의지하며 안정감과 편안함을 맛보게 될 것입니다. 하나님을 신뢰한다는 뜻도 이와 같습니다. 우리의 삶의 문제를 하나님께만 맡기는 신뢰의 결단이야 말로 진정한 안식을 누리는 지름길입니다.

　십계명 가운데 네 번째 "안식일은 기억하여 거룩하게 지키라"는 계명은 하나님과의 깨어진 사랑의 관계 회복을 위해 주신 하나님의 약속입니다. 하나님의 약속은 우리의 삶을 진정한 안식으로 인도하시는 하나님의 약속입니다. 하나님의 사랑을 알지 못하는 사람은 자기 자신을 사랑하는 마음으로 인해 자신의 삶을 자신이 고민하고 결정하고 책임지며 살아갑니다. 그렇기에 주일을 구별하는 것은 내 인생의 주인이 하나님이심을 신뢰하는 믿음의 첫 걸음인 것입니다. 전적으로 하나님을 신뢰할 수 있는 길은 하나님과의 관계 회복에 있습니다. 이를 위한 구체적인 실천방법인 신뢰의 성품을 배우고 실천함으로 온전한 성결과 완전한 회복의 기쁨을 누리게 될 것입니다.

1. 신뢰란 무엇일까요?

　신뢰의 성품은 예상하지 못한 희생이 따르더라도 계획한 일을 끝까지 완수하는 것입니다. 하나님에 대한 신뢰는 출애굽에서 가나안 입구까지 가능하게 했으며, 가나안 정복과 정착을 성취하였습니다. 신뢰는 오늘날에도 꼭 필요한 덕목입니다. 흔히 현대 사회를 신용사회라고 합니다. 신용이 좋은 사람은 대우를 받고, 반면 신용이 없는 사람은 대우받지 못합니다.

신뢰는 신약성경에서 '설득하다', '친구로 만들다', '경청하다', '순종하다' 라는 뜻으로 사용되었습니다. 신뢰는 하나님과의 관계를 바르게 유지하게 하고, 사람과도 좋은 관계를 유지하게 합니다. [도움말씀] 시편 118:9

2. 왜 신뢰해야 할까요?

첫째, 문제의 해결자이기 때문입니다

뱀에 물린 이스라엘이 단지 놋뱀을 쳐다보기만 해도 살았던 것처럼 무슨 문제를 만나든지 하나님이 해결해 주실 거라는 신뢰로 하나님을 바라볼 때 영적인 문제뿐만 아니라 육적인 문제도 해결받습니다. 육신의 부모도 자녀들에게 좋은 것을 주려고 애씁니다. 우리가 신뢰해야 하는 분은 자신의 독생자까지 희생시키면서 우리를 구원하기 위해 새 생명을 주신 하나님입니다. 자기 아들까지 아끼지 않고 우리에게 주신 하나님을 신뢰할 때 더욱 풍성한 은혜를 누릴 수 있습니다. 모든 것을 풍성케 주실 것이라는 신뢰를 갖고 있을 때 풍성한 은혜를 누릴 수 있습니다. [도움말씀] 요 14:27

둘째, 피난처가 되기 때문입니다

세상을 살다보면 여러 가지 문제로 인한 염려가 우리를 자주 괴롭힙니다. 염려가 처음에는 대수롭지 않게 보일지 모르나 그대로 방치하면 우리의 내면세계를 완전히 주장할 수도 있습니다. 이처럼 문제로 인한 염려가 주인노릇하면 하나님도, 그의 약속도, 응답의 손길도 눈에 들어오지 않고 오히려 문제만 바라봄으로 문제의 노예가 됩니다. 하나님은 자신을 경외하고 신뢰하는 자를 보호하시며 그의 후손들까지 사랑을 베푸셔서 위기 가운데 피난처가 되십니다. 우리가 할 수 있는 것은 아무 것도 염려하지 말고 오직 모든 일을 하나님께 맡기고 다만 그에게 피하는 것뿐입니다. [도움말씀] 시 46:1

3. 어떻게 신뢰할 수 있을까요?

첫째, 믿음의 눈으로 바라봅니다

일반적인 상식으로는 도저히 이해할 수 없었습니다. 불뱀에 물려 죽어가는 백성들에게 주신 말씀은 놋뱀을 바라보라는 것이었습니다. 결국 하나님은 당신의 말씀을 신뢰하고 믿음으로 바라본 자에게만 생명을 주셨습니다. 하나님에 대한 신뢰와 그의 말씀에 대한 순종의 자세는 불가능할 것 같은 기적을 만나게 합니다. 하나님의 말씀을 믿고 순종하기를 결단하는 자에게 생명을 주십니다. [도움말씀] 히 11:1

둘째, 온전히 안식일을 지킵니다

안식일을 기억하여 거룩히 지키는 것은 하나님의 명령입니다. 이는 단순히 날짜만 기억하여 시간만 드리는 것이 아닙니다. 하나님을 신뢰하고 그 날을 주심을 감사하고, 소중히 여기며 하나님이 기뻐하는 신령과 진정으로 드리는 예배가 되도록 해야 합니다. 하나님에 대한 신뢰로 주의 날을 지키는 것과 신뢰없이 지키는 것은 하늘과 땅 차이보다 더 큽니다. 주일에 일하지 않거나 공부하지 않으면 왠지 뒤쳐지거나 손해볼 것 같은 염려가 생기기도 하지만 하나님에 대한 신뢰가 충만하면 안식일을 온전히 지킬 수 있습니다.

[도움말씀] 잠 3:5

말씀 실천하기

1. 삶에서 하나님을 신뢰하는 증거가 어떻게 보여지고 있습니까?
2. 주일을 온전히 지키기 위해 결단해야 하는 부분이 있다면 나눠보세요.

합심 기도하기

1. 우리 안에 신뢰의 성품이 충만하기를.
2. 하나님과 주의 종들과 이웃을 신뢰의 성품을 지니고 대할 수 있도록.

♥ 금주의 실천사항을 한가지씩 적어보세요.

♥ 다음예배는 ( ) 에서 ( )월 ( )일 ( )시 ( )분

18 | 여호와를 신뢰한 '히스기야'

이룸목표 : 신뢰를 결심한다.
생활 현장에서 신뢰를 구체적으로 실천한다.

성품 / 신뢰

사도신경 / 다같이
찬송 / 544장(통343)
기도 / 회원 중
말씀 / 사 38:1-8
· 새길말씀 – 사 38:5
헌금찬송 / 516장(통265)
헌금기도 / 회원 중
주기도문 / 다같이

신뢰란?

신뢰성은
어떤 대가를 치르더라도 하나님의 뜻을 행하겠다고 마음에 작정하는 것이다.

반대말 / 변덕

말씀 살펴보기

· 히스기야가 병들어 죽게 되었을 때 이사야가 한 말은 무엇입니까?(1절)
· 이사야의 말을 들은 히스기야는 어떻게 하였습니까?(2절)
· 하나님은 히스기야의 기도를 들으셨다는 증거로 어떤 징조를 주셨습니까?(8절)

말씀 나누기

히스기야가 병들어 죽게 되었을 때, 이사야 선지자는 그에게 나아가 더 살 수 없을 것이므로 유언하라고 하였습니다. 이사야의 말씀을 들은 히스기야는 오직 하나님만이 자기를 회복시켜 주실 분임을 확신하고 심히 통곡하며 간절히 기도하였습니다. 히스기야의 간구를 들으신 하나님은 이사야가 궁궐의 뜰을 다 지나기도 전에 응답을 주셨습니다.

하나님은 이사야를 통하여 히스기야의 병을 고쳐 생명을 15년 더 연장시켜 주시는 것은 물론 그와 예루살렘 성을 앗수르의 손에서 구원하여 주실 것임을 약속하였습니다. 그리고 그 약속의 증거로 해 그림자가 10도 물러가게 하겠다고 하시고 그 일을 즉시 이루셨습니다. 히스기야가 하나님을 온전히 신뢰할 때 문제를 해결받았습니다.

우리가 하나님을 온전히 신뢰할 때 안식일을 온전히 지킬 수 있습니다. 하나님은 안식일을 복 주고, 그 날을 거룩하게 하였습니다(출 20:11). 이 말씀을 신뢰하는 자는 6일을 열심히 일하고 하루, 즉 주일을 온전히 하나님께 드릴 수 있습니다. 하나님의 축복을 받으려면 남들과 같이 세상에 한 발, 교회에 한 발을 딛고 서 있어서는 안 됩니다. 주일을 주님의 날로 인정하고 하나님께 거룩한 산제사로 드리는 날로 구별하여 드리기 위해서는 먼저 하나님에 대한 신뢰가 있어야 합니다.

[도움말씀] 사 58:13-14

1. 히스기야는 죽음 앞에 직면했습니다(1절)

히스기야가 병들어 임종을 앞두고 있을 때 나라는 앗수르의 위협과 공격이 진행되고 있었습니다. 이때 하나님은 이사야 선지자에게 이제 더 이상 살지 못할 거라고 히스기야에 전하라고 하였습니다. 때때로 이와 같이 여러 가지 어려움들이 한꺼번에 밀려와 고통이 가중되는 경험을 할 때가 있습니다.

하나님은 성도들이 여러 가지 시험으로 인하여 근심할 수 있으나 오히려 크게 기뻐하라고 하십니다(벧전 1:6-7). 여러 가지의 시련은 금보다 더 귀한 믿음을 소유하여 주님이 오실 때 칭찬과 영광을 받게 합니다. 믿음의 시련은 인내를 만들어 줍니다(약 1:3). 시련을 통하여 믿음은 성장하고 성숙합니다.

안식일을 거룩하게 지키려고 하면 꼭 마귀가 역사합니다. 교회 나가지 못하게 훼방합니다. 아이가 아프든지 집안에 행사가 있든지 우리의 마음을 흔들어놓습니다. 그러나 하나님은 성도들이 여러 가지 시험으로 인하여 근심할 수 있지만 오히려 크게 기뻐하라고 하십니다.

[도움말씀] 고후 4:17

2. 히스기야는 눈물로 기도하였습니다(2-3절)

성도들은 히스기야와 같이 나라가 앗수르의 위협 아래 위태로운 상황에 처하고, 자신의 몸이 병들어 죽게 되었을 때 신앙이 흔들리기 쉽습니다. 그러나 히스기야는 얼굴을 벽으로 향하고 여호와께 기도하였습니다. 그는 세상적인 모든 방법을 포기하고 오직 하나님께 전적으로 매달렸습니다.

히스기야는 마음속 깊이 하나님을 신뢰하는 믿음이 있었습니다. 히스기야는 여호와께 기도하면서 자신의 선행을 기억하여 줄 것을 요청하였습니다. 히스기야는 왕 위에 오르면서 정치, 군사, 종교적인 면에서 일대 신앙의 개혁을 하였습니다(왕하 18:3-6; 대하 29:2, 31:20-21). 히스기야는 의인에 대한 하나님의 장수의 축복의 말씀(왕상 3:14; 시 61:6; 잠 10:27)을 붙잡고 통곡하며 간구하였습니다. 우리가 믿는 하나님은 막연하게 존재하거나 사람의 손에 의하여 만들어진 죽은 신이 아닙니다. 살아계셔서 온 우주 만물을 통치하시고 간섭하고 계십니다. 인간의 제한된 이성으로 하나님을 다 소개할 수 없는, 능치 못함이 없으신 만군의 여호와 하나님입니다. 삶 속에 하나님을 믿고 신뢰하면 놀라운 기적이 일어납니다.

[도움말씀] 단 9:19

3. 하나님은 히스기야의 기도에 응답하셨습니다(4-8절)

하나님은 히스기야의 기도에 대하여 세 가지 축복으로 응답하셨습니다. 첫째는 히스기야의 생명을 15년 연장하시는 축복입니다. 둘째는 앗수르의 위협으로부터 해방시키는 축복입니다. 셋째는 예루살렘 성의 보존에 대한 축복입니다. 하나님은 히스기야의 기도응답에 대한 확증으로 징조를 보여주셨습니다. 아하스의 해시계에 나아갔던 해 그림자를 뒤로 십도 물러가게 하는 징조였습니다. 자연의 이치는 그림자가 앞으로 나아가기만 하고, 뒤로 물러서는 법이 없습니다. 그럼에도 불구하고 그림자가 뒤로 물러간 징표는 하나님께서 히스기야의 대한 약속을 반드시 이루시는 전능하신 분이심을 보여

주시기 위함이었습니다. 이와 같은 삶은 하나님에 대한 신뢰 때문에 가능하였습니다. 마찬가지로 안식일을 거룩하게 지키는 자는 복을 받습니다. 안식일은 복 받는 날입니다. 예배시간에 강대상에서 선포되는 하나님의 말씀을 통하여 하나님은 우리에게 복을 주십니다. 안식일을 거룩히 지키는 자에게 복을 주신다는 하나님 말씀을 신뢰하면 하나님은 그 약속을 반드시 지키십니다. 신실하신 하나님을 믿고 신뢰하시기를 주님의 이름으로 부탁드립니다.

[도움말씀] 렘 33:3

말씀 실천하기

1. 당신은 어려운 일을 당했을 때 하나님을 전적으로 신뢰하는 믿음의 모습을 보입니까? 아니면 불신앙적인 모습을 보입니까?
2. 하나님은 당신의 신뢰의 성품을 계발하시기 위하여 어떤 일들을 행하신다고 생각하십니까?

합심 기도하기

1. 좋은 신뢰의 성품이 계발되어지도록.
2. 주변 사람들을 신뢰의 성품으로 대할 수 있도록.

♥ 금주의 실천사항을 한가지씩 적어보세요.

♥ 다음예배는 (   ) 에서 (   )월 (   )일 (   )시 (   )분

19 | 상대를 높여주는 '시간 엄수'

이룸목표 : 시간엄수의 정의를 배운다.
삶의 현장에서 시간엄수를 실천한다.

성품 / 시간엄수

사도신경 / 다같이
찬송 / 43장(통57)
기도 / 회원 중
말씀 / 엡 5:16-19
· 새길말씀 – 엡 5:18
헌금찬송 / 46장(통58)
헌금기도 / 회원 중
주기도문 / 다같이

시간엄수란?

시간엄수는
약속시간 전에 도착하여
다른 사람들과 그들의
시간에 대한
가치를 보여주는 것이다.

반대말 / 지체

말씀 살펴보기

· 행동에 대한 기준은 무엇입니까?(15절)
· 왜 세월을 아껴야 합니까?(16절)
· 주님이 우리 안에 가득채우고자 하는 것은 무엇입니까?(18절)

말씀 나누기

하나님은 혼탁한 세상에서 세월을 아끼는 지혜로운 삶을 위하여 구체적인 방법을 제시해주셨습니다(엡 5:16-20). 첫째, 주의 뜻이 무엇인지 이해하는 자가 되어야 합니다. 둘째, 술 취하여 방탕에 이르지 말고 오직 성령의 충만을 받아야 합니다. 셋째, 늘 찬송과 감사가 넘치는 삶이 되어야 합니다.

야곱은 요셉의 소개로 바로를 만났을 때 그의 나이를 묻자 나그네처럼 살아온 세월이 130년이 되었으며, 조상들의 나그네 생활에 비하면 나이가 얼마 되지 않지만 정말 고달픈 세월을 보내었다고 하였습니다(창 47:9). 이는 참으로 알차고 후회할 것 없는 삶이 아닌 험악한 인생을 살았다는 고백이었습니다. "세월을 아끼라"는 말은 주어진 기회를 잘 선용하라는 의미입니다. 우리는 하나님께 시간을 선물받았습니다. 그러므로 그 주어진 시간에 성실하게 살아야 합니다. 장차 우리가 주님 앞에 서는 날에 하나님은 우리가 이 세상에 사는 동안 그 주어진 시간에 대하여 어떻게 사용했는지 회계하실 것입니다.

십계명 가운데 네 번째 "안식일을 기억하여 거룩하게 지키라"는 계명은 하나님과의 깨어진 사랑의 관계 회복을 위해 주신 하나님의 약속입니다. 하나님의 사랑은 우리의 삶을 진정한 안식으로 인도하시는 하나님의 능력입니다. 지난 과에서 신뢰의 성품을 통해 주일을 구별하는 것은 내 인생의 주인이 하나님이심을 신뢰하는 믿음의 첫걸음인 것임을 살폈다면 이번 과에서는 신뢰의 마음을 표현하는 구체적인 방법인 시간엄수의 성품을 배우고 실천함으로 온전한 성결과 완전한 회복의 기쁨을 누리게 될 것입니다.

1. 시간엄수란 무엇일까요?

시간엄수란 '바른 일을 제 시간에 행하여 다른 사람을 존중하는 것' 입니다. 많은 사람들이 시간에 쫓겨 살고 있습니다. '시간이 없다'는 말을 입에 달고 살고 있습니다. 이는 매우 바쁘게 사는 것을 말하기도 하지만 일을 제 시간에 끝내지 못하고 있다는 의미이기도 합니다. 안식일 준수는 자기에게 맡겨진 일들을 엿새 동안 완수한 후에 지켜야 합니다. 더 나아가 아침부터 저녁까지 시간을 잘 지키는 것 뿐만 아니라 하나님을 존중합니다.

[도움말씀] 골 4:5

2. 왜 시간을 엄수해야 할까요?

첫째, 범사에 기한이 있기 때문입니다. 모든 일에는 다 때가 있습니다(전 3:1). 곡식을 심을 때가 있고, 거둘 때가 있습니다. 씨앗 뿌릴 시기를 놓치면 제대로 열매를 거둘 수 없습니다.

둘째, 인생이 짧기 때문입니다. 인간의 연수가 칠십이요 강건하면 팔십이라도 얼마나 빠르게 지나가는지 날아가는 것 같다고 하였습니다(시 90:10).

셋째, 때를 놓치기 쉽기 때문입니다. 시간엄수는 때를 놓치지 않는 것입니다. 열 처녀의 비유(마 25장)에서 미련한 다섯 처녀는 기름을 준비하지 못하여 신랑 집에 들어갈 때를 놓쳤습니다.

[도움말씀] 전 3:1

3. 어떻게 시간을 엄수할 수 있을까요?

첫째, 부지런해야 합니다.

하나님은 잠언에서 곡식이 익었을 때에 부지런히 추수하는 자는 지혜로운 자이지만 추수 때에 잠자는 자는 부끄러움을 당하게 된다고 하였습니다. 게으른 자는 달란트를 맡겨주어도 열심히 일하지 않기 때문에 책망을 받고 있는 것까지 빼앗기고 쫓겨납니다. 바울은 고린도 교회의 성도들에게 견고하며 흔들리지 말며 항상 주의 일에 힘쓰라고 하였습니다(고전 15:58). 갈라디아 성도들에게는 때가 되면 거두게 되기에 낙심하지 말고 선한 일에 힘쓰라고 하였습니다(갈 6:9). 로마 교회의 성도들에게는 부지런히 열심을 품고 주를 섬기라고 하였습니다(롬 12:11). 우리는 "엿새 동안 힘써 네 모든 일을 행하라"는 말씀처럼 주어진 삶에 최선을 다해야 합니다.

[도움말씀] 잠 10:5

둘째, 경건생활을 훈련해야 합니다

죄악을 따라 사는 것은 인생을 허비하는 일입니다. 경건치 아니한 자의 모든 일과 말은 정죄를 받습니다(유 1:15). 경건치 아니한 자들을 홍수로 멸하셨으며(벧후 2:5), 하나님의 심판과 멸망을 받게 됩니다(유 1:4). 육체의 연습은 약간의 유익이 있지만 경건은 범사에 유익하고 금생과 내생에 축복이 보장됩니다(딤전 4:8). 주님께서는 경건한 자를 시험에서 건져주십니다

(벧후 2:9). 홍수가 범람할지라도 그에게 미치지 못하게 보호하십니다(시 32:6). 성도는 특별히 중에 하루는 온전히 하나님 앞에 드려야 하며, 안식일을 경건하게 지키는 것은 시간엄수 안에 포함됩니다. 시간엄수는 경건을 악용하거나 이익의 재료로 여기지 않습니다. 경건의 형식만 있고 능력이 없는 삶에서 벗어날 수 있는 근본적인 회복을 줍니다.

[도움말씀] 벧전 4:3

말씀 실천하기

1. 예배시간에 습관적으로 늦지는 않습니까? 그 이유는 무엇이며, 그것을 고칠 수 있는 방법은 무엇입니까?
2. 당신이 안식일(주일)을 잘 지키기 위해 먼저 결단해야 할 것은 무엇입니까?

합심 기도하기

1. 시간 약속을 잘 지키는 생활이 되도록.
2. 안식일을 잘 지키는 성도들이 되도록.

♥ 금주의 실천사항을 한가지씩 적어보세요.

♥ 다음예배는 (   ) 에서 (   )월 (   )일 (   )시 (   )분

20 | 주인을 기쁘게 하는 청지기

이룸목표: 시간엄수를 결심한다.
생활 현장에서 시간엄수를 구체적으로 실천한다.

성품 / 시간엄수

사도신경 / 다같이
찬송 / 595장(통372)
기도 / 회원 중
말씀 / 눅 12:41-48
· 새길말씀 – 눅 12:47
헌금찬송 / 333장(통381)
헌금기도 / 회원 중
주기도문 / 다같이

시간엄수란?

시간엄수는
약속시간 전에 도착하여
다른 사람들과 그들의
시간에 대한
가치를 보여주는 것이다.

반대말 / 지체

말씀 살펴보기

· 어떤 청지기가 되어야 한다고 말씀하고 있습니까?(42절)
· 주인은 지혜 있고 진실한 청지기에게 무엇을 맡깁니까?(44절)
· 주인이 왔을 때 악한 종이 왜 많이 맞았습니까?(47절)

말씀 나누기

예수님은 누가복음 12장에서 세 가지 비유를 말씀하셨습니다. 첫 번째 비유는 '주인을 기다리는 충실한 종의 비유' 입니다. 그리고 두 번째 비유는 '도둑의 비유' 로 주님의 재림이 도둑같이 아무도 예상하지 못한 때에 불시에 임할 것을 강조합니다. 세 번째 비유는 '선한 청지기와 악한 청지기의 비유' 로 주의 재림 때에 상급과 심판을 강조하고 있습니다. 예수님은 이 세 가지 비유를 통하여 제자들로 하여금 주의 재림을 항상 성실하게 준비하고 예비할 수 있도록 하였습니다. 한국 사람들에게는 자신들도 모르는 사이에 약속시간에 늦게 도착하는 '코리안 타임'이라는 나쁜 습관을 갖고 있습니다. 이와 같은 행동은 교회 안에서도 볼 수 있습니다. 안식일에 대한 개념이 제대로 설정되지 않은 사람들의 모습입니다. 예배 시간에 지각한다거나 마지막 축도 시간에 서둘러 나가는 모습 등입니다. 그러나 우리 성도들은 주의 재림에 대한 소망을 가지고 이 땅에서 하나님이 맡겨주신 시간을 잘 지키면서 성실하게 살아야 합니다. 시간엄수가 우리 신앙생활에 주는 교훈은 무엇일까요?

1. 주인을 기쁘게 합니다

예수님은 베드로의 질문에 대한 대답 대신 '선한 청지기와 악한 청지기'의 비유를 말씀하였습니다. 당시 청지기는 상당한 행동의 자유가 있었습니다. 반면 청지기와 구분되는 종들은 주인의 식탁을 돌보거나 섬기는 자들로서 청지기의 다스림을 받았습니다. 청지기에게 요구되는 것은 충성(고전 4:2)과 지혜(눅 16:8), 그리고 진실(눅 12:42)입니다. 이는 오늘날 모든 성도들에게 요구되는 사항입니다. 지혜롭고 진실한 청지기가 자기에게 맡겨진 종들에게 때를 따라 양식을 나눠주는 것을 주인이 볼 때 그 종은 복이 있다고 하였습니다. 진실한 청지기는 종들의 식량만을 맡은 자가 아니라 주인에게 속한 모든 소유를 총괄하는 자입니다. 그들은 자신의 뜻대로 시간을 계획하지 않습니다. 주의 뜻을 알고 예비하는 자는 하나님이 가장 기뻐하시는 시간과 계획을 알고 살아가는 성도입니다.

[도움말씀] 눅 16:8

2. 마음을 지킵니다

악한 청지기는 주인이 더디 올 거란 생각에 자기에게 맡겨진 종들을 돌보는 임무를 잊어버린 채 종들을 때리며 먹고 마시며 방탕에 빠집니다. 악한 청지기는 주인이 볼 때만 열심히 일하는 태도를 보여 왔기 때문에 주인이 더

디 오리라고 판단한 즉시 자신의 본성을 드러냈습니다. 이 청지기는 단순히 주인이 다시 올 시점을 잘못 파악한 것 뿐만 아니라 마음이 그릇된 자였습니다. 오늘날 우리 주변에서도 볼 수 있습니다. 시간에 대한 개념이 바르지 못한 사람은 내 기분대로 무분별하게 시간을 허비합니다. 시간에 대한 두려움이 없이 자기 마음대로 세상 유희에 따라 허랑방탕한 세월을 보냅니다.

악한 청지기의 겉으로 드러난 행동은 그 마음에서 비롯된 것입니다. 그러므로 무릇 지킬만한 것 중에 더욱 마음을 지켜야 합니다(잠 4:23). 자기의 마음을 다스리는 자는 성을 빼앗는 자보다 낫다고 하였습니다(잠 16:32). 주인은 악한 청지기가 생각하지 못한 날에 돌아와서 그를 몹시 때리고 신실하지 못한 자들이 받을 벌을 내린다고 하였습니다. 이와 같이 주의 재림은 전혀 생각하지 않은 날, 알지 못하는 시간에 임합니다. 우리 모두는 시간엄수의 성품을 소유하여 주인을 존중하고 자기에게 주어진 시간에, 맡겨진 일을 잘 수행하는 선한 청지기의 삶을 살아야 합니다.

[도움말씀] 골 3:23

3. 책임을 다합니다(47-48절)

주인의 뜻을 알고도 행하지 않은 자와 몰라서 행하지 않는 자 사이에는 형벌의 차이가 있습니다. 주인으로부터 청지기로 세움받은 자는 맡겨진 일을 수행할 수 있는 합당한 능력과 재능을 인정받습니다.

어른이나 아이나 모두 사람입니다. 그러나 같은 사람이라도 어른과 아이는 능력이 다릅니다. 곧 능력이 많은 자에게는 더 많은 것이 요구됩니다. 특권은 의무를 수반합니다. 따라서 그 의무를 등한히 할 때 특권은 오히려 더 큰 화를 가져옵니다. 그러므로 알고 지은 죄는 모르고 지은 죄보다 더 중한 벌을 받게 되는 것입니다. 할 수 있으면서도 하지 않는 사람은 할 수 없어서 못한 사람보다 더 벌을 받게 됩니다.

주님이 재림하실 때 많이 받은 자에게는 많이 요구하십니다. 많이 맡은 자에게는 많이 달라고 하십니다. 많이 받은 자와 많이 맡은 자는 특권이 큰 만큼 책임도 크다는 사실을 기억하고 맡은 일에 성실해야 합니다(고전 4:2). 주님이 주신 시간을 정직하고 성실하게 살아갈 때 더 많이 맡기십니다.

[도움말씀] 고전 4:2

말씀 실천하기

1. 내게 맡겨진 일을 어떤 마음과 자세로 하겠습니까?
2. 악한 청지기와 같은 모습이 내게도 있었는지 나누어 봅시다.

합심 기도하기

1. 존경하는 마음으로 맡은 일을 열심히 잘 할 수 있도록.
2. 주의 재림을 항상 기다리며 준비하는 삶을 위하여.

♥ 금주의 실천사항을 한가지씩 적어보세요.

♥ 다음예배는 (   ) 에서 (   )월 (   )일 (   )시 (   )분

21 | 창의성을 발휘할 자유 '순종'

이룰목표: 순종의 정의를 배운다
하나님과 부모님 말씀에 순종한다

성품 / 순종

사도신경 / 다같이
찬송 / 543장(통342)
기도 / 회원 중
말씀 / 창 22:1-14
· 새길말씀 – 창 22:14
헌금찬송 / 549장(통431)
헌금기도 / 회원 중
주기도문 / 다같이

순종이란?

순종은 하나님이
정하신 권위자의 보호
아래에서
창의성을 발휘할
자유이다.

반대말 / 고집

말씀 살펴보기

- 하나님의 부르심에 아브라함은 어떻게 행동했습니까?(1절)
- 번제 드릴 어린양이 어디 있냐고 질문하는 이삭에게 아브라함의 답은 무엇입니까?(8절)
- 여호와 이레의 뜻은 무엇입니까?(14절)

말씀 나누기

하나님은 아브라함의 믿음을 시험하시려고 100세에 낳은 아들 이삭을 번제물로 바치라고 말씀하셨습니다. 아브라함은 하나님의 말씀에 바로 순종했고 아들 이삭을 번제물로 드리기 위해 모리아산으로 갔습니다. 그곳에서 이삭을 죽이려 할 때 하나님은 급히 막으셨고 그의 믿음의 순종을 확인한 후 축복하셨습니다. 인간적 관점에서 하나님의 요구는 도저히 받아들이기 힘든 사건입니다. 그러나 아브라함은 하나님의 관점으로 바라보았고 즉시 순종했습니다. 하나님은 어떤 환경에서도 약속을 믿고 순종하기를 원하십니다.

십계명 가운데 다섯 번째 "네 부모를 공경하라"는 계명은 하나님과의 깨어진 사랑의 관계 회복을 위해 주신 하나님의 약속입니다. 하나님의 약속은 우리의 삶을 언제나 기쁘게 순종하도록 인도하는 하나님의 사랑입니다. 하나님의 사랑을 모르는 사람은 자기 사랑에 빠져 교만하게 되고 순종하기 보다는 자신의 고집으로 인생을 살아갑니다. 특별히 가정에서 부모님께 순종하는 태도는 하나님께 순종하는 삶의 첫걸음입니다. 불순종의 삶을 사는 자녀들이 부모에게 순종하지 못할 이런저런 이유를 말하지만 주님의 약속은 하나님 안에서 절대적이고 즉각적인 순종을 선포하고 계십니다. 하나님과의 관계 회복을 위해 이땅에서 제일 먼저 해야 할 도리는 부모님께 순종하는 일입니다. 관계 회복을 위한 구체적인 실천방법인 순종의 성품을 배우고 실천함으로 온전한 성결과 완전한 회복의 기쁨을 누리도록 합시다.

1. 순종이란 무엇일까요?

순종이란 나를 책임지고 있는 권위자의 현명한 지시를 기쁘게 수행하는 것입니다. 권위자의 말에 순종할 때 우리는 보호받고 유익을 얻게 됩니다.

순종의 어원적 의미는 히브리어로 '샤마' 입니다. 이 히브리어 동사의 기본적인 의미는 '듣다' '청종하다' '관심을 갖다' '복종하다' 로 누군가의 말을 듣는다는 것입니다. 구약에는 하나님의 백성된 이스라엘을 향해 하나님의 말씀을 듣고 행하며 또한 하나님이 세우신 대리자의 말을 듣고 순종하라고 말씀하셨습니다(민 12장). 예수님도 아버지께서 명하신 모든 것을 다 행하셨으며(요 15:10; 히 10:7) 하나님의 뜻을 온전히 행하는 것을 사역의 전부로 여기셨습니다(요 4:34). [도움말씀] 히 10:7

2. 왜 순종해야 할까요?

첫째, 무조건 순종할 때 얻는 기쁨이 큽니다

베드로는 밤이 맞도록 수고하여 그물을 던졌지만 고기를 잡지 못했습니다. 실의에 빠져 허탈하게 그물을 씻고있는 베드로에게 주님께서 찾아오셨습니다. 그리고 명령했습니다. "깊은 곳에 가서 그물을 던지라" 어부인 베드로가 주님의 말씀을 믿고 순종할 때 그물이 찢어질 정도로 잡혔고 두 배가 가득 찰 만큼 기적이 일어났습니다.

베드로의 이러한 순종을 보신 예수님은 그를 사람 낚는 어부로 부르시고 하나님의 거룩한 사도로 부르셨습니다. 우리의 이성적인 판단이나 계산이 앞서 머뭇거리는 태도가 아닌 무조건 믿고 순종하는 자만이 주님이 주시는 기쁨을 소유할 수 있습니다. [도움말씀] 눅 5:6

둘째, 평안이 따릅니다

순종은 하나님의 권위를 인정하는 믿음의 첫걸음입니다. 하나님은 하나님의 권위를 인정하고 받아들이는 사람들에게 가까이 하기를 원하십니다. 하나님은 율법의 모든 명령에 따라 순종하는 사람들에게 성령을 부어주시고 평안함과 셀 수 없는 복을 주신다고 약속하셨습니다. 사람의 경험과 지식으로는 안 될 것 같아도 하나님의 말씀을 순종할 때에 하나님께서 권능으로 이루어 주십니다. 하나님은 말씀에 순종하는 자에게 세상이 줄 수 없는 평안을 주십니다. [도움말씀] 롬 2:13

3. 어떻게 순종할 수 있을까요?

첫째, 즉시 순종해야 합니다

하나님의 말씀을 들은 아브라함은 주저하지 않고 하나님의 명령에 즉시 순종했습니다. 어쩌면 하나님의 요구가 옳지 않게 보일 수 있었으나 아들 이삭을 아브라함은 주저하지 않고 바치겠다고 결단했습니다.

오늘날 우리에게 하나님이 이런 요구를 하신다면 우리는 어떻게 답해야 할까요? 즉시 응답해야 합니다. 하나님의 말씀을 듣고 바로 순종했던 아브라함처럼 최상의 것을 주시는 하나님을 신뢰하는 믿음을 갖고 머뭇거리거나 계산하지 말고 순종해야 합니다. 우리 모두에게는 권위자가 있습니다. 아브라함이 최고의 권위자인 하나님께 순종한 것처럼 우리도 이 땅에 권위자의 말에 변명하거나 미루지 않고 즉시 순종해야 합니다. [도움말씀] 출 3:5

둘째, 밝은 태도로 순종해야 합니다
순종은 행동뿐 아니라 태도까지도 요구됩니다. 때로는 권위자의 요구가 내 생각과 다른 불쾌한 일을 시킬 때도 있습니다. 그런 상황에서도 밝은 태도를 유지하는 성숙한 모습이 진정한 순종입니다. 미소를 지으면서 "기쁘게 하겠습니다"라고 응대할 때 권위자의 태도도 달라집니다. 이런 순종은 내 안에 비난하는 마음과 교만한 마음이 없을 때 실천할 수 있습니다.
우리도 자녀에게 지시했을 때 자녀의 태도를 통해 순종 여부를 알 수 있듯이 하나님도 우리가 어떻게 순종하는지 이미 알고 계십니다. 밝은 태도로 순종할 때 하나님이 기뻐하십니다. 이러한 태도는 하나님 뿐 아니라 우리 주변에 세워주신 부모님, 목사님, 선생님, 공무원, 직장 상사 등의 권위자들에게도 적용됩니다. [도움말씀] 롬 13:1

말씀 실천하기
1. 하나님과 사람 앞에 순종하기 위해서는 어떻게 해야 합니까?
2. 부모님께 순종하지 못했던 것에 용서를 구하는 방법을 말해 봅시다.

합심 기도하기
1. 하나님을 신뢰하는 마음이 가득하여 권위자에게 순종하게 하옵소서.
2. 권위자의 지시를 순종할 수 있는 믿음의 마음을 주옵소서.

♥ 금주의 실천사항을 한가지씩 적어보세요.

♥ 다음예배는 (   ) 에서 (   )월 (   )일 (   )시 (   )분

22 | 권위자의 보호를 의식하라

이룸목표 : 순종의 복을 안다.
하나님께서 약속하신 순종의 복을 나눈다.

성품 / 순종

사도신경 / 다같이
찬송 / 425장(통217)
기도 / 회원 중
말씀 / 신 28:1-14
· 새길말씀 - 신 28:1
헌금찬송 / 370장(통455))
헌금기도 / 회원 중
주기도문 / 다같이

순종이란?

순종은 하나님이
정하신 권위자의 보호
아래에서
창의성을 발휘할
자유이다.

반대말 / 고집

말씀 살펴보기

· 하나님의 말씀을 듣고 그의 명령을 지켜 행하면 어떤 복을 받습니까?(1절)
· 하나님의 말씀을 순종하는 자는 어디에서 복을 받습니까?(3절)
· 대적들을 여호와께서 어떻게 해 주십니까?(7절)

말씀 나누기

신명기 28장은 신명기법의 대연설로 순종과 불순종에 따른 축복과 저주를 기록하고 있습니다. 즉 신명기 법을 지키면 하나님의 축복을 받고(1-14절), 이 법을 지키지 않으면 저주를 받는다는 것입니다(15-68절).

사랑의 하나님은 우리가 저주를 받는 것보다 말씀에 순종하여 축복받고 사는 것을 바라시고 이를 더 즐거워하십니다.

우리가 하나님의 축복을 받으려면 하나님

말씀에 귀를 기울이고 나의 생각과 방법을 버려야 합니다. 그러나 우리 힘으로는 불가능하고 하나님께서 도와주셔야만 합니다.

하나님은 사랑하는 자녀들에게 제 5계명, 즉 "네 부모를 공경하라"는 말씀을 주셨습니다. 부모님을 공경하여 축복받은 사람들의 삶의 교훈은 무엇인지 살펴봅시다.

1. 모든 민족 위에 뛰어나게 하십니다

하나님은 순종을 통해 누리게 될 풍성한 축복을 신명기 28장1-14절에서 말씀하고 계십니다. 이 말씀 속에 담긴 축복은 우리가 여호와 하나님의 말씀을 순종하면 이 모든 복이 우리에게 전부 주어진다는 것입니다. 하나님은 말씀에 순종하는 사람에게 측량할 수 없는 복을 주십니다. 순종은 축복의 문으로 들어가는 열쇠입니다.

미국의 초대 대통령인 죠지 워싱턴의 어머니가 생일을 맞이했는데, 많은 축하객들이 몰려와서 축하했습니다. 그때 하객 중의 한 사람이 대통령의 어머니에게 물었습니다. "어머니는 아들을 어떻게 키웠기에 그토록 위대하게 만드셨습니까?" 그 물음에 다음과 같이 대답했습니다. "예, 나는 아들에게 하나님께 대하여 절대 복종하기를 가르쳤습니다." 죠지 워싱톤이 위대하게 된 것은 하나님께 순종하고 복종하는 사람이었기 때문이라는 대답입니다. 하나님은 순종하는 자를 세우시고 높이십니다. 하나님께 순종함으로써 하나님이 약속하신 풍성한 축복을 우리의 삶 속에서 체험하는 주인공들이 되기를 바랍니다.

[도움말씀] 신 8:1

2. 천대까지 복을 누립니다

아무리 많은 재산과 능력, 높은 권력을 가지고 있어도 하나님께 순종하지 못하면 하나님이 주시는 참된 축복을 받을 수 없습니다. 하나님은 복의 근원이십니다. 하나님은 순종 속에 모든 축복을 담아두셨기에 그의 말씀에 순종하면 이 땅에서도 복 받고, 천국에서도 복을 받습니다. 순종하면 우리 자녀들까지 복을 받습니다. 십계명 가운데 제 5계명은, "부모를 공경하면 하나님이 준 땅에서 생명이 길리라"(출 20:12)고 기록되어 있습니다. 부모에게 순종하는 것이 옳은 일이고, 순종할 때 형통하고 땅에서 장수하는 복을 누리게 됩니다(엡 6:1-2).

미국 역사에 벤자민 프랭클린(Benjamin Franklin)은 가난한 집에서 17명의 자녀 가운데 15번째로 태어났습니다. 학교는 1년밖에 다니지 못했지만 미국 헌법의 기초를 놓은 사람입니다. 대통령을 제외하고는 모든 것을 했다고 합니다. 그가 그렇게 위대한 인물이 된 비결은 첫째, 청교도적인 믿음을 가진 부모님의 말씀에 순종했고, 둘째, 매주일 교회에 나가서 목사님의 설교를 듣고 그 말씀에 순종했고, 셋째, 어떤 경우에도 물질의 노예가 되지 않고 물질의 주인이 될 것을 다짐하고 살았다는 것입니다. 순종은 나 자신 뿐 아니라 자손도 복되게 합니다.

[도움말씀] 신 5:28-29

3. 불행의 근본 문제가 해결됩니다

나아만은 강대국 아람나라의 군대장관으로 크고 존귀한 자였으나, 나병에 걸려 고통받고 있었습니다(왕하 5장). 그 때 하녀가 전해주는 이야기를 듣고 엘리사 선지자를 만나기 위해 찾아갔지만 만나지는 못하고 "요단강에 가서 일곱 번 씻으라"는 엘리사의 말을 듣고 순종함으로 나병을 치유받았습니다.

하나님의 종 엘리사의 말대로 요단강에서 일곱 번 몸을 담글 때 문둥병이 치유된 것입니다. 하나님의 말씀은 끝까지 순종해야 합니다. 우리는 변화가 있을 때만 순종을 즐겨하지만 하나님은 어떤 상황이든 말씀을 온전히 믿고 끝까지 순종하는 마음을 보십니다. 만약 나아만 장군이 여섯 번째 물에 담갔을 때 변화가 없다고 포기했다면 치유받지 못했을 것입니다. 하나님의 말씀을 믿고 끝까지 순종했을 때 결국 큰 축복을 받았습니다. 믿음의 순종은 고침받는 길이며 축복의 길입니다.

[도움말씀] 왕하 5:14

말씀 실천하기

1. 순종의 성품을 가지면 삶의 어떤 변화가 일어납니까?
2. 우리가 순종해야 하는 권위자는 누구입니까?

합심 기도하기

1. 부모님의 말씀에 순종할 수 있는 믿음의 마음을 주옵소서.
2. 하나님이 약속하신 순종의 풍성한 복을 누리게 하옵소서.

♥ 금주의 실천사항을 한가지씩 적어보세요.

♥ 다음예배는 (   ) 에서 (   )월 (   )일 (   )시 (   )분

23 | 바울이 전한 사랑의 '호소'

이룰목표 : 호소의 정의를 배운다.
호소의 방법을 배운다.

성품 / 호소

사도신경 / 다같이
찬송 / 311장(통185)
기도 / 회원 중
말씀 / 몬 1:8-22
· 새길말씀 - 몬 1:20
헌금찬송 / 220장(통278)
헌금기도 / 회원 중
주기도문 / 다같이

호소란?

하나님께 억울함을 하소연하면서 도움을 요청하는 것

반대말 / 반항함

말씀 살펴보기

· 오네시모를 위해 바울은 빌레몬에게 어떤 태도를 취했습니까?(8-10절)
· 오네시모의 문제에 대해 바울이 빌레몬에게 사도의 권위로 명령할 수 있었지만, 간곡하게 부탁한 이유는 무엇입니까?(14절)
· 바울은 빌레몬에게 무익했던 종 오네시모를 어떻게 대해 주기를 요청했습니까?(16절)

말씀나누기

오네시모는 당시 가장 미천한 신분인 노예였습니다. 특히 그는 주인에게 상당한 해를 끼치고 로마까지 도망쳤다가 붙잡혀 감옥에 갇힌 자입니다. 그리고 그 로마 감옥에서 바울을 만나 예수 그리스도를 영접하게 되었고 거듭났으며 복음에 유익한 자가 되었습니다. 바울은 그를 동역자로 곁에 두고 싶었지만, 임의대로 하지 않고 바울의 동역자이고 오네시모의 주인 빌레몬에게 허락을 받고자 돌려

보냈습니다. 그러면서 바울은 사도의 권위로 명령을 하지 않고 겸손하게 빌레몬의 결단을 기대하며 기다렸습니다. 그리고 필요하다면 자신이 손해 보상까지 하겠다고 말합니다. 사도 바울은 빌레몬이 자신의 요청을 들어줄 것이라고 확신합니다.

바울의 편지는 자신에게 손해가 있어도 끝까지 오네시모를 동역자로 받아주기 바라는 바울의 진실한 호소를 볼 수 있습니다.

이와 같이 진정한 호소는 사람의 마음에 감동을 주고 상대방의 마음을 움직이게 하는 능력이 있습니다. 우리도 부모 자녀간에 원치 않는 갈등에 처할 때가 있습니다. 이때 우리는 어떻게 호소해야 하는지 찾으려고 합니다. 십계명 가운데 다섯 번째 "네 부모를 공경하라"는 계명은 하나님과의 깨어진 사랑의 관계 회복을 위해 주신 하나님의 약속입니다. 하나님의 말씀은 우리의 삶이 언제나 기쁜 태도를 가지고 순종하는 삶으로 인도하시는 하나님의 능력입니다. 지난 과에서는 하나님의 사랑을 알지 못하는 사람은 자기 자신을 사랑하는 마음으로 인해 교만하게 되고 순종하기 보다는 자신의 고집으로 인생을 살아간다는 것과 하나님과 부모 안에서 절대적이고 즉각적인 순종을 통해 관계가 회복됨을 배웠습니다. 이번 과에서는 순종의 마음을 구체적으로 표현하는 방법인 호소의 성품을 배우고 실천함으로 온전한 성결과 완전한 회복의 기쁨을 누리시기를 바랍니다.

1. 호소란 무엇일까요?

호소(呼訴)는 '하나님의 존중심으로 다른 사람을 대하며 그가 하나님의 호응에 납득하여 스스로 마음에 감동하여 행동하도록 하는 것'을 말합니다. 또한 다른 사람들의 억울하거나 딱한 사정을 하나님과 사람들에게 얘기하는 것을 말하기도 합니다.

바울은 오네시모를 위하여 빌레몬에게 간곡히 호소합니다. 바울은 자신의 권위로 말하지 않고 복음을 위해 결정하도록 그의 마음에 호소합니다. 오네시모를 위해 사랑으로 호소한 바울의 자세를 우리는 배워야 합니다.

[도움말씀] 시 17:1

2. 왜 호소의 성품이 필요할까요?

하나님이 원하시는 공동체를 이루기 위해서입니다. 하나님이 원하는 공동체는 서로의 인격을 존중하는 데서 시작됩니다. 바울은 주 안에서 부자인 빌레몬도 빌레몬의 노예인 오네시모도 똑같이 사랑했습니다. 바울은 빌레몬에게 사랑의 공동체를 이루기 위해 오네시모를 용서해 줄 것을 호소했습니다. 예수 그리스도께 사랑의 빚을 지지 않은 사람은 아무도 없습니다. 우리는 예수 그리스도로 인해 하나님을 아버지라 부르는 형제가 되었습니다. 따라서 믿음의 공동체 안에서 형제를 사랑하고 용서하는 것은 마땅히 행할 도리입니다. 바울은 사랑의 공동체가 깨지지 않기 위해 빌레몬에게만 편지를 쓰지 않고 빌레몬의 아내 압비아, 교회의 일꾼 아킵보, 그리고 교회 앞으로 편지를 씁니다(2절). 이 짧은 편지를 통해 바울이 하나님의 마음으로 교회공동체를 섬긴 것을 알 수 있습니다.

오늘날 교회에도 이런 일이 일어나야 합니다. 내가 먼저 할 수 있는 일을 실천하는 가운데 서로를 돌아보고, 격려하고, 부족한 점은 배려하고 용서할 수 있도록 호소의 성품을 사모해야 합니다.

[도움말씀] 빌 5:2-7

3. 호소는 어떻게 할 수 있을까요?

첫째, 하나님의 마음으로 해야 합니다

바울과 빌레몬은 오네시모를 사이에 놓고 그리스도인의 사랑이 무엇인지 잘 보여줍니다. 하나님을 향한 사랑은 이웃에 대한 사랑으로 증명됩니다. 주인의 품에서 도망친 오네시모를 바울은 노예로 취급하지 않고 믿음으로 인도하기 위해 많은 고충을 겪었습니다.

우리는 빌레몬서를 통하여 바울이 원했던 용서, 즉 오네시모가 노예로서가 아니라 그리스도 안에서 동등한 형제로서 받아들여지기를 원하였다는 사실을 깨달아야 합니다. 이 말씀은 우리에게 상처주고 잘못을 저지른 사람도 용서하고 사랑할 것을 권면합니다. 왜냐하면 예수 그리스도로부터 구원의 축복을 받고 사랑의 빚을 진 사람은 다른 이들을 사랑해야 할 책임이 있기 때문입니다.

[도움말씀] 요 3:17

둘째, 남의 인격을 존중해야 합니다

바울이 빌레몬에게 오네시모를 보내면서 그가 진심으로 사죄하도록 권면했고 빌레몬에게는 빚진 것이 있으면 자신이 대신 갚아주겠다며 진심으로 용서해달라고 권면했습니다. 바울은 자신의 모든 권위를 빌레몬 앞에 내려놓고 종으로 메여있는 오네시모를 위하여 간구함으로써 빌레몬이 오네시모를 용서해 줄 것을 설득하고 있습니다.

진정한 호소는 자신의 인격보다 남의 인격을 존중하고, 그 사람이 행사할 수 있는 권리를 인정하는 것으로 겸손한 자만이 할 수 있는 아름다운 모습입니다. 우리들은 복음의 빚진 자들로서 마땅히 겸손해야 하며, 또 그 은혜를 나눌 수 있어야 합니다.

[도움말씀] 요 13:14

셋째, 성경에 근거하여 호소해야 합니다

갈라디아 교인들 중에는 도덕적이고 착한 일을 많이 할 때 그 공로로 구원에 이를 수 있다고 생각했습니다. 행위를 통해 구원을 얻으려는 갈라디아 교인들을 향해 바울은 "영으로 시작하여 육으로 마치려는 어리석은 시도"라고 말하면서 "의인은 믿음으로 살 것이라"며 율법으로는 아무도 의롭다함을 받지 못한다고 하나님의 말씀에 근거하여 호소했습니다.

그의 호소는 비난하거나 나무라지 않고 진리를 정확하게 전달하는 방법이었습니다. 즉, 말씀에 근거한 호소가 갈라디아 교인들을 깨우치고 마음에 변화를 일으키는 결과를 가져올 수 있게 했습니다. 이와 같이 교회 안에서도 다툼이나 분쟁이 있을 때 사람의 생각대로 하지 말하지 않고 성경적인 근거에 합당한 호소를 할 때 공동체가 화합하게 됩니다.

[도움말씀] 갈 3:11

말씀실천하기
1. 나와 생각이 다르다고 다른 사람을 비방하거나 정죄한 일은 없는지 서로 나눠봅시다.
2. 형제의 억울함을 해결하기 위해 용기내어 호소한 적이 있습니까?

합심기도하기
1. 남을 정죄하지 않도록 성령님 도와주옵소서.
2. 나와 생각이 다른 교우들을 이해하고 하나님의 사랑으로 기도하게 하옵소서.

♥ 금주의 실천사항을 한가지씩 적어보세요.

♥ 다음예배는 (　　　　) 에서 (　)월 (　)일 (　)시 (　)분

인내의 성품을 소개합니다

인내 후에 오는 것을 기대하십시오.

인내란 더 큰 보람과 상을 위해 먼저 고통을 선택하는 것입니다.
성취의 과정에서 어떤 장애물을 만나더라도 결코 포기하지 않는 것입니다.
인내는 편안한 환경에서 만들어지지 않습니다.
고난을 통해 인내를 키우십시오, 그리고 성공을 바란다면 인내하십시오,
성숙한 사람들은 참고 인내하는 데 능합니다.
인내는 사랑의 가장 핵심 되는 원리이기도 합니다.
분노로 인한 문제를 막고 위대한 성취를 이루는 것도 인내를 통해 할 수 있습니다.
인생의 성패는 실력에 의해서가 아니라 끈기에 의해 결정됩니다.

인내의 습관을 형성하는 원리

고난이 찾아올 때 긍정적으로 반응함으로 인내하십시오.
고난 후에 이루어질 아름다운 결과를 바라볼 수 있는
비전을 가지고 인내하십시오.
고난은 교훈을 줍니다. 고난을 통해 지혜를 배움으로 인내하십시오.
고난 중에 믿음을 성장시킴으로 인내하십시오.
고난 중에 눈부신 끈기를 키움으로 인내하십시오.

24 | 눈물의 호소를 멈추지 말라

이룰목표 : 사도 바울이 행한 호소의 교훈을 배운다.
바울처럼 하나님의 구원역사에 쓰임받아 하나님의 사랑을 전하는 자로 헌신한다.

성품 / 호소

사도신경 / 다같이
찬송 / 276장(통334)
기도 / 회원 중
말씀 / 빌 3:17-4:1
· 새길말씀 - 빌 4:1
헌금찬송 / 406장(통464)
헌금기도 / 회원 중
주기도문 / 다같이

호소란?

하나님께 억울함을 하소연하면서 도움을 요청하는 것

반대말 / 반항함

말씀 살펴보기

· 사도 바울은 빌립보 성도들에게 뭐라고 말했습니까?(17절)
· 사도 바울은 십자가의 원수로 행하는 사람은 어떤 삶을 산다고 말했습니까?(18-19절)
· 사도 바울은 구원받은 그리스도인들에게 무엇을 기다리라고 했습니까?(20절)

말씀나누기

바울은 빌립보 교회 성도들에게 유대주의자들의 거짓 교훈에 대해 경계할 것과, 자신을 본받아 오직 그리스도의 복음을 좇아 행하라고 눈물로 호소합니다. 지금 바울이 전하는 대상은 예수님 안에 있지만 예수님을 바르게 믿지 않는 빌립보 교회의 성도들입니다. 바울은 그들을 향해 복음의 순수성을 흐리고 유혹하는 자들을 향해 욕심을 따라 행함으로써 멸망하지만, 성도의 시민권은 하늘에 있으므로 오직 그리스도만 바라며 섬겨야 한다고 눈물로 호소하였습니다. 바울이 눈물 흘리며 호소하는 이유는 빌립보 교회를 사랑했기 때문입니다.

이러한 바울의 호소는 일상적인 생활 가운데서도 많이 요구됩니다. 호소를 통해 얻는 유익이 무엇인지 살펴봅시다.

1. 진정한 사랑이 전해집니다

사도 바울이 복음을 전할 때 그가 전한 복음을 비판하면서 믿지 못하도록 방해하는 세력이 있었습니다. 그러나 바울은 여러 가지 다양한 사람들의 의견이나 학문에 현혹되지 말고, 주의 진리에 따라 사는 자신을 본받으라고 눈물로 호소합니다. 그때 바울은 그들로부터 조롱받고 무시당했지만 복음 전하는 것을 멈추지 않았습니다. 바울은 그들의 영혼을 사랑했기에 그들이 멸망에 이르지 않도록 복음 전하는 것을 최고로 여겼습니다.

우리 주변에는 오랜 시간 전도해도 돌아오지 않는 부모 형제나 주변의 이웃들이 있습니다. 때로는 지치고 힘들지만 영혼 사랑하는 마음을 놓지 않고 그들의 영혼을 위해 포기하지 않고 눈물로 호소해야 합니다. 영혼을 사랑하는 호소가 진정한 사랑입니다.

[도움말씀] 벧전 5:6

2. 믿음이 강건해집니다

바울은 자칭 그리스도인이라고 하는 사람들이 성도들을 위협하고 있다는 말을 들었을 때도 저주나 폭언하지 않았습니다. 바울로서는 그들에게 당연히 심판을 선언하고, 강한 질책을 할 수도 있었지만 오히려 믿음의 말로 그들의 잘못된 모습을 가르쳐주었고, 그리스도를 사모하고 기다리면서 부끄럽지 않는 삶을 살아야 할 것을 호소합니다. 호소는 믿음의 말로 할 때 잘못된 믿음을 바르게 세워줍니다. 믿음의 형제들이 잘못된 길로 갈 때나, 불신자들이 잘못된 언행으로 교회를 어지럽혀도, 그들을 향해 비난하며 조롱해서는 안됩니다. 바울처럼 믿음의 말로 여러 번 가르쳐주고 설득하면, 모두가 주 안에서 강건하게 세워집니다.

[도움말씀] 요일 3:2-3

3. 화평을 가져다줍니다

자기의 생각만이 옳다고 감정대로 토로하는 사람이나 언성을 높이는 사람은 화평을 깨트리고, 상대방의 영혼을 병들게 합니다. 그러나 그리스도의 마음으로 말을 하고, 상대방의 입장을 헤아려서 설득한다면, 모든 사람들의 마음에 화평과 기쁨을 줍니다. 마음이 아름다운 사람은 언제나 화평을 말합니다. 호소의 성품을 가진 사람은 봄 햇살처럼 따사롭고, 부드러운 말 한 마디로 사람들의 마음을 진정시켜줍니다. 영혼을 사랑하는 마음으로부터 나오는 호소의 말은 굳게 닫힌 상대방의 마음을 열게 하여 교회와 가정에 화평을 이루게 합니다.

우리는 하나님과 사람 앞에서 모든 사람과 더불어 화평의 삶을 살아가고 있는지 돌아보아야 합니다. 교회 내에서 분란을 일으키거나 불신자들을 볼 때에, 우리는 언제나 그들을 위해 기도하며, 사랑과 믿음의 말로 끊임없이 설득하여 주께로 돌아오게 하여 함께 복음에 합당한 생활을 하도록 힘써야 합니다.

[도움말씀] 마 11:29

말씀 실천하기

1. 교회 회의 중 나와 생각이 다른 교우가 있었을 때 나는 어떻게 행동 했나요?
2. 다툼으로 인하여 멀어진 사람을 찾아가서 사랑의 호소를 한 적이 있었나요?

합심 기도하기
1. 불신 가족들이 나의 영혼을 사랑하는 눈물의 호소를 통하여 구원받게 하소서.
2. 공동체에 화평을 심는 자가 되게 하소서.

♥ 금주의 실천사항을 한가지씩 적어보세요.

♥ 다음예배는 (   ) 에서 (   )월 (   )일 (   )시 (   )분

25 | 모세의 온유

이룰목표 : 온유의 정의를 배운다.
예수님의 온유를 배우고 실천한다.

성품 / 온유

사도신경 / 다같이
찬송 / 93장(통93)
기도 / 회원 중
말씀 / 민 12:1-13
· 새길말씀 - 민 12:3
헌금찬송 / 424장(통216)
헌금기도 / 회원 중
주기도문 / 다같이

온유란?

온유란 하나님이 우리를 통해 그분의 평안과 능력을 나타내시도록 우리의 권리를 하나님께 내드리는 것이다.

반대말 / 화

말씀 살펴보기

· 미리암과 아론이 모세를 비방한 이유는 무엇인가요?(1절)
· 모세는 어떤 성품을 갖고 있습니까?(3절)
· 자신을 비방하다가 나병에 걸린 미리암을 위해 모세는 무엇을 했나요?(13절)

말씀 나누기

본 장은 모세의 누이 미리암과 형 아론이 모세를 원망하며 비방하는 내용입니다. 미리암은 모세의 생존과 성장에 지대한 공을 세운 사람이었고, 아론은 모세의 형으로서 이스라엘이 아말렉과 전투를 벌일 때 하루종일 모세의 팔이 내려오지 않도록 붙잡아 두었던 동역자였습니다. 그러나 모세가 이방 여자와 결혼했을 때 이 두 사람은 비방하는 자리에 서게 됩니다.

사실 비방의 근본적인 원인은 이방여자와 결혼한 것이 아닌 모세의 우월함에 대한 인간적인 시기였으며 질투심에서 비롯되었습니다. 미리암은 결국 모세를 비방한 죄로 문둥병에 걸렸습니다. 이러한 비방은 모세를 지도자로 임명한 하나님을 향한 대적이라고 볼 수 있습니다. 형제를 시기하고 미워하는 마음은 살인하는 것과 같습니다(마 5:21-24). 미리암과 아론은 모세의 잘못을 지적할 때 눈에 보이는 대로 비방하지 말고 상대를 이해하며 세워주는 온유한 마음으로 권면했어야 합니다.

십계명 가운데 여섯 번째 "살인하지 말라"는 계명은 하나님과의 깨어진 사랑의 관계 회복을 위해 주신 하나님의 약속입니다. 이러한 하나님의 깊은 사랑을 잘 알지 못하여 우리는 쉽게 미워하고 분노하는 삶을 살아갑니다. 미워하는 마음을 가진 자는 하나님과 사랑의 관계가 깨어진 상태를 의미합니다. 우리는 하나님과의 관계를 회복함으로 평안한 마음으로 살아갈 수 있습니다. 관계 회복을 위한 구체적인 실천방법인 온유의 성품을 배우고 실천함으로 온전한 성결과 완전한 회복의 기쁨을 누리시길 바랍니다.

1. 온유란 무엇일까요?

온유란 '나의 권리나 힘을 사용하지 않고 섬기는 마음' 입니다. 즉, 온유는 내가 말할 권리를 양보하고 다른 사람의 말을 듣고 그들의 생각을 이해하는 성품입니다. 온유(溫柔)의 한자 어원은 행동에 있어서 가시가 돋쳐있거나 거칠지 않고 '따뜻하고 부드럽다'는 뜻입니다. 그런데 많은 사람들이 온유하다는 말을 여성적이면서 유약하다는 의미로 받아들입니다. 그러나 그것은 오해입니다. 이 말의 헬라어 원어는 '프라오테스' 인데, '하나님이 우리를 다루시는 방법을 불평함이나 저항 없이 받아들이는 영혼의 기질' 이라고 말합니다. 이는 하나님께 대항하여 싸우거나 갈등하는 것이 아니라 하나님의 뜻에 순복하는 것입니다. 온유한 성품은 겸손함으로 쉽사리 화를 내지 않으며 보복하지 않는 마음입니다. [도움말씀] 엡 4:2

2. 왜 온유해야 할까요?

본문에서 미리암과 아론은 모세의 잘못된 행동을 지적하며 비방했습니다. 이렇듯 온유하지 않은 말과 행동은 하나님과 인간, 인간과 인간 간에 사랑의 흐름이 끊어지는 결과를 낳습니다. 예수님도 온유한 삶을 사셨습니다. 이는 하나님의 뜻을 이루기 위함이었습니다. 하나님의 뜻이란 하나님의 사랑이 내게로 흘러와 우리를 통해 흘러가게 하는 것입니다. 하나님의 사랑이 흐르는 데 가장 중요한 성품이 온유입니다. 우리는 온유한 성품을 가져야 합니다. 온유하지 않을 때 하나님의 사랑을 느낄 수 없고 흘러보낼 수 없습니다. 우리가 온유하게 말하지 않기 때문에 주변의 많은 사람들에게 상처를 주고 갈등과 오해를 불러일으킵니다. 진정한 온유는 우리가 만나는 모든 사람들에게 삶의 기쁨과 편안함을 나눌 수 있습니다.

[도움말씀] 마 11:28-30

3. 어떻게 해야 온유할 수 있을까요?

첫째, 모든 일에 절제할 줄 알아야 합니다

모세의 온유는 '자기를 절제하는 온유'였습니다. 출애굽기 34장 29-35절에 보면, 모세는 다른 사람과 달리 하나님과 직접 대면하여 말씀을 들었고, 하나님으로부터 권능을 받았습니다. 그러나 모세는 자신이 가진 권력을 함부로 행하지 않았습니다. 아론과 미리암으로부터 받은 공개적인 비방은 참기 어려웠지만 분을 절제하며 자신을 잃지 않았습니다. 이러한 경우를 만날 때 대부분은 미워하고 분을 품으며 살인하는 마음을 갖게 됩니다. 그러나 모세는 화내지 않고 끝까지 참으며 침묵을 지켰고 이러한 모세의 온유함을 보신 하나님은 그를 인정하셨습니다.

[도움말씀] 시 37:11

둘째, 성령의 능력을 힘입어야 합니다

온유는 성령의 능력을 힘입고 살아갈 때 우리 안에 내주하시는 성령님의 능력이 우리를 온유하게 만듭니다. 우리가 육신의 소욕을 좇아 살아갈 때에는 다른 사람들을 넘어뜨리고 마음에 상처를 주고 파괴하지만, 성령의 인도하심을 받아 성령의 열매를 맺으며 살아갈 때에는 회복시키고 살려냅니다. 따뜻한 말 한마디, 부드러움 속에 우러나는 진정한 사랑의 마음은 상처 받고 고통당하는 사람들을 위로하고 치유합니다. 하나님은 우리 모두가 이런 사람이 되도록 세상에서 불러내셨습니다. 내 힘으로는 온유한 사람이 될 수 없지만 성령의 힘을 덧입을 때 진정한 온유의 성품을 갖게 됩니다.

[도움말씀] 갈 6:1-2

말씀 실천하기

1. 온유한 말로 성도들과 교제를 하고 있습니까?
2. 따뜻하고 온유한 말로 다른 사람을 위로한 적 있습니까?

합심 기도하기

1. 상처받은 영혼들을 위하여.
2. 나를 비방하는 자를 사랑하게 하옵소서.

♥ 금주의 실천사항을 한가지씩 적어보세요.

♥ 다음예배는 (   ) 에서 (   )월 (   )일 (   )시 (   )분

26 | 온유한 자의 복

이룸목표 : 온유한 성품의 사람이 되기 위해 노력한다.
온유한 자가 받을 복이 무엇인지 배운다.

성품 / 온유

사도신경 / 다같이
찬송 / 288장(통204)
기도 / 회원 중
말씀 / 시 37:1-15
 · 새길말씀 - 시 37:11
헌금찬송 / 421장(통210)
헌금기도 / 회원 중
주기도문 / 다같이

온유란?

온유란 하나님이 우리를 통해 그분의 평안과 능력을 나타내시도록 우리의 권리를 하나님께 내드리는 것이다.

반대말 / 화

말씀 살펴보기

· 악을 행하는 자는 끊어지나 여호와를 소망하는 자는 무엇을 차지하나요?(9절)
· 온유한 자들은 무엇을 차지하며 무엇으로 즐거워하나요?(11절)
· 악인의 칼과 활은 결국 어떻게 되나요?(15절)

말씀나누기

인생의 말년에 이른 다윗은 의인들을 향해 여러 가지 세상일들로 인하여 실족하지 말 것을 당부하였습니다.

본문에서 다윗은 악인과 그들에게 고난당하는 의인들의 삶을 대조시키면서 불의를 행하는 자들이 한 때는 잘 되는 것 같으나 결국 땅을 차지할 사람들은 의인들이라는 것을 강조하고 있습니다. 여기서 의인이란 '여호와를 소망하는 자', '온유한 자', '가난하고 궁핍한 자', '정직한 자' 등을 말합니다. 예수님은 "온유한 자는 복이 있나니 그들이 땅을 기업으로 받을 것"(마 5:5)이라고 말씀하셨습니다. 온유의 성품은 원수의 마음도 감동시킵니다. 악인의 핍박에도 대적하지 않고 온유의 성품으로 살았던 다윗의 모습을 통해 살인하지 말라는 하나님의 계명을 오늘날 우리에게 어떻게 적용해야 하는지 살펴보도록 합시다.

1. 온유한 자는 하나님만을 의지합니다

온유한 자는 이 세상에 재물이 있어도 그 재물에 의지하지 않으며, 이 세상의 어떤 권력을 자랑하거나 의지하지 않습니다. 하나님이 어떤 길로 인도하시든지 무조건 순종하며 나갑니다.

하나님께 대한 확고한 믿음을 갖고 온유한 삶을 살았던 미국의 제16대 대통령 아브라함 링컨은 많은 친구들이 있었지만 동시에 적도 많았습니다. 그의 주변에는 그를 집요하게 괴롭혔던 스탠톤이라는 사람이 있었습니다. 그는 신문 지상을 통해 링컨을 '교활한 어릿광대'라고 욕하고, 공식석상의 연설에서 링컨을 '오리지널 고릴라'라고 조롱하면서 '일리노이의 스프링필드에 가면 멋진 고릴라를 감상할 수 있습니다'라고 비꼬기까지 하였습니다. 그럼에도 불구하고 링컨은 대통령이 되자 스탠톤을 국방장관으로 임명하였습니다.

온유한 자는 결코 나약하거나 무기력한 자가 아닙니다. 세상적으로 볼 때 나약하게 보일지 모르지만 하나님께 대한 변함없는 믿음을 가진 이상 그 누구보다도 강한 자입니다. 온유한 자는 이 세상의 어떤 영광보다도 하나님께서 주시는 약속을 귀하게 여기며 순종합니다.

[도움말씀] 골 3:12

2. 온유한 자는 불의와 타협하지 않습니다

　세상 사람이 아무리 불의와 타협하여 살더라도 온유한 자는 그들을 따르지 아니하고 오직 하나님의 법을 따라 진리대로 살아가야 합니다. 많은 사람들이 의롭지 못한 방법으로 살기 때문에 우리가 사는 이 사회가 더 모순되고 불의와 악이 만연해 있습니다. 그러나 온유한 자는 어떤 상황에서도 선을 행하기를 힘쓰며, 공의를 말하며, 마음에 간직한 하나님의 법을 따라 행함으로 그 걸음에 실족함이 없습니다. 훈련된 개가 오직 주인의 명령에만 따르는 것처럼, 온유한 마음을 가진 사람은 오직 하나님의 말씀만 따라 살아갑니다. 그러기 때문에 세상 사람들이 추구하는 욕망에 대해서는 전혀 관심을 두지 않습니다. 온유한 자는 이 세상의 어떤 영광보다도 하나님이 주시는 약속을 귀하게 여깁니다. 그러므로 온유한 마음을 가진 사람은 하나님 나라에서 가장 고귀한 자로 인정받습니다.

　[도움말씀] 딛 3:2

3. 온유한 자는 약한 것 같으나 강한 자입니다

　해와 바람이 누구의 힘이 더 센지 나그네의 옷을 벗기기로 했습니다. 바람은 자신의 강한 힘으로 나그네의 옷을 벗기고자 하였지만 실패했습니다. 그러나 해는 힘이 아닌 따뜻함으로 나그네의 옷을 벗게 했습니다. 이 이야기의 교훈은 온유한 자가 약할 것 같으나 더 강한 자라는 것을 우리에게 가르쳐 줍니다.

　그리스도인들이 이 세상에서 약한 것 같지만 오히려 강한 것은 그 안에 예수님의 온유의 성품이 있기 때문입니다. 온유한 자는 상대의 허물을 덮어 줍니다. 온유함은 당당함입니다. 온유함에는 세상이 알 수 없는 평안함이 있고 세상이 줄 수 없는 만족함이 있습니다. 세상은 권력과 힘을 가진 자들이 지배하지만 하나님의 나라는 온유한 사람을 통해 확장됩니다.

　[도움말씀] 마 11:28-29

말씀 실천하기
1. 지난 한 주간 온유를 삶 가운데 어떻게 실천했는지 나누어 봅시다.
2. 온유한 성품을 가지면 내 삶에 어떤 변화가 일어나겠습니까?

합심 기도하기
1. 매사에 하나님 말씀을 기억하고 순종하게 하옵소서.
2. 온유하신 예수님의 말씀에 마음이 열려있게 하옵소서.

♥ 금주의 실천사항을 한가지씩 적어보세요.

♥ 다음예배는 (　　　　　) 에서 (　　)월 (　　)일 (　　)시 (　　)분

27 | 요시야 왕의 겸손

이룸목표 : 겸손의 정의를 배운다.
진실한 겸손의 자세가 무엇인지 배운다.

성품 / 겸손

사도신경 / 다같이
찬송 / 542장(통340)
기도 / 회원 중
말씀 / 대하 34:14-28
　· 새길말씀 – 대하 34:27
헌금찬송 / 380장(통424)
헌금기도 / 회원 중
주기도문 / 다같이

겸손이란?

겸손이란 나는 본질적으로
아무것도 아니고
내 것은 아무것도 없으므로
내 삶의 모든 것은 하나님
께서 주신 선물임을
인정하는 것이다.

반대말 / 교만

말씀 살펴보기

. 여호와의 전에서 여호와의 율법책을 발견한 사람은 누구입니까?(14절)
. 서기관 사반이 읽은 율법의 말씀을 듣고 요시야왕은 어떻게 했나요?(19절)
. 발견된 율법책에 관한 내용을 누가 해석하여 요시야왕에게 전하였습니까?(22절)

말씀나누기

　유다 왕 요시야는 성전 재건을 명령했고, 성전 수리를 감당하던 대제사장 힐기야는 여호와의 전에서 율법책을 발견했습니다. 서기관 사반이 율법책을 읽었을 때 왕은 자기 옷을 찢으며 애통하였습니다. 때마침 여선지 훌다로부터 장차 유다 땅에 하나님의 진노가 임할 것이라는 소식을 듣습니다. 이 일 후 요시야 왕은 죄악에 물든 이스라엘과 유다 전 지역에 종교 개혁을 단행하였고, 사는 날 동안 백성들은 여호와를 섬기고, 유다의 영적 부흥을 가져오게 되었습니다.

요시야 왕은 하나님 앞에 겸손한 사람이었습니다. 겸손한 사람은 하나님 앞에 자신의 부족함을 인정하면서 하나님의 도움을 구합니다. 요시야의 겸손을 보신 하나님은 그의 통치기간에 동안 유다 땅에 재앙이 내리지 않을 것이라고 말씀하셨습니다. 오늘날 교회가 하나되기 위해서 우리가 겸손함으로 하나님의 사랑의 마음으로 나아가야 합니다. 마귀는 서로 미워하게 함으로 살인하게 하고 죄를 짓게 합니다. 이런 마귀의 궤계에 넘어가지 않기 위해서 하나님과의 깨어진 관계가 회복되어야 합니다.

십계명 가운데 여섯 번째 "살인하지 말라"는 계명은 하나님과의 깨어진 사랑의 관계 회복을 위해 주신 하나님의 약속입니다. 하나님의 약속은 우리의 삶의 태도를 어떠한 상황가운데서도 평안하고 온유하게 인도하시는 하나님의 능력입니다. 지난 과에서는 자기 자신을 사랑하는 마음으로 인해 다른 사람의 잘못에 대하여 쉽게 분노하고 평정심을 잃어버린 삶이 온유의 성품을 통하여 하나님과의 관계가 회복되어 평안한 마음으로 살아갈 수 있음을 배웠습니다. 이번 과를 통해서는 온유의 마음을 표현하는 구체적인 방법인 겸손의 성품을 배우고 실천함으로 온전한 성결과 완전한 회복의 기쁨을 누리게 될 것입니다.

1. 겸손이란 무엇일까요?

겸손(humility)의 어원은 '땅'에서 온 말로, '땅에 묻는다, 아래를 본다, 얼굴을 땅에 댄다'는 뜻입니다. 하나님의 말씀을 들을 때 요시야 왕은 얼굴을 들 수 없었습니다. 자신과 백성들의 허물을 지고 얼굴을 땅에 묻었습니다. 성전 수리 중에 발견한 말씀을 들을 때, 요시야왕은 말씀 앞에서 두려워 떨었습니다. "내 앞에서 겸손하여"(27절)라는 말은 하나님 앞에서 자신을 낮추었다는 뜻입니다. 겸손이란 하나님 앞에서 본질적으로 자신에 대한 무지와 한계를 깨닫고 인생의 모든 것이 하나님께로부터 온 선물임을 인정합니다. 즉, 근본적으로 전능하신 하나님 앞에서 인간 자신의 부족함을 인식하여 하나님의 능력과 지혜를 구하는 것입니다. 겸손한 자는 하나님 앞에서 스스로 자랑하는 것을 버리고 낮추며 하나님께 긍휼을 구합니다.

[도움말씀] 대하 33:12

2. 왜 겸손해야 할까요?

하나님은 교만한 자를 돌이키게 하고 겸손한 자들에게는 은혜를 주시기 때문입니다(잠18:12). 겸손은 하나님 앞에서 자신의 연약함을 인정하고 하나님의 은혜를 구하며 하나님 앞에 낮아지는 자세입니다. 그러므로 겸손하면 하나님과 동행할 수 있고 은혜를 받을 수 있습니다.

프랑스 대통령 포항가리는 그의 은사 라비스 박사의 교육 50주년 기념식에 참석했습니다. 답사를 하기 위해 단상에 오른 라비스 박사는 깜짝 놀랐습니다. 내빈석도 아닌 재학생석 뒷자리에 포항가리 대통령이 앉아 있었기 때문이었습니다. 황급히 단상에서 내려가 대통령을 단상으로 모시려고 했습니다. 그러나 대통령은 끝내 사양하면서 "선생님, 저는 제자입니다. 오늘의 주인공은 선생님이십니다."라고 말했습니다. 장내는 박수갈채가 터져 나왔고, 포항가리 대통령은 더욱 명성 높은 대통령이 되었습니다.

허세나 수단과 방법을 동원하여 높아진 자는 결코 오래가지 못합니다. 그러나 겸손한 자는 큰 자로서 세세토록 존귀와 영광을 받게 됩니다. 하나님의 능하신 손아래서 겸손하면, 반드시 하나님이 높여주십니다.

[도움말씀] 잠 22:4

3. 어떻게 겸손할 수 있을까요?

첫째, 회개를 통해서 겸손할 수 있습니다(14-18절)

요시야 왕은 하나님의 말씀을 듣고 회개하였습니다. 회개는 우리의 마음과 삶이 말씀에 비추어질 때 일어나는 것입니다. 사람이 교만하면 하나님의 말씀을 멀리하고 불순종하게 됩니다. 그러나 하나님의 말씀은 우리를 겸손하게 변화시키는 능력이 있습니다. 하나님의 말씀을 듣고 순종할 때 변화의 능력을 체험합니다.

영혼이 지쳐 있던 웨슬레는 올더스 게잇에서 예배 인도자가 루터의 로마서 주석 서문을 읽을 때 마음이 뜨거워지고 심령에 회개와 부흥이 일어났습니다. 방탕했던 어거스틴은 밀라노의 암브로시우스의 설교 말씀에 감동을 받고 변화되었습니다. 존 뉴우턴은 노예선에서 술과 여자와 도박으로 방탕한 생활에 젖어 있을 때 우연히 배에 있는 성경책을 펴고 말씀을 읽다가 찔림을 받고 회개하여 새 사람이 되었습니다.

요시야 왕을 바꾼 것도 하나님의 말씀이었습니다. 하나님이 원하시는 것은 말씀 앞에서 순종하는 겸손입니다. 그렇게 하나님의 말씀에 순종하는 삶을 살아가는 자들에게 하나님은 사랑과 은혜를 입혀주시고, 참된 안식과 평안을 허락하십니다.

[도움말씀] 잠 18:12

둘째, 인간 능력의 한계가 있음을 알아야 합니다

인간의 능력은 한계가 있습니다. 그렇기 때문에 하나님을 떠난 인간은 아무것도 아닙니다. 겸손한 사람은 자신의 부족함을 압니다. 그러나 교만한 사람은 자기 자신이 교만한 사람인지 모르고 부족함을 인정하지 않습니다. 또한 교만한 사람은 능력이 많으신 하나님을 의지하지 않습니다. 교만한 헤롯왕의 말로는 충이 먹어 죽었습니다. 그래서 잠언서 기자는 교만은 패망의 선봉이요 거만한 마음은 넘어짐의 앞잡이라고 교훈하고 있습니다(잠 16:18).

교만한 사람 옆에 있으면 상처받기 쉽습니다. 교만한 사람과 함께 하면 무엇을 해도 망합니다. 하나님은 겸손한 모습에서 회복의 은혜를 베풀어주십니다. 하나님이 얼마나 겸손을 좋아하시는지 므낫세 왕을 통해서 알 수 있습니다(대하 33:10-13). 환난 중에 므낫세 왕은 하나님 앞에 겸손히 나아가

기도합니다. 그의 기도를 들으신 하나님은 므낫세를 다시 세우십니다. 혹 우리 가운데 환난을 당하는 자가 있습니까? 므낫세 왕과 같이 자신의 한계를 주님 앞에 겸손히 내려놓고 주님의 은혜를 간구하시기 바랍니다.

[도움말씀] 시 22:26

말씀실천하기

1. 교만한 말로 다른 사람을 아프게 한 경험이 있으면 나누어 봅시다.
2. 겸손을 실천하기 위해 버려야 하는 모습이 무엇인지 나눠봅시다.

합심기도하기

1. 주여, 제 교만을 용서해 주시고 예수님의 겸손을 제 안에 부어 주소서.
2. 하나님 앞에서 내가 얼마나 부족한 사람인지 깨닫게 하옵소서.

♥ 금주의 실천사항을 한가지씩 적어보세요.

♥ 다음예배는 (   ) 에서 (   )월 (   )일 (   )시 (   )분

용기의 성품을 소개합니다

한 분의 용기가 인류를 구원했음을 기억하십시오.

용기란 어떤 상황에서도 물러서지 않겠다는 내면의 결단이자 결의입니다. 용기는 거대한 힘이며 에너지입니다. 누구나 장애물을 만나면 피하고 싶어 합니다. 그러나 하나님은 문제의 해결책을 우리 가까이에 두셨습니다. 두려운 상황에서 하나님을 바라보며 계속 전진할 때 승리를 주십니다.

용기의 습관을 형성하는 원리

하나님과 함께 두려움을 직면하면 놀라운 힘과 용기
그리고 자신감을 얻게 됩니다.
보고 들은 것을 해석하는 것에서 두려움의 원인을 분석해 보십시오.
두려움을 정복하는 전략을 세우십시오.
정확한 지식이 두려움을 정복합니다.
크신 하나님과 함께 바라볼 때 문제는 작아 보입니다.
두려움을 정복하는 길은 하나님의 음성에 귀를 기울이는 것입니다.
자신이 소유한 자원을 점검해야 합니다.
하나님을 믿고 담대히 행동해야 합니다.

28 | 겸손은 하나님의 선물

이룸목표 : 그리스도 예수의 겸손을 배운다.
　　　　　삶 속에서 겸손을 구체적으로 실천한다.

성품 / 겸손

사도신경 / 다같이
찬송 / 369장(통487)
기도 / 회원 중
말씀 / 빌 2:1-11
　· 새길말씀 - 빌 2:3
헌금찬송 / 455장(통507)
헌금기도 / 회원 중
주기도문 / 다같이

겸손이란?

겸손이란 나는 본질적으로
아무것도 아니고
내 것은 아무것도 없으므로
내 삶의 모든 것은 하나님
이 주신 선물임을
인정하는 것이다.

반대말 / 교만

말씀 살펴보기

· 바울은 빌립보 성도들에게 하나가 될 것을 권면하면서 어떤 마음으로 남을 낫게 여기라고 했나요?(3절)
· 빌립보교회 성도들에게 누구의 마음을 품으라고 했나요?(5절)
· 예수님은 자기를 낮추시고 어디까지 복종하셨나요?(8절)

말씀나누기

　바울은 옥중서신을 통하여 빌립보 교인들에게 예수 그리스도의 겸손의 덕목을 보이라고 강조하고 있습니다.
　이것은 교회의 일치를 위한 권면입니다. 자신을 낮추고 남을 높이는 겸손한 마음이 없이는 남을 돌아볼 수 없으며, 서로가 한 마음 한 뜻을 이룰 수 없습니다.
　바울은 빌립보교회에 겸손의 모범을 보이

신 예수님을 소개했습니다. 예수님은 자신의 능력을 과시하지도 않으셨고, 자신을 위해서는 아무것도 소유하지 않으신 겸손의 삶을 사셨습니다.

성경에 보면 겸손한 성품으로 예수님을 깜짝 놀라게 한 사람이 있었습니다. 그가 바로 가버나움에 주둔하고 있던 군인들의 우두머리인 백부장입니다. 그는 로마 장교의 신분인데도 주님 앞에 겸손히 무릎 꿇었습니다.

자기의 종이 아파하는 모습을 보고 마음 아픈 백부장은 예수님이야말로 종의 고통을 해결할 수 있다고 믿었기에 겸손히 주님 앞에 무릎을 꿇었습니다. 그의 겸손은 사랑에서 나온 행동임을 알 수 있습니다.

사랑 없이 무릎 꿇는 행동은 겸손이 아닙니다. 겸손이 삶에 주는 교훈은 무엇일까요?

1. 겸손은 자기보다 남을 낫게 여깁니다

3절의 말씀을 보면 "겸손한 마음으로 각각 자기보다 남을 낫게 여긴다"고 합니다. 이처럼 겸손은 하나님을 사랑하기에 자신을 낮출 수 있으며, 이웃을 사랑하기에 자신을 낮출 수 있는 것입니다. 빌립보교회가 하나되기 위해서 먼저 자기보다 남을 낫게 여기는 마음이 우선되어야 했습니다. 겸손은 빌립보교회에만 필요한 성품이 아니라 우리가 속해 있는 공동체를 든든히 세우기 위해서도 반드시 필요합니다.

겸손하지 않는 사람은 남을 낮게 여기고 무시하기 때문에 인정받지 못하지만 겸손한 사람은 나보다 상대를 귀하게 생각하며 높이기 때문에 오히려 인정받고 존귀함을 받습니다.

[도움말씀] 벧전 5:6

2. 위치를 지키며 자신의 역할을 알게 합니다(4절)

사람은 누구에게나 자신이 소속한 곳에서 감당해야 하는 위치와 역할이 있습니다. 학생시절에는 학생의 위치에서 역할을 감당해야 하고, 부모가 되어서는 자녀 앞에서의 위치와 역할을 감당해야 합니다. 이런 위치와 역할이 무너지면 가정이 무너지고 학교가 무너지며 사회가 무너져 내립니다. 신앙생활도 이와 동일하게 하나님 앞에서 직분자의 위치가 있고 역할이 있습니다. 교회에서 각자 맡은 직분이 있는데 그 직분을 가볍게 여기는 마음은 교만입니다.

겸손한 성도는 작은 일이라도 하찮게 여기지 않고 하나님이 세워주신 직분의 책임을 감당하기 위해 자신의 위치에서 역할을 성실히 감당합니다.

[도움말씀] 잠 18:12

3. 주님께 도움을 구하는 기도자가 됩니다

겸손한 사람은 자신의 연약함을 알고 인정하기에 주님의 도우심을 구하게 됩니다. 하나님이 사용하시는 사람들은 어떤 사람들입니까? 모두 자신의 문제를 알고 기도하는 사람들입니다.

하나님 앞에 겸손히 자신의 연약함을 인정하는 사람들은 기도의 무릎을 꿇습니다.

다니엘은 바벨론 포로로 잡혀가서 바벨론의 총리까지 올라갔지만 자신의 문제를 알았기에 겸손히 하루에 세 번씩 하나님 앞에서 기도의 무릎을 꿇었습니다.

자신의 부족함을 아는 것은 좌절이 아닙니다. 오히려 하나님께 자신을 맡기고 기도의 무릎을 꿇음으로 하늘의 기적을 이 땅에 이뤄지게 합니다. 시편 149편 4절에서 "여호와께서는 자기 백성을 기뻐하시며 겸손한 자를 구원으로 아름답게 하신다"고 말씀하셨습니다.

진정한 겸손은 주의 도움으로 인하여 구원에 이르게 합니다.

[도움말씀] 시 10:17

말씀 실천하기

1. 남을 나보다 낫게 여기면서 살고 있습니까?
2. 나는 지금 주님을 섬기면서 내게 주신 직분을 겸손하게 감당하고 있는 가요?

합심 기도하기

1. 겸손의 생활로 주님의 뜻을 실천하는 생활을 할 수 있게 하옵소서.
2. 주님의 겸손함을 배우게 하옵소서.

♥ 금주의 실천사항을 한가지씩 적어보세요.

♥ 다음예배는 (   ) 에서 (   )월 (   )일 (   )시 (   )분

29 | 나를 향한 기대를 알고 행하자!

이룸목표 : 성경적 책임의 정의를 배운다.
성경적 책임의 방법을 이해한다.

성품 / 책임

사도신경 / 다같이
찬송 / 325장(통359)
기도 / 회원 중
말씀 / 고후 5:17-19
· 새길말씀 – 고후 5:18
헌금찬송 / 199장(통234)
헌금기도 / 회원 중
주기도문 / 다같이

책임

책임감은 하나님과 다른 사람들이 내게 무엇을 기대하는 지 알고 행하는 것이다.

반대말 / 무책임

말씀 살펴보기

· 우리 성도들은 그리스도 안에서 어떤 상태가 되었나요?(17절)
· 하나님이 우리에게 주신 직분은 무엇입니까?(18절)
· 하나님이 우리에게 부탁하신 것은 무엇입니까?(19절)

말씀 나누기

그리스도인들이 가정과 사회에서 성실히 책임을 다할 때 하나님이 영광을 받으십니다. 책임감은 하나님이 사람들에게 주신 성품 중의 하나입니다.

가정에서 남편과 아내로서의 책임을 다하는 것은 하나님의 명령입니다.

그리스도인이 책임을 다하는 삶을 살지 못할 때 육체적으로 혹은 영적으로 간음죄에 빠질 위험이 높습니다.

십계명 가운데 일곱 번째 "간음하지 말라"는 계명은 하나님과의 깨어진 사랑의 관계 회복을 위해 주신 하나님의 약속입니다. 하나님의 사랑은 우리가 가정에서 남편과 아내, 그리고 아버지와 어머니의 책임을 다함으로 흘러가고 그 흘러간 곳에는 반드시 변화와 회복시키시는 하나님의 능력이 나타납니다. 그러나 마귀는 하나님의 사랑이 흘러가지 못하도록 가정을 깨뜨립니다.

여기서 우리가 알아야 할 것은 하나님이 말씀하신 간음하지 말라는 뜻은 육체적인 것을 훈련함으로 영적으로 순결을 지키라는 것입니다. 육신의 정욕은 잠깐의 만족을 주는 것 같지만 더 큰 실망감과 허무감을 주게 됩니다. 하나님은 화목한 가정을 통하여 하나님의 사랑을 경험하고 하나님과 바른 관계를 맺길 원하십니다. 관계 회복을 위한 구체적인 실천방법인 책임의 성품을 배우고 실천함으로 온전한 성결과 완전한 회복의 기쁨을 누리게 될 것입니다.

1. 책임이란 무엇일까요?

책임의 정의는 하나님과 다른 사람들이 나에게 기대하는 바가 무엇인지 깨달아 그것을 실천하는 것입니다. 즉 하나님이 주신 책임은 나에게 기대하는 바를 알고 바르게 실천하는 것을 의미합니다. 그렇다면 그리스도인들이 책임을 다하는 삶은 어떻게 사는 것일까요?

하나님은 그리스도인들이 세상을 살아갈 때 감당해야 할 사명을 주셨습니다. 그러나 그 사명을 감당하기가 쉽지는 않습니다. 그래서 많은 사람들이 사명과 책임을 회피한 채 자신의 생각과 뜻에 따라 살아갑니다. 하나님은 독생자 예수 그리스도를 십자가에 죽이시기까지 우리를 사랑하셨습니다.

예수님 또한 우리를 사랑하셔서 십자가의 고난과 부끄러움을 개의치 않으시고 구원의 책임을 감당하셨습니다. 우리 또한 이 땅에서 책임을 다하는 삶이야말로 주님을 사랑하는 것입니다. 세상의 그 무엇보다 주님을 뜨겁게 사랑하면 주님의 계명을 지키는 일은 어렵지 않습니다.

성경에 "우리가 아직 죄인 되었을 때에 그리스도께서 우리를 위하여 죽으심으로 하나님께서 우리에 대한 자기의 사랑을 확증하셨느니라"(롬 5: 8)고 하셨습니다. 이러한 주님의 성품을 본받아 맡기신 가정과 사회에 책임을 다하는 삶을 살아가야 하는 것이 우리들의 몫입니다.

[도움말씀] 눅 17:10

2. 왜 책임감 있는 삶을 살아야 하나요?

우리에게 맡겨진 사명을 잘 감당하기 위해서는 책임감이 있어야 합니다. 하나님은 달란트대로 각 개인에게 감당 할 책임을 주셨습니다. 크든 적든 내게 주워진 일들을 소중히 잘 감당할 때 교회는 든든히 세워집니다.

이스라엘에서는 밭을 갈 때 황소와 암소 두 마리가 같은 멍에를 끌고 갑니다. 따라서 두 마리는 보조가 맞아야 합니다. 양쪽 소를 번갈아가면서 이쪽으로 몰기도 하고 저쪽으로 몰기도 하는데, 두 마리 소를 같은 보조로 몰기가 여간 힘든 게 아닙니다. 어느 한쪽이 앞서거나 뒤져도 안 되고, 가다가 한 마리가 숨을 돌리고 쉬어도 안 됩니다.

두 마리가 똑같이 발을 맞추어서 앞으로 나가야 하는 것입니다. 이것이 바로 멍에를 같이했다는 말의 뜻이며 '멍에를 같이했다' 는 말은 주로 부부간에 이야기할 때에 쓰거나 혹은 동업자간에 이 말을 씁니다. 동반자요, 가까운 협력자라는 뜻입니다. 적당히 협력하는 관계가 아닙니다. 똑같이 균형을 잡은 동반자이며 책임도 똑같이 지는 것입니다. 이쪽이 무너지면 저쪽도 무너집니다. 이쪽이 갈 때에는 저쪽도 가야 합니다. 이것이 동반자의 걸음입니다. 이처럼 책임감은 나 자신 뿐만 아니라 배우자를 살리고 나아가 사회의 기초인 가정을 든든히 세우는 힘입니다.

[도움말씀] 엡 5:22-25

3. 어떻게 해야 책임감 있는 삶을 살 수 있을까요?

하나님이 나를 향한 기대를 알고 나에게 주워진 모든 삶이 내 것이 아닌 하나님의 것임을 깨달았을 때 책임감 있는 삶을 살 수 있습니다. 본문에서 하나님은 우리에게 "화목하게 하는 직분"(고후 5: 18)을 주셨다고 했습니다. 내가 속한 가정공동체와 사회공동체 속에서 화목을 이루는 삶을 살기위해 자신에게 부여된 책임을 잘 감당해야 합니다. 그럴 때 내가 소속된 공동체에 평화가 이루어지고 화합이 이루어집니다.

첫째, 가정의 소중함을 알아야 합니다

가정에서 자신의 역할의 소중함을 알고 잘 감당할 때 남편과 아내, 부모와 자녀가 화목할 수 있습니다. "마른 떡 한 조각만 있고도 화목 하는 것이 제육이 집에 가득하고도 다투는 것보다 나으니라"(잠 17: 1) 다툼은 불행의 시작입니다. 뿐만 아니라 다툼은 마귀에게 속한 것이므로 하나님의 의를 이루지 못합니다. 남편과 아내가 서로에게 소중한 존재임을 알고 상대에게 최선을 다할 때 화목한 가정을 세울 수 있습니다.

[도움말씀] 고전 12:26

둘째, 이웃의 소중함을 알아야 합니다

이웃은 하나님이 우리에게 맡겨주신 영혼 구원할 전도의 대상입니다. 오늘날에는 이웃에 대하여 별로 관심을 두지 않습니다. 그 이유는 무엇일까요? 이웃사촌에 대한 소중함을 모르기 때문입니다. 우리에게 피치 못 할 어려움이 생겼을 때 제일 먼저 찾아오는 사람은 먼 곳에 있는 일가친척이 아니라 이웃사촌입니다. 하나님을 믿지 않는다 해서, 혹은 다른 종교를 믿는다 해서 그들을 경계의 대상으로 삼고 배격한다면 그것은 잘못된 믿음에서 비롯된 것입니다. 우리의 따뜻한 미소의 인사로 그리스도의 사랑이 믿지 않는 이웃에게 전해진다면 우리는 삶속에서 전도와 선교를 실천하는 것입니다.

[도움말씀] 엡 2:15-17; 롬 12:17-18

말씀 실천하기

1. 가정, 교회, 직장 등에서 자신의 역할과 책임을 잘 감당하고 있는지 서로 나누어 봅시다.
2. 가정에서 부모, 자녀, 남편, 아내에게 매일 한 가지씩 칭찬합시다.

합심 기도하기

1. 나에게 주신 사명과 달란트를 성실히 감당할 수 있도록.
2. 가정이 화목하고, 원수까지도 용서하는 인간관계가 되도록.

♥ 금주의 실천사항을 한가지씩 적어보세요.

♥ 다음예배는 (   ) 에서 (   )월 (   )일 (   )시 (   )분

성실의 성품을 소개합니다

우리를 성실히 돌보시는 하나님을 닮아가십시오.

성실함은 상황이나 자신의 유익에 따라 변하는 것이 아니라 어떤 상황에서도 한결같은 모습을 보여 주는 것입니다. 그것은 진실되고 꾸밈없이 정직하고 일관성 있는 마음에서 나오는 것입니다. 하나님의 성실하심이 우리에게 소망을 주듯 성실하신 하나님의 성품을 닮은 사람들은 이 세상에 소망을 주는 사람이 됩니다. 작은 일도 소홀히 하지 않고 충성되게 일할 때 성실한 사람이 됩니다. 보이지 않는 곳에서도 오직 하나님의 눈길만을 의식한 채 사는 사람이 성실한 사람이 됩니다. 맡겨진 일은 아무리 힘들어도 끈기를 가지고 완수하는 습관을 기를 때 성실한 사람이 됩니다. 성실한 사람을 가까이할 때 성실한 성품을 배울 수 있습니다. 성실하신 하나님과 교제할 때 성실한 사람이 됩니다. 성실한 성품은 장기적으로 유익하다는 사실을 깨닫고 꾸준히 노력할 때 성실한 성품을 얻을 수 있습니다.

30 | 행복의 가치를 높이는 책임감

이룸목표 : 선한 일에 책임감 있게 실천할 것을 결심한다.
삶 속에서 구체적으로 책임을 실천한다.

성품 / 책임

사도신경 / 다같이

찬송 / 559장(통305)

기도 / 회원 중

말씀 / 시 128:1-6
· 새길말씀 – 시 128:3

헌금찬송 / 220장(통278)

헌금기도 / 회원 중

주기도문 / 다같이

책임

책임감은 하나님과 다른 사람들이 내게 무엇을 기대하는 지 알고 행하는 것이다.

반대말 / 무책임

말씀 살펴보기

· 어떤 사람이 복이 있는 사람인가요?(1절)
· 안방에 있는 아내, 식탁에 둘러앉은 자녀들은 무엇과 같은가요?(3절)
· 여호와를 경외하는 자는 어떤 복을 받습니까?(5-6절)

말씀 나누기

얼마 전 한 매스컴에서 발표한 내용에 따르면 한국의 이혼율이 37%를 넘어섰다고 합니다. 이러한 사실은 이 시대가 얼마나 가정에 대한 책임이 없는지를 보여주는 예라고 할 수 있습니다.

마귀는 하나님께서 세우신 가정과 교회를 파괴하려고 합니다. 가정이 무너지면 모든 것이 무너집니다.

하나님의 소망은 가정과 교회에 있음을 알

아야 합니다.

　이러한 시대에 가정에서 하나님의 말씀을 제대로 양육하고 가르치지 않으면 믿음의 자녀들도 세상에 미혹될 수 있습니다. 그런 의미에서 가정에서 거룩함과 성결한 삶을 실천해야 합니다. 자녀들이 하나님과의 신실한 사랑의 관계가 이루어질 수 있도록 가정에서 말씀으로 양육될 때 세상의 타락된 유혹과 죄악을 능히 이길 수 있습니다. 하나님은 그리스도인들의 책임 있는 삶, 화목한 가정을 위해 7계명, 즉 "간음하지 말라"는 말씀을 주셨습니다. 계명을 실천하기 위해서 책임 있는 그리스도인의 삶이 무엇인지 살펴보도록 합시다.

1. 진정한 삶의 가치는 하나님 뿐입니다

　세상 사람들은 돈을 최고의 가치로 여기며 삽니다. 돈이면 무엇이든 다 할 수 있다고 생각합니다. 돈을 모으기 위해서라면 수단과 방법을 가리지 않습니다. 이러한 물질만능주의 사고가 그리스도인에게도 예외는 아닙니다. 물질에 미혹되어 물질을 쫓아 사는 그리스도인들은 참으로 불쌍한 인생들입니다. 하나님의 말씀을 묵상하고 주님과 교제하는 아름답고 행복한 삶은 생각할 겨를조차 없습니다.

　예수님은 분명하게 말씀하셨습니다. "…너희가 하나님과 재물을 겸하여 섬기지 못하느니라"(마 6: 24) 사람들은 돈이 있으면 행복할 것이라는 유혹에 빠져 있습니다. 그러나 이 생각은 잘못된 것입니다. 물질에 대한 잘못된 생각을 가지고 있기 때문에 물질로 죄짓고 타락하는 일에 사용하게 됩니다. 인생의 최고의 행복은 물질이 아니라 여호와를 경외하는 것임을 알아야 합니다.

　성경 본문에서 "여호와를 경외하며 그의 길을 걷는 자마다 복이 있도다"(시 128:1)라고 교훈하고 있습니다. 진정한 행복은 돈을 많이 모으거나 세상의 향락을 즐기는 것에 있지 않습니다.

때론 힘든 시련을 참아내야 하는 아픔이 있어도 주님과 함께 인생을 걸어가는 사람이 진짜 행복한 사람입니다. 세상의 그 무엇과도 바꿀 수 없는 오직 그리스도, 오직 성령의 충만한 은혜를 사모하며 하나님을 경외하는 삶을 사는 그리스도인들이 되시기 바랍니다.

[도움말씀] 약 4:13-14; 눅 12:20-21

2. 영적인 간음에 빠지지 않습니다

사람들은 "간음하지 말라"고 말하면 도덕적인 행위로만 알고 다른 사람에게만 해당되는 것으로 여기기도 합니다. 그러나 성경은 육체적인 간음 뿐 아니라 영적인 간음도 엄중하게 경고하고 있습니다. 배우자 외에 다른 사람에게 마음을 주면 이미 간음한 사람이듯 우리가 하나님 외에 마음을 주고, 의지하고, 사랑하는 모든 것들이 간음입니다. 부를 의지하고 학력을 자랑하며 명예를 쫓는 인생은 주님 앞에 이미 간음한 사람입니다.

영적 간음에 빠지지 않기 위해서는 마음을 지켜야 합니다. 영적인 간음으로 물질에 마음을 지키지 못했던 가롯 유다는 회개치 않아 결국 처참한 죽음을 맞았습니다. 베드로도 가롯 유다와 같이 하나님 앞에 마음을 지키지 못하고 권력과 이해타산으로 예수님을 부인하는 영적인 간음을 하였습니다. 그러나 베드로는 진정한 하나님의 사랑과 말씀을 깨달은 후 순교하기까지 복음을 전하며 주님이 맡겨준 사명을 감당하는 책임감 있는 사람이 되었습니다. 지금까지 살아오면서 하나님보다 더 사랑한 것이 있다면 우리도 베드로와 같이 회개하고 돌이켜 하나님이 우리에게 맡겨주신 책임을 감당해야 합니다.

영적인 간음에 빠지지 않기 위해서는 하나님 아버지의 사랑을 마음속에 채우는 것이 우선되어야 합니다.

[도움말씀] 요일 4:16

3. 삶의 소중함을 알게 됩니다

　일상적인 삶 가운데 하나님 나라를 경험하고 사랑하는 공동체를 만들어 가야하는 책임이 우리에게 있습니다. 이 책임을 알지 못하는 사람은 자신의 삶을 쉽게 포기하거나 함부로 살기도 합니다. 최근 빈번히 발생하는 자살은 우리 사회에 큰 문제로 대두되고 있습니다. 삶의 소중함을 모르는 사람은 하나님이 주신 삶을 내 것인 양 내 마음대로 살고, 내 생각대로 평가하고 단정 짓기 때문에 어떠한 문제에 부딪치면 쉽게 사람과 환경을 원망하고 급기야는 좌절감을 경험하게 합니다. 이러한 상황이 계속 반복되면 때로는 극단적인 결정을 하는 사람도 있습니다. 그러나 삶을 소중히 여기는 사람은 자신의 존재가 하나님 앞에 소중한 존재임을 알고 자신의 인생에 대하여 책임감을 가지고 살아갑니다.

　[도움말씀] 요일 4:20

말씀 실천하기

　1. 영적인 간음에 빠지지 않기 위해 어떠한 자세로 나아가야 합니까?
　2. 우리의 진정한 행복의 가치는 어디에 있는지 서로 나누어 봅시다.

합심 기도하기

　1. 책임감있게 사는 믿음의 자녀로 성장하기를.
　2. 하나님을 경외하는 믿음을 가질 수 있도록.

♥ 금주의 실천사항을 한가지씩 적어보세요.

♥ 다음예배는 (　　　　　) 에서 (　　)월 (　　)일 (　　)시 (　　)분

31 | 정욕을 이기는 생활

이룸목표 : 절제의 정의를 배운다.
성경적 절제의 방법을 배우고 이해한다.

성품 / 절제

사도신경 / 다같이
찬송 / 420장(통212)
기도 / 회원 중
말씀 / 마 5:27-30
  · 새길말씀 – 마 5:28
헌금찬송 / 461장(통519)
헌금기도 / 회원 중
주기도문 / 다같이

절제란?

절제는 성령의 시험들을 통과한 결과로 얻게 되는 성령의 능력이다.

반대말 / 탐닉

말씀 살펴보기

· 간음하지 말라는 율법(27절)과 예수님의 가르침과는 어떤 차이가 있나요?(28절)
· 예수님은 실족케 하는 것에 대하여 어떻게 하라고 말씀하셨습니까?(29-30절)
· 육체의 지체보다 무릇 더 중요한 것은 무엇입니까?(30절)

말씀 나누기

그리스도인을 가장 그리스도인답게 만드는 성품 중의 하나는 절제입니다.

사람과 동물이 구분되는 시점이 바로 절제라 해도 과언이 아닙니다. 절제야말로 그리스도인들이 예수님을 닮기 위해 훈련하고 추구해야 할 성품입니다.

현대에도 이미 절제력을 상실한 사람들의 모습을 여기저기서 볼 수 있습니다. 자신의 쾌락을 위해 연쇄살인도 저지릅니다. 인간의 탈을 쓴 짐승처럼 무서운 범죄들을 저지르고 있습니다. 십계명 가운데 일곱 번째 "간음하지 말라"는 계명은 하나님과의 깨어진 사랑의 관계 회복을 위해 주신 하나님의 약속입니다.

하나님의 사랑은 육체적인 순결을 훈련함으로 영적인 순결의 책임을 지키게 하시는 하나님의 능력입니다. 반드시 변화와 회복시키시는 하나님의 능력입니다. 지난 과에서는 하나님의 사랑을 알지 못하는 사람은 자기 자신을 사랑하는 마음으로 인해 육체적으로 영적인 순결을 잃고 간음죄에 빠질 위험이 높지만 책임을 가지고 순결을 지킬 때 하나님의 사랑을 전하며 살 수 있음을 배웠다면 이번 과에서는 영육간에 간음하지 않기 위한 구체적인 방법인 절제의 성품을 배우고 실천함으로 온전한 성결과 완전한 회복의 기쁨을 누리게 될 것입니다.

1. 절제란 무엇일까요?

절제(節制, Self-control)란 여러 환경 속에서 나를 시험하는 요소들을 이겨낸 결과로 생겨나는 성령의 능력을 의미합니다. 즉 잘못된 욕구들을 물리치고 성령의 도우심으로 옳은 일을 행하는 것을 말합니다.

절제의 반대는 탐닉입니다. 주님은 "탐심이 곧 우상 숭배"(골 3:5)라고 말씀하셨습니다. 탐심에 빠지면 헤어나오기 어렵습니다. 그래서 마귀는 우리를 탐심과 탐닉으로 유혹하는 환경들을 너무도 많이 만들어내고 있습니다. 그 중에 하나가 성적 타락인 간음입니다. 이 시대가 얼마나 성적으로 타락했는지 알 수 있습니다. 절제의 성품은 계속적이고 반복적인 훈련을 통해 그 가치가 드러납니다. 요셉처럼 잘못된 욕구들을 물리치고 하나님이 기뻐하시는 선한 일을 행하는 그리스도인이 되어야 하겠습니다. [도움말씀] 고전 13:7

2. 왜 절제해야 하나요?

마귀는 음란서적, 음란 사이트, 음란한 문화로 사람들이 하나님께로부터 멀어지게 하고 죄짓게 합니다. 사람들이 음란한 문화를 통하여 단순히 간음죄만 짓는 것이 아닙니다. 더 중요한 것은 쾌락과 향락을 하나님보다 더 사랑하고 그것에 마음을 빼앗긴다는 것입니다. 그리스도인들은 하나님으로부터 우리의 마음을 빼앗는 음란한 것들이 우리의 삶속에 틈타지 못하도록 타락한 문화와 음란한 언어들로부터 삼가 조심해야 합니다.

시편에 보면 "내가 주의 말씀을 지키려고 발을 금하여 모든 악한 길로 가지 아니하였사오며"(시 119:101)라고 고백하고 있습니다. 이 고백처럼 성도의 발을 금하여 오직 선을 행하는 길로 걸어가는 그리스도인이 되어야 합니다. 하나님이 기뻐하시는 그리스도인은 음란한 유혹에 넘어가지 않을 뿐만 아니라, 혹 넘어졌을지라도 속히 회개하고 제자리로 돌아오는 자입니다.

[도움말씀] 시 1:2, 119:1-3

3. 어떻게 절제할 수 있을까요?

첫째, 가르침을 깨달아야 됩니다

예수님은 율법을 완성하기 위해 오셨습니다(마 5: 17). 율법에서 "간음하지 말라"고 하신 말씀에 대하여 예수님은 다음과 같이 말씀하셨습니다. "나는 너희에게 이르노니 음욕을 품고 여자를 보는 자마다 마음에 이미 간음하였느니라"(마 5: 28).

예수님은 마음에 음욕을 품기만 해도 즉 생각만 해도 간음죄를 범했다고 하셨습니다. 이것은 생각의 중요성을 깨우쳐 주는 말씀으로 인간의 행동으로 보여지는 모든 것은 결국 생각을 통해 나오기 때문입니다. 그리스도인들은 늘 주님을 생각해야 합니다. 거룩한 생각을 품고 선한 것을 마음에 담아 거룩하고 선한 행동을 실천하는 그리스도인들이 되어야 합니다. 이러한 가르침은 비단 음욕에만 국한된 것은 아닙니다. 지나치게 먹는 것, 자는 것, 말하는 것, 이러한 행동들도 절제의 영역입니다. [도움말씀] 눅 12:47

둘째, 자신을 거룩한 말씀으로 훈련해야 합니다

말씀을 읽고 기도하는 시간을 정기적으로 가져야 합니다. 왜냐하면 하나님의 말씀은 살아있는 검이고 능력이고 권세이기 때문입니다. 말씀을 상고하며 힘써 붙잡고 기도하는 것은 하나님의 마음을 앎으로 욕심과 욕망으로부터 나를 지키는 방패가 됩니다. 주님께서 말씀하시기를 "자기 육신에게 심는 자는 육신으로부터 썩어질 것을 거두고 성령으로 심는 자는 성령으로부터 영존하는 성령을 거둔다"(갈 6: 8)라고 하셨습니다. 세상의 간음과 음욕은 육신의 썩어질 것들입니다. 육신의 썩어질 것을 심는 자는 결국 크게 후회하며 썩어질 것들을 거두게 됩니다.

이 땅에 사는 동안 성령으로부터 거룩하고 성결한 아름다운 것들을 심어 영존하는 성령의 열매들을 거두는 그리스도인들이 되시기 바랍니다.

[도움말씀] 딤후 2:20-21; 갈 5:22-24; 벧전 2:11-12

말씀 실천하기

1. 육체의 욕망을 극복하기 위해 어떠한 생활을 해야 하는지 나눠봅시다.
2. 가정 안에 있는 음란 서적이나 음란물들을 없애도록 합시다.

합심 기도하기

1. 마귀의 유혹에 빠지지 않도록.
2. 내 자신 먼저 절제의 훈련을 할 수 있도록.

♥ 금주의 실천사항을 한가지씩 적어보세요.

♥ 다음예배는 (   ) 에서 (   )월 (   )일 (   )시 (   )분

32 | 성령의 시험을 통과하라!

이룰목표 : 모든 생활에서 절제를 결심한다.
삶 속에서 구체적으로 절제를 실천한다.

성품 / 절제

사도신경 / 다같이
찬송 / 202장(통241)
기도 / 회원 중
말씀 / 약 4:1-4
 ・새길말씀 - 약 4:4
헌금찬송 / 94장(통102)
헌금기도 / 회원 중
주기도문 / 다같이

절제란?

절제는 성령의 시험들을 통과한 결과로 얻게 되는 성령의 능력이다.

반대말 / 탐닉

말씀 살펴보기

· 우리의 다툼과 싸움은 어디로부터 나오는가요?(1절)
· 구하여도 받지 못하는 이유는 무엇인가요?(3절)
· 세상과 벗된 것을 무엇이라고 하였나요?(4절)

말씀 나누기

캘리포니아에서 일어난 일입니다. 한 아이가 크라젯(옷 걸어두는 수납장)에서 불장난을 하다가 옷에 불이 붙었습니다.

이 아이는 당황한 나머지 어른에게 알리지 않고 크라젯 문을 닫고 밖으로 도망쳐버렸습니다. 그 결과 집 한 채가 순식간에 타서 몽땅 재가 되었습니다. 죄에 대한 우리의 양심도 이와 같습니다.

양심의 소리를 무시하고 죄를 좇아 도망치

면 결국 내 가정, 내 사회, 내 나라는 재가 됩니다.

주님께 큰 사랑을 받은 우리가 무절제하게 세상의 쾌락과 정욕만을 탐닉하며 사는 것은 주님의 사랑을 제대로 알지 못함과 죄에 대한 너그러움 때문입니다. 잘못된 욕구를 물리치고 성령의 도우심으로 옳은 길을 걸어가는 절제의 삶이 하나님과 좋은 관계를 유지하는 비결입니다. 이 세상을 살아가는 우리에게 주님께서는 이렇게 말씀하셨습니다. "내가 거룩하니 너희도 거룩하라"(벧전 1:16). 하나님과의 관계가 멀어지지 않기 위해서는 이 세상에서 절제된 생활을 해야 합니다. 마귀의 음란과 타락한 죄의 유혹에서 벗어나 주님과 아름다운 관계를 나누며 성령의 열매인 절제의 성품으로 균형잡힌 삶을 사는 그리스도인이 되어야 합니다. 절제가 주는 교훈에 대하여 이야기해 봅시다.

1. 세상의 잘못된 욕망을 이길 수 있습니다

믿음을 가지고 사는 그리스도인들은 하나님이 원하시는 뜻에 민감해야 합니다.

세상의 정욕과 육체적 쾌락에 빠지면 하나님의 음성을 제대로 듣지 못하고 영적으로 무감각한 상태에 이르게 됩니다. 이런 사람은 하나님의 도구로 쓰임받을 수 없습니다. 세상적 욕망은 싸움과 다툼을 일으킵니다. 욕망으로 구하는 것은 기도해도 응답이 없습니다. 절제하지 못하는 욕망과 욕심이 하나님과 우리의 관계를 끊어놓고 있습니다.

사사시대에 삼손은 하나님께 특별한 능력을 받은 사람인데 자신의 욕망에 빠져 하나님의 말씀을 무시하고 세상의 쾌락에 마음을 빼앗기고 말았습니다. 하나님의 특별한 은혜를 입었음에도 불구하고 육신의 욕망에 빠진 삼손은 더 이상 하나님께 쓰임받지 못하고 결국은 비참한 생애를 마감하게 됩니다(삿 16:18-21).

그리스도인들은 훈련된 생활과 신실한 믿음의 모습으로 "악에게 지지 말고 선으로 악을 이기며 사는"(롬 12:21) 세상을 이기는 그리스도인들의 모습으로 살아가야 합니다.

[도움말씀] 벧전 2:11 약 1:15

2. 세상을 사랑하는 영적 간음에서 벗어나게 됩니다

세상에서 하나님보다 더 사랑하는 것이 있으면 그것은 영적으로 간음하는 것이며 하나님과 원수가 되는 것입니다. 그러므로 세상의 그 어떤 것도 하나님보다 더 사랑해서는 안 됩니다.

하나님이 가장 싫어하는 것이 우상숭배입니다. 우상숭배는 하나님보다 다른 것을 더 사랑하는 것이며 곧 탐심입니다. 세상의 쾌락에 대한 탐심, 재물에 대한 탐심 등 모든 탐심을 하나님은 싫어하십니다.

민수기에는 발람 선지자가 나옵니다. 발람선지자는 발락의 많은 재물에 현혹되어 하나님의 선하신 말씀대로 예언하지 않고 발락이 원하는 대로 예언하다가 자기가 타고 다니던 나귀에게 망신을 당하고 하나님께 큰 책망을 받게 됩니다. 결국 재물에 대한 탐심이 선지자의 길을 떠나게 만들었습니다(민 22: 21-30). 세상을 사랑하는 사람들은 세상의 썩어질 무익한 것 때문에 하나님을 버리고 정욕에 젖어 살다가 영원한 생명과 구원의 은총을 잃어버리고 결국 마지막 때 심판의 날에 후회하며 탄식하게 됩니다.

[도움말씀] 골 3:5; 마 19:16-24

3. 하나님과 좋은 교제를 나누게 됩니다

에덴동산에서 아담과 하와가 하나님과 교제하며 살아갈 때에는 아무런 문제가 없었습니다. 그러나 주변 환경을 바르게 인식하지 못하고 뱀과 교제를 나누다가 그만 선악을 알게 하는 실과를 따먹는 불순종의 죄에 빠져 동산에서 쫓겨나고 말았습니다(창 3장).

지금 내가 누구와 교제를 나누느냐에 따라 우리 인생의 성공과 실패가 결정됩니다. 세상 유혹에 따라 육신의 정욕대로 살고 있다면 마귀와 교제를 나누는 상태입니다. 마귀와 교제를 나누면 처음에는 달콤한 쾌락이 우리를 즐겁게 하는 것 같지만 결국은 파멸과 고통과 저주뿐입니다. 하지만 주님의 말씀을 마음에 묵상하고 순종하며 살아갈 때 주님이 기뻐하십니다. 주님과 교제를 나누는 사람에게는 희락과 평강과 풍성한 축복이 임하게 됩니다.

말씀과 기도를 통하여 주님과 좋은 교제를 나누는 삶이 절제를 실천하는 생활입니다. 주님과 교제 나누는 삶은 마귀에게 틈을 주지 않습니다. 성령의 열매인 절제를 통해 마귀의 유혹과 세상을 이기며 하나님께 영광돌리는 성도들이 될 수 있습니다.

[도움말씀] 벧전 5:8-10; 요 10:9-11

말씀 실천하기
1. 하나님보다 더 사랑하는 것이 있다면 무엇인지 서로 이야기해 봅시다.
2. 욕심대로 행하던 습관들을 고치기 위해 어떻게 해야 하는지 서로 이야기해 봅시다(술, 담배, 과식, 게으름 등등).

합심 기도하기
1. 절제를 통해 나의 나쁜 습관들을 고쳐 나갈 수 있도록.
2. 절제를 통해 하나님과 바른 관계가 이루어 질 수 있도록.

♥ 금주의 실천사항을 한가지씩 적어보세요.

♥ 다음예배는 (   ) 에서 (   )월 (   )일 (   )시 (   )분

33 | 자원을 늘리는 방법

이룸목표 : 검약의 정의를 배운다.
성경적 검약의 방법을 배우고 이해한다.

성품 / 검약

사도신경 / 다같이
찬송 / 218장(통369)
기도 / 회원 중
말씀 / 마 6:19-21
· 새길말씀 - 마 6:21
헌금찬송 / 333장(통381)
헌금기도 / 회원 중
주기도문 / 다같이

검약이란?

검약은 하나님께 더 많이 돌려 드리려고 현명하게 투자하여 나의 자원을 늘리는 것이다.

반대말 / 사치

말씀 살펴보기

· 우리는 보물을 어디에 쌓아야 하나요?(19절)
· 하늘에 우리의 보물을 쌓아야 할 이유는 무엇입니까?(20절)
· 보물이 있는 곳에 우리의 무엇이 있다고 했나요?(21절)

말씀 나누기

성경에는 많은 재물을 쌓아놓고 배를 두드리며 뿌듯해하며 "이 많은 재물을 어디에 쌓아둘까?" 걱정하는 어리석은 부자가 있습니다.

이 부자는 인간적으로 보면 물질적인 성공을 거둔 사람입니다. 그러나 주님은 부자에게 책망하셨습니다. "어리석은 자여 오늘 밤에 네 영혼을 도로 찾으리니 그러면 네 준비한 것이 누구의 것이 되겠느냐. 자기를 위하여 재물을 쌓아 두고 하나님께 대하여 부요하지 못한 자가 이와 같으니라"(눅 12:21-22) 참으로 하나님께 부요한 자는 주신 물질들을 많든지 적든지, 선한 청지기로서 잘 관리하며 사용해야 합니다. 우리는 성경의 부자처럼 받은 물질을 쌓아둘 것이 아니라 주님을 위해 더 많은 일을 하기 위하여 내게 주신 것임을 인정하고 지혜롭게 사용해야 합니다.

십계명 가운데 여덟 번째 "도둑질하지 말라"는 계명은 하나님과의 깨어진 사랑의 관계 회복을 위해 주신 하나님의 약속입니다.

하나님의 사랑은 내게 주신 모든 소유는 나를 사랑하셔서 주신 하나님의 선물이며 소유의 주인은 하나님이심을 신뢰할 때 자신의 부족을 도둑질로 채우지 않고 검약하여 더 가치있는 일에 나의 삶과 소유를 사용하게 하십니다. 도둑질 하지 말아야 할 대상에는 물질의 소유 뿐 아니라 타인의 시간이나 정보도 포함하고 있습니다.

우리는 하나님과의 관계를 회복함으로 검약하는 지혜를 가지고 살 수 있습니다. 관계 회복을 위한 구체적인 실천방법인 검약의 성품을 배우고 실천함으로 온전한 성결과 완전한 회복의 기쁨을 누리게 될 것입니다.

1. 성경적 검약이란 무엇일까요?

검약은 무조건 과도하게 아끼는 것만을 의미하지 않습니다. 즉 자린고비처럼 살라는 말씀이 아닙니다. 검약은 하나님이 우리에게 맡기신 재물을 거룩하고 꼭 필요한 곳에 사용하는 것을 의미합니다. 육신의 정욕을 좇아 썩어 없어질 것에 투자하지 말고 더럽혀지거나 쇠하지 않는 영원한 곳에 투자하라는 말씀입니다. 하나님은 우리에게 물질을 맡기셨습니다. 그 물질을 하나님의 영광을 위해 지혜롭게 사용하는 선한 청지기가 되어야 합니다.

[도움말씀] 고후 4:18

2. 왜 검약해야 하나요?

물질의 주인이신 하나님의 뜻에 맞게 물질을 사용하기 위해서입니다. 하나님은 우리에게 물질을 규모있게 적재적소 필요한 곳에 사용하라고 하셨습니다. 검약은 모든 것이 하나님의 것임을 인정하는 훈련입니다. 하나님이 그리스도인들에게 맡기신 물질을 세 가지로 구분하셨습니다. 첫째는 하나님의 것이 있습니다. 둘째는 이웃의 것이 있습니다. 셋째는 나의 것이 있습니다.

물질을 구분하여 규모있게 사용하지 않고 검약하지 않는 사람들은 하나님과의 물질관계가 올바르지 못한 자들입니다. 이러한 자들은 하나님이 주신 물질로 공허한 육신의 것들을 채우기 위해 허비합니다. 이렇게 계획성 없이 무분별하게 쓰는 물질 낭비는 결국 하나님 것(헌금이나 십일조 등)을 구별하여 드리지 못하고 도적질하는 경우도 가져옵니다.

제대로 정립되지 않은 물질관으로 인해 하나님 앞에 정직하지 못한 죄를 범하고 맙니다. 그러므로 물질의 주인이신 하나님의 뜻에 맞게 바르게 물질을 사용해야 합니다. [도움말씀] 말 3:8

3. 어떻게 검약하는 생활을 할 수 있을까요?

첫째, 하나님의 것을 먼저 구별해 놓습니다

지혜로운 청지기는 썩을 재물로 영원히 썩지 않는 것을 준비하며, 없어질 재물로 영원히 없어지지 않는 것을 준비합니다. 하나님의 것을 먼저 구별해 놓습니다. 내 물질도, 인생도 하나님의 것임을 시인하고 인정하는 자세로 맡겨진 물질을 사용할 수 있습니다. 생활에 필요를 맞추다보면 항상 씀씀이가 커지는 경우를 종종 경험하게 됩니다. 이것은 나를 위해 물질을 소비하고 있다는 반증입니다. 나의 안위만 위해 육신을 사용할 때 하나님의 은혜와 도우심을 경험할 수 없습니다. 나에게 맡기신 물질을 검약하여 책임감 있고 바르게 사용할 때 하나님이 크게 기뻐하시고 더 많은 물질을 맡기십니다.

[도움말씀] 딤전 6:17-19; 약 4:13-14

둘째, 주인되시는 하나님께서 원하시는 대로 사용합니다

초대 교회의 성도들은 복음을 위해 갖고 있는 것을 자기 것으로 여기지 않았습니다. 바나바는 복음을 위해 밭을 팔아서 주님께 드렸습니다(행

4:36-37). 하나님은 우리를 사랑하십니다. 하나님의 뜨거운 사랑을 경험한 사람은 그 사랑을 감당할 수 없어 하나님을 위해 기꺼이 자신의 모든 것을 드리며 헌신합니다. 하나님은 이와 같이 하나님과 우리와의 사랑의 관계를 통해 하나님의 사랑이 확인되어지는 것을 기뻐하십니다.

빈주먹으로 30년간 노력한 끝에 드디어 미국에서도 손꼽히는 부호가 된 그르드란 사람이 있었는데 그는 임종시 외동 딸인 에렌을 불러 유언하기를 "나는 너에게 1억 2천만 달러의 재산을 유산으로 준다. 그러나 너는 이것을 가장 유익한 방법으로 쓰지 않으면 안 된다"라고 유언하였습니다. 에렌은 1억 2천만 달러를 상속받아 그 거금을 아낌없이 사회사업에 기부해 불행한 사람들을 많이 구원해 주었습니다. 그때에 주위에 있는 사람들이 사회사업이라고 하지만 그 돈을 그렇게 써서 되겠느냐고 만류할 때 에렌은 대답하기를 "아닙니다. 이것이 아버지의 뜻입니다. 부자가 되어 돈의 덕을 모르는 사람은 추악한 물질의 노예에 지나지 않습니다. 나는 물질의 노예가 되고 싶지 않습니다."고 말했답니다. 아버지의 뜻을 따랐던 에렌의 모습을 통해 하나님의 자녀인 우리 역시 하나님 아버지가 주신 물질들을 어떻게 사용해야 할지 배우게 됩니다. [도움말씀] 딤전 6:10

말씀 실천하기

1. 검약한다는 것은 물질을 어떻게 사용하는 것인가요?
2. 검약을 실천하기 위해 할 수 있는 일이 무엇인지 이야기해 봅시다.

합심 기도하기

1. 성경적 검약을 깨달아 주님의 영광을 위해 물질을 사용할 수 있도록.
2. 물질적 축복을 받아 경건한 부자의 삶을 살도록.

♥ 금주의 실천사항을 한가지씩 적어보세요.

♥ 다음예배는 (　　　　　) 에서 (　)월 (　)일 (　)시 (　)분

34 | 검약의 바른습관

이룸목표 : 검약의 생활을 실천할 것을 결심한다.
삶 속에서 성경적 검약을 구체적으로 실천한다.

성품 / 검약

사도신경 / 다같이
찬송 / 330장(통370)
기도 / 회원 중
말씀 / 요 6:10-13
 · 새길말씀 – 요 6:12
헌금찬송 / 214장(통349)
헌금기도 / 회원 중
주기도문 / 다같이

검약이란?

검약은 하나님께 더 많이 돌려 드리려고 현명하게 투자하여 나의 자원을 늘리는 것이다

반대말 / 사치

말씀 살펴보기

· 보리떡 다섯 개와 물고기 두 마리로 몇명의 사람들이 먹었나요?(10절)
· 예수님께서 떡을 가져다가 나누어 주시기 전에 무엇을 하셨나요?(11절)
· 사람들이 배불리 먹고 남은 것이 어느 정도 이었나요?(12절)

말씀 나누기

요한복음 6:12절에는 예수님이 보리 떡 다섯 개와 물고기 두 마리(오병이어)로 오천 명을 먹이시는 기적이 나타납니다.

그곳에 모여 있던 사람들은 모두 배불리 먹었습니다. 그런데 예수님은 사람들이 먹다가 남긴 조각을 모두 모으라고 말씀하셨습니다. 이러한 삶이 주님께서 오늘 그리스도인들에게 원하시는 검약하는 생활입니다.

부지런히 땀 흘려 수고하고, 수고하여 얻

은 축복을 다른 사람들과 나누는 삶이 하나님이 우리에게 기대하는 삶이며, 하나님이 기뻐하시는 참 행복을 누리는 삶입니다.

그리스도인들은 세상 사람들에게 절약하며 이웃을 섬기는 아름다운 삶의 모본을 보여주어야 합니다. 예수님을 영접한 자들이 사치와 과소비를 일삼는 것은 하나님의 물질을 도적질 하는 것이며 하나님의 물질에 대한 청지기적 사명을 감당하지 못하는 것입니다.

천지만물을 창조하신 하나님의 뜻을 기억하고 예수님의 검약의 삶을 본받아 우리의 삶속에서 검약의 정신을 실천할 수 있도록 말씀을 살펴봅시다.

1. 필요한 소비만 하게 됩니다

보리떡 다섯 개와 물고기 두 마리로 배불리 먹은 군중들을 향하여 예수님은 왜 먹고 남은 조각을 주으라고 명령하셨을까요? 검약의 본을 보여주기 위해서입니다. 하나님은 적은 것이라도 아낄 줄 아는 사람을 사랑하십니다. 그리스도인들은 물건을 사러 갈 때도 낭비하지 않도록 반드시 기도해야 합니다. 그리고 구입해야 할 물건들에 대해 계획을 세우고 목록을 작성하며 사기 전에는 반드시 하나님께 지혜를 구해야 합니다. 꼭 필요한 물건과 아울러 좋은 물건을 구입할 수 있도록 기도하면 낭비하지 않고 과소비를 막을 수 있습니다.

그리스도인의 이러한 행동은 물질에 대한 하나님의 뜻을 따라 행하는 삶이 되기 때문에 주님께서 크게 기뻐하십니다. 이 땅에 있는 동안 하나님이 맡기신 재물을 꼭 필요한 곳에만 소비하고, 검약하는 습관을 통하여 하나님의 영광을 위해 더 많은 물질을 아름답게 사용할 수 있도록 힘써야 합니다.

[도움말씀] 약 5:5

2. 땀 흘려 일하게 됩니다

땀 흘려 일해 보지 않은 사람은 물질의 가치를 제대로 알지 못하기 때문에 사치와 향락에 빠지기 쉽습니다.

예수님도 달란트 비유를 통해 맡겨진 일에 성실히 일하는 그리스도인이 되어야 함을 말씀하고 있습니다. "…그 주인이 이르되 잘 하였도다 착하고 충성된 종아 네가 적은 일에 충성하였으매 내가 많은 것을 네게 맡기리니 네 주인의 즐거움에 참여할지어다… 그 주인이 대답하여 이르되 악하고 게으른 종아 나는 심지 않은 데서 거두고 헤치지 않은 데서 모으는 줄로 네가 알았느냐… 무릇 있는 자는 받아 풍족하게 되고 없는 자는 그 있는 것까지 빼앗기리라…"(마 25:21-30).

성실하게 충성하지 않는 자를 "악하고 게으른 종"이라고 표현하고 있습니다. 맡겨진 달란트를 위해 성실히 봉사함으로 "착하고 충성된 종"으로 인정받는 그리스도인들이 될 수 있기를 바랍니다.

[도움말씀] 잠 6:6-11; 살후 3:10-12

3. 유익한 곳에 재물을 활용하게 됩니다

많은 사람들이 배고파 굶주릴 때 한 아이는 예수님께 도시락(보리떡 다섯 개와 물고기 두 마리)을 드렸습니다. 그리고 예수님은 그 적은 도시락으로 하나님께 기도하고 많은 사람들의 배고픔을 해결하셨습니다(요 6:9-11). 물질을 사용하는 것을 보면 그 사람의 가치기준을 알 수 있습니다.

예를 들어 옷을 사 입는 곳에 지출이 많은 사람은 자신의 외모에 가치를 두고, 외식비로 지출이 많은 사람은 다른 사람과의 관계를 중요한 가치로 생각합니다. 즉 자신도 모르는 사이에 자신이 가치 있다고 생각하는 곳에 많은 지출을 하게 됩니다.

지혜로운 그리스도인들은 자신이 제일 많이 지출하는 곳이 어디인지 찾아보고 규모 있는 소비생활을 해야 합니다. 참된 가치는 물질의 많고 적음에 있는 게 아니라 예수 그리스도의 사랑이 그 물질을 통하여 전해질 때 완성됩니다.

F.B. 마이어는 "초대 교회의 구제는 단순히 먹을 것을 뒷문으로만 건네주는 차가운 의무의 수행이 아니라 그들을 식탁에 초대하여 사랑과 기도, 관심과 복음을 나누는 사역이었다."라고 기록하고 있습니다. 검약을 통한 나눔의 실천은 받는 사람의 입장에서 이뤄져야 합니다.

[도움말씀] 롬 16:3-4; 엡 4:28

말씀 실천하기

1. 가정이나 교회, 사회에서 나에게 맡겨진 일에 땀 흘려 성실히 일합시다.
2. 물건을 구입할 때 반드시 기도하고 목록을 작성하여 낭비하지 맙시다.

합심 기도하기

1. 검약하는 생활을 할 수 있도록.
2. 가정에서 근심되는 일에 지출되는 일이 없도록(가족 중에 병원에 간다든지, 교통 위반으로 범칙금 내는 일 등등).

♥ 금주의 실천사항을 한가지씩 적어보세요.

♥ 다음예배는 (   ) 에서 (   )월 (   )일 (   )시 (   )분

35 | 진심이 담긴 고마움의 표현 '감사'

이룸목표: 감사의 정의를 배운다.
범사에 감사하는 습관을 갖는다.

성품 / 감사

사도신경 / 다같이
찬송 / 498장(통275)
기도 / 회원 중
말씀 / 눅 17:11-19
· 새길말씀 - 눅 17:16
헌금찬송 / 441장(통498)
헌금기도 / 회원 중
주기도문 / 다같이

감사란?

감사는 하나님과
다른 사람들이 내 삶에
혜택을 준 것에 대하여
진심으로 고마움을
표현하는 것이다.

반대말 / 불평

말씀 살펴보기

· 나병환자들이 예수를 만나 소리높여 구한 것은 무엇입니까?(13절)
· 예수님은 나병환자들에게 무엇을 말씀하셨습니까?(14절)
· 고침받아 예수께 돌아와 감사하며 하나님을 찬양한 사람은 누구입니까?(16절)

말씀 나누기

　　유대인들에게 있어서 문둥병은 단순히 치명적인 육체의 질병 이상의 의미를 지니고 있습니다. 그들은 나병을 인간의 죄악을 대변하는 심히 부정한 질병으로 취급하였습니다. 예수께서 이 지역에 있는 한 촌에 들어가셨을 때 멀리 서 있던 열 나병자를 치료하셨습니다. 치료받은 자 중의 한 사람만 자기가 낫은 것을 보고 하나님께 영광을 돌렸고 예수님의 발 앞에 엎드려 감사드렸습니다. 본문은 육신적으로 고침받은 10명의 나병자 중 감사할 줄 아는 한 사람만이 영육간의 구원의 문제까지 해결받았음을 보여주고 있습니다.

십계명 가운데 여덟 번째 "도둑질하지 말라"는 계명은 하나님과의 깨어진 사랑의 관계 회복을 위해 주신 하나님의 약속입니다. 하나님의 사랑은 하나님의 은혜에 진심으로 고마움을 표시할 때 더 큰 감사의 이유를 주시는 하나님의 능력을 경험하는 것입니다. 지난 과에서는 하나님의 사랑을 알지 못하는 사람은 자기 자신을 사랑하는 마음 때문에 검약하지 않고 주어진 자신의 부족을 도둑질로 채우는 어리석은 사람이라는 것과 하나님과의 관계를 회복할 때 검약하는 지혜로 살 수 있음을 배웠다면 이번 과에서는 검약하는 사람의 바람직한 마음가짐과 감사의 성품을 배우고 실천함으로 온전한 성결과 완전한 회복의 기쁨을 누리게 될 것입니다.

1. 감사란 무엇일까요?

감사는 하나님과 다른 사람들이 내 삶에 혜택을 준 것에 대하여 진심으로 고마움을 표현하는 것입니다. 감사는 기쁨, 즐거움 등을 뜻하며, 감사는 그의 백성이 하나님께 마땅히 드려야 할 반응을 뜻합니다. 하나님 백성의 감사는 하나님에 대한 지식이 널리 퍼지게 되는 한 수단이며 감사가 더하는 것은 하나님의 은혜와 은총을 감사하는 데서 비롯됩니다. 감사는 우리가 받은 것을 받았다고 구체적으로 표현하는 것입니다. 그리고 더 귀한 것을 이미 받은 것처럼 표현하는 것입니다. [도움말씀] 살전 5:18

2. 왜 감사해야 할까요?

작은 것에 감사할 때 더 큰 축복을 주시기 때문입니다. 열명의 나병자 중 하나가 자기의 나은 것을 보고 큰 소리로 하나님께 영광을 돌리며(15절) 예수께 돌아 왔습니다. 그는 예수의 발아래 엎드리어 감사하였습니다. 그 사람은 사마리아인 이었습니다(16절).

예수님이 "나머지 아홉은 어디 있느냐"(17절)고 물으셨습니다. 베풀어주신 은혜에 감사하지 못하는 모든 사람들을 질책하시는 물음입니다. 감사하지 않는 행위는 인간의 죄악 가운데 가장 만연해 있는 죄악 중 하나입니다. 하나님의 선하심을 찬양하는 사람들이 항상 그러하듯이 감사를 드리기 위해 돌아온 사람은 또 다른 축복을 받습니다. 예수께서 사마리아인에게 "네 믿음이 너를 구원하였느니라"(19절)고 더 큰 축복을 주셨습니다. 감사할 줄 알았던 사마리아인은 육체 뿐만 아니라 영혼의 축복(구원)도 받았습니다. 우리가 하나님주신 은혜에 감사할 때 더 큰 축복을 받게 됩니다.

우리가 감사의 성품을 계발해야 하는 가장 큰 이유는 감사는 예수님의 성품이기 때문입니다. 예수님은 감사로 충만한 삶을 사셨습니다. 감사는 예수님의 삶의 습관이었고, 태도였으며 기적을 창조하는 도구였습니다. 감사를 배우고, 감사를 훈련하면 인생의 미래는 밝아집니다.

[도움말씀] 골 3:15-17

3. 어떻게 하면 감사할 수 있을까요?

첫째, 욕심을 버리면 감사할 수 있습니다

인간의 행복은 관계에 있습니다. 감사하는 사람은 좋은 관계를 맺을 줄 압니다. 좋은 관계를 맺는 비결은 상대방의 약점마저도 긍정적으로 보는 것입니다. 심지어는 용납할 수 없는 사람을 만나도 하나님이 그 사람을 통해 위대한 일을 하실 것을 믿는 것입니다.

지금 우리가 해야 할 일은 감사를 표현하는 것입니다. 감사를 표현하면 감동을 줍니다. 감사를 표현할 때 감사의 대상 뿐만 아니라 우리 마음도 기쁨으로 충만하게 됩니다. 마음만이 아닌 입술로, 글로 감사를 표현합시다. 사마리아 사람은 예수께 돌아와 엎드리어 감사를 표현하였습니다. 나머지 9명은 자기가 나았다는 것을 세상사람들에게 자랑하고 싶은 자기 욕구를 따라갔습니다. 하지만 사마리아 사람은 자랑하고싶은 욕심보다 먼저 예수님께

감사하였습니다. [도움말씀] 잠 21;1

둘째, 단점을 강점으로 바꾸신다는 믿음으로 감사할 수 있습니다
감사하면 우리의 약점도 축복으로 바뀝니다(딤전 4:4). 하나님은 우리의 약점을 통해 일하기도 하지만 또한 약점을 통해 더욱 큰 영광을 받으시기도 하십니다. 바울에게는 육체의 가시가 있었습니다(고후 12:7). 그는 하나님께 가시를 제거해 달라고 기도했지만 응답이 없었습니다. 오히려 하나님은 그의 약점을 통해 큰 영광받기를 원하셨습니다. 바울은 자신의 능력이 약한데서 온전해짐을 알았습니다. 그래서 자신의 약점을 감추지 않고 오히려 자랑했습니다(고후 12:10).

가난, 연약함, 질병, 실패, 심지어는 고통스러운 장애가 있을지라도 감사로 받아들일 때 축복으로 변화됩니다. 약점까지도 감사할 때 그 순간 약점이 강점으로 바뀌는 기적이 나타납니다. [도움말씀] 빌 4:6

말씀 실천하기
1. 나의 감사 생활에 대하여 나누어봅시다.
2. 돌아오지 않은 9명의 나병환자들처럼 감사하지 않은 일이 있다면 나누어봅시다.

합심기도
1. 항상 감사를 표현하는 삶을 살게 하옵소서.
2. 다른 사람의 약점까지도 포용할 수 있는 믿음을 주옵소서.

♥ 금주의 실천사항을 한가지씩 적어보세요.

___

♥ 다음예배는 (　　　　　) 에서 (　　)월 (　　)일 (　　)시 (　　)분

36 | 감사를 훈련하라

이룰목표 : 범사에 감사하는 생활을 한다.
감사로 불평과 불만을 이겨낸다.

성품 / 감사

사도신경 / 다같이
찬송 / 421장(통210)
기도 / 회원 중
말씀 / 민 11:1-35
 · 새길말씀 - 민 11:1
헌금찬송 / 510장(통276)
헌금기도 / 회원 중
주기도문 / 다같이

감사란?

감사는 하나님과
다른 사람들이 내 삶에
혜택을 준 것에 대하여
진심으로 고마움을
표현하는 것이다.

반대말 / 불평

말씀 살펴보기

· 이스라엘이 무엇 때문에 불평, 불만을 하였습니까?(4-6절)
· 이스라엘의 원망에 대한 하나님의 해결책은 무엇이었습니까?(1, 31절)

말씀 나누기

　이스라엘 백성들은 하나님의 특별한 사랑을 받았음에도 불구하고 원망과 불평 및 탐욕을 일삼다가 하나님의 징계를 받게 됩니다.

　본문은 이스라엘 백성들의 원망과 모세의 한탄으로 이루어진 불신앙적 사건입니다.

　하나님의 풍성한 은혜를 맛보았음에도 끝없이 되풀이 되는 인간의 타락과 배반이 교만과 불평, 불만의 죄를 지게 하고 이로 인해 하나님과의 관계를 무너뜨립니다(사 59:2).

하나님의 베푸신 은혜에 만족하지 않고 감사하지 못할 때 반드시 세속적이고 육체적인 욕망에 사로잡힙니다.

마음이 완악한 사람들은 전혀 감사할 줄 모릅니다. 하나님의 은혜를 망각할 때 불평, 불만하게 됩니다. 감사가 주는 교훈이 무엇인지 살펴봅시다.

1. 불평 불만이 사라집니다

어떤 문제가 뜻대로 해결된다고 해서 불평, 불만이 사라지는 것은 아닙니다. 우리는 우리를 화나게 하는 그 문제만 해결되면 모든 것이 좋을 것이라고 생각하고 불평, 불만을 늘어놓습니다. 그리고 그 문제 해결을 위해 자기의 방법을 간구하며 불만 섞인 기도도 합니다.

이스라엘의 40년 광야 생활은 불평, 불만의 연속이었습니다. 이스라엘 백성들이 "악한 말로 원망"(1절) 하였고, 또한 "탐욕을 품었다"고 증거합니다. 그들은 베풀어주신 하나님의 은혜에 감사하지 않고 연속적으로 삶에 불평, 불만을 늘어놓았습니다. 그들의 감사는 기적적으로 홍해를 건넜을 때나 하늘에서 내린 만나를 처음 먹게 되었을 때, 그리고 반석이 갈라지면서 강물처럼 생수가 터져 나왔을 때 등이었습니다. 조건적인 감사는 오래가지 않습니다. 출애굽한 이스라엘은 과거의 애굽에서의 생활 태도를 버리지 않았으며 습관을 가지고 있었습니다. 속사람의 변화 즉 성품이 변화되지 않은 이스라엘은 감사의 조건이 충족되자 즉시 다른 이유를 들어 불평, 불만을 늘어놓았습니다. 감사의 성품이 내 속에 배양되어야만 어떤 상황에서도 불평, 불만하지 않고 오직 감사와 기도로 모든 것을 이겨낼 수 있습니다.

[도움말씀] 골 3:15

2. 주어진 삶에 만족하게 됩니다

감사하는 영혼은 성숙한 영혼이며 성령에 충만한 영혼입니다. 성령에 충만한 사람의 특징은 감사하는 사람이라는 것입니다. "그리스도의 말씀이 너희 속에 풍성히 거하여 모든 지혜로 피차 가르치며 권면하며 시와 찬송과 신령한 노래를 부르며 감사하는 마음으로 하나님을 찬양하고 또 무엇을 하든지 말에나 일에나 다 주 예수의 이름으로 하고 그를 힘입어 하나님 아버지께 감사하라"(골 3:16-17). 감사하는 영혼은 마음에 감사가 넘칩니다. 감사는 저절로 되는 것이 아니라 훈련해야 합니다. 훈련을 통해 습관을 형성해야 합니다. 감사가 우리의 삶에 녹아지도록 훈련할 때 성숙한 그리스도인이 되는 것입니다.

우리의 삶의 질을 높이는 데 중요한 것은 감사하는 것입니다. 감사하면 삶의 질을 높일 수 있습니다. 내 옆에 있는 사람들 또 내게 주어진 것들에 감사하는 삶은 나의 삶을 더욱 풍성하게 합니다.

[도움말씀] 시 100:4-5

3. 감사할 때 아름다운 관계를 형성하게 됩니다

성도에게 있어서 가장 중요한 관계는 하나님과의 관계입니다. 구원받아 하나님과 대화하며 나누는 관계가 되려면 내게 주신 것들에 대하여 감사할 줄 알아야 합니다. 하나님은 우리에게 항상 최선의 것을 주십니다. 최선의 것을 주신다는 것은 최고를 주신다는 것이 아닙니다. 내가 감당할 수 있는 것을 주신다는 것입니다.

감사하는 사람은 어떤 사람을 만나도 그에게서 좋은 점과 긍정적인 부분을 찾아냅니다. 감사하는 사람은 좋은 관계를 맺게 되는데 좋은 관계란 다른 사람의 장점을 보는 것입니다. 요셉의 형제들이 그를 미워해 구덩이에 던져 넣고 그의 채색 옷을 찢었습니다. 그리고 애굽에 팔아넘겼습니다. 그러나 형제들 때문에 요셉은 위대한 인물이 될 수 있었습니다. 요셉은 뒤에 이 사실을 깨닫고 형제들을 용서했습니다. "당신들은 나를 해하려 하였으나 하나님은 그것을 선으로 바꾸사 오늘과 같이 많은 백성의 생명을 구원하게 하시려 하셨나니"(창 50:20). 하나님과 바른 관계를 형성하면 사람과의 관계도 회복됩니다.

[도움말씀] 살전 5:18

말씀 실천하기

1. 이스라엘의 불평불만의 이유를 생각해보고 왜 불평, 불만하고 있는지 나누어봅시다.
2. 하나님이 주신 감사의 내용을 3개 이상 적어보고 나누어봅시다.

합심기도

1. 불평, 불만을 제거해 주시고 감사하는 삶을 살게 하소서.
2. 좋은 관계를 맺게 하시고 성숙한 삶을 살게 하소서.

♥ 금주의 실천사항을 한가지씩 적어보세요.

♥ 다음예배는 (   ) 에서 (   )월 (   )일 (   )시 (   )분

37 | 진실만 말하라

이룰목표 : 진실의 정의를 배운다.
하나님께 진실하게 행동한다.

성품 / 진실성

사도신경 / 다같이
찬송 / 546장(통399)
기도 / 회원 중
말씀 / 삿 16:4-22
· 새길말씀 – 삿 16:17
헌금찬송 / 321장(통351)
헌금기도 / 회원 중
주기도문 / 다같이

진실성이란?

진실성은 참되고 정확한 것을 삶과 말로 전달하는 것이다.

반대말 / 속임

말씀 살펴보기

· 드릴라가 삼손의 힘의 근원을 알고자 한 이유는 무엇입니까?(5절)
· 삼손의 마음이 번뇌하여 죽을 지경에 이르게 된 이유는 무엇입니까?(16절)
· 삼손이 진실을 말함으로 블레셋 족속에게 당한 수치는 무엇입니까?(20-21절)

말씀 나누기

이스라엘의 새로운 지도자로 등장한 삼손에게는 두 가지 큰 과제가 있었습니다.
첫째는 이스라엘을 블레셋으로부터 해방시키는 것, 둘째는 이스라엘 전역에 만연해 있는 우상숭배를 근절하고 하나님만을 섬기는 민족으로 만드는 것이었습니다.
삼손이 사사로 있던 20여년은 블레셋과의 전쟁에서 승전을 올렸습니다. 그러나 이방 여인 드릴라를 만나 정욕에 눈이 멀어 영적

분별력을 잃고 드릴라의 거짓된 말을 진실로 받아들임으로 결국 하나님의 언약을 저버리는 결과를 낳고 말았습니다.

이 일로 인해 두 눈이 뽑히고 이방인으로부터 부끄러움을 당한 체로 하나님의 모든 능력을 상실하게 됩니다.

십계명 가운데 아홉 번째 "네 이웃에 대하여 거짓증거하지 말라"는 계명은 하나님과의 깨어진 사랑의 관계 회복을 위해 주신 하나님의 약속입니다. 우리가 하나님의 사랑으로 가득 차 있을 때 참되고 정확한 것을 삶과 말로 전달할 수 있는 용기가 생겨납니다. 사람들이 거짓을 말하는 이유는 진실을 말했을 때 받을 비난이나 꾸중에 대한 두려움이며 또한 현재 내 모습이 아닌 더 멋지고 훌륭한 모습으로 보이고자 하는 자기사랑이라 할 수 있습니다. 거짓말을 해서라도 더 돋보이고 싶은 허영에 찬 마음이 거짓증거를 만들어냅니다. 우리는 하나님과의 관계를 회복함으로 이웃 뿐만 아니라 자신에게도 있는 그대로 참되고 정확한 하나님의 사랑을 선포하게 될 것입니다. 관계 회복을 위한 구체적인 실천방법인 진실성의 성품을 배우고 실천함으로 온전한 성결과 완전한 회복의 기쁨을 누리게 될 것입니다.

1. 진실이란 무엇일까요?

진실은 참되고 정확한 것을 행동과 말로 표현하는 것입니다. 진실은 거짓이 없고 참됨을 말합니다. 진실은 상호신뢰를 바탕으로 하여 하나님과 사람, 사람과 사람간의 인격적인 교제에 있어서 가장 중요한 요소입니다. 하나님의 진실성은 이스라엘과의 언약(계약)에 명시되고 있습니다.

본문은 블레셋과의 금전적인 결탁 관계에 있던 드릴라가 삼손을 무너뜨리기 위해 삼손의 '힘의 근원'이 어디에서 나오는지 가르쳐 달라고 조릅니다. 드릴라를 사랑한 삼손은 결국 그 비밀을 사실대로 말해줍니다. 삼손의 행동이 사람에게는 진실할지라도 하나님과의 언약관계에서는 진실하지 못한 행동이었습니다. 삼손이 진정으로 하나님께 진실한 사람이라면 끝까지 언약을 지켜야 했습니다. 하나님은 우리가 진실한 마음으로 하나님께 나올 뿐 아니라 삶 속에서도 진실하게 살기를 원하십니다.

[도움말씀] 시 15:2

2. 왜 진실해야 할까요?

삼손은 쾌락 가운데 있어도 충분히 자신의 안전을 지킬 수 있다고 착각했습니다. 그러나 결국 유혹에 넘어가 죄에 빠져 패배하고 말았습니다. 삼손이 하나님께 진실하지 못하였을 때 능력도 영광도 소망도 그를 떠났고 비참한 생활을 하게 되었습니다.

우리의 삶은 하나님과 함께하는 인생이 되어야 하며 하나님 없는 삶은 살 수 없다고 인정해야 합니다. 그런데 우리는 그 사실을 인정하지 않으려고 할 때가 많습니다. 이는 우리 안에 진실성이 없기 때문입니다. 우리는 하나님 앞에서 진실해야 합니다.

하나님께 진실할 때 이스라엘의 큰 구원자가 되었지만 진실성을 상실할 때 부끄러움과 수치를 받게 됩니다. 실패자가 아닌 승리자가 되기 위해 악인의 길에 가지 않고 오만한 자의 자리에 앉지 말아야 합니다. 오직 여호와의 율법을 항상 즐거운 마음으로 지키며 묵상하는 성도가 되기를 바랍니다.

[도움말씀] 왕상 2:4

3. 어떻게 진실할 수 있을까요?

첫째, 유혹을 단호하게 물리쳐야 합니다

삼손은 처음부터 드릴라의 유혹을 단호하게 물리치지 못했습니다. 드릴라의 유혹쯤은 얼마든지 이겨낼 수 있다는 교만으로 꽉 차 있었습니다. 진실되지 못한 드릴라의 말에 넘어가 힘의 비결을 밝힌 삼손은 돌이킬 수 없는 길을 가고 말았습니다. 이와 같이 죄의 유혹은 달콤하지만 유혹을 이기지 못할 때는 파멸을 가져옵니다.

'한번만'이란 생각으로 세상과 타협한다면 우리도 역시 삼손의 범주에서 벗어나지 못할 것입니다. 죄는 모양이라도 버리라는 주님의 말씀처럼 죄의 유혹을 단호하게 대처할 수 있는 결단력이 우리 안에 있어야 합니다. 내 주변에는 많은 유혹들이 도사리고 있습니다. 그런 상황에 있을 때마다 '예수님이라면 이런 상황에서 어떻게 하셨을까?' 하는 질문을 우리 자신에게 던져 본다면 유혹을 단호하게 물리칠 수 있을 것입니다.

[도움말씀] 엡 5:6

둘째, 하나님과의 영적 교제에 민감해야 합니다

머리에 삭도를 대지 말아야 했던 삼손은 드릴라의 유혹에 넘어가 삭도를 댔습니다. 삼손의 머리카락은 하나님과의 약속을 의미합니다. 삼손이 머리카락을 자르지 않았던 것은 하나님을 사랑했고 그 사랑 때문에 하나님이 정해주신 약속을 힘써 지켰던 것입니다. 하지만 하나님을 사랑해야 하는 마음 대신 드릴라를 사랑하게 되었을 때 하나님을 향한 진실한 마음을 잃어버렸습니다. 진실되게 기도하고 찬양하고 예배드리는 데 방해를 받습니다. 우리도 하나님보다 세상을 더 사랑하면 하나님 앞에 나오지만 예배자로서의 진실된 모습은 사라지고 형식에 매인 신앙생활을 하게 됩니다.

삼손은 하나님의 성령이 그를 떠났음을 몰랐습니다. 그 이유는 그가 영적으로 둔감했기 때문입니다. 삼손이 세상과의 교제에만 힘쓰고 하나님과의 영적인 교제에 민감하지 못했기 때문입니다.

우리가 영적으로 민감하기 위해서는 자기 생각에 집착하지 말고 어떤 일을 하든지 하나님의 말씀에 집중해야 합니다. 그리고 하나님의 뜻이 무엇인지를 먼저 생각하고 생활해야 합니다. 그럴 때 하나님은 우리를 만나주시고 말씀을 통하여 깨닫게 하십니다(신 10:29). 항상 주님의 뜻을 구하며 주님의 일에 최우선 순위를 두고 힘쓸 때 하나님과 깊은 영적인 친밀한 교제를 나눌 것입니다. 성도로서의 신분을 잊지 말고 경건하게 사는 성도가 되어야 합니

다. [도움말씀] 롬 2:17-24

말씀 실천하기
1. 하나님과 혹은 사람과 약속하고 지키지 않은 것이 있으면 무엇입니까? 그리고 지키지 않은 이유는 무엇입니까?
2. 하나님과 깊은 영적 교제를 나누기 위해 우리가 버려야 할 것은 무엇입니까?

합심기도
1. 죄악된 자리를 멀리하게 하시고 은혜에 자리를 사모하게 하소서.
2. '이번 한 번만' 이란 유혹에 넘어가지 않도록 하옵소서. 결단하는 믿음을 주옵소서.

♥ 금주의 실천사항을 한가지씩 적어보세요.

♥ 다음예배는 (   ) 에서 (   )월 (   )일 (   )시 (   )분

정직의 성품을 소개합니다

정직으로 하나님뿐 아니라 이웃과도 좋은 관계를 맺으십시오

정직은 행복한 삶의 기초이자 사람들의 신뢰를 얻는 기초이며
형통하는 비결입니다.
보배 중의 보배요, 재산 중의 재산입니다.
우리는 정직을 통해 하나님께 영광을 돌릴 수 있습니다.
하나님의 원하시는 정직은 완벽함이 아니라 솔직함입니다.
우리는 완벽하지 않습니다. 만들어져 가고 있는 중입니다.

정직의 습관을 형성하는 원리

하나님을 만날 때 정직의 길에 들어서게 됩니다.
정직을 위해 고통스럽지만 솔직해야 합니다.
정직이 제공해 주는 아름다운 미래를 가슴에 간직하십시오.
정직을 위해 깨어 하나님의 도우심을 받아야 합니다.

38 | 바나바의 진실함

이룸목표 : 진실하게 살 것을 결심한다.
어떤 상황에서도 진실하게 행동하는 용기를 갖는다.

성품 / 진실성

사도신경 /	다같이
찬송 /	284장(통206)
기도 /	회원 중
말씀 /	행 9:26-31
· 새길말씀 -	행 9:27
헌금찬송 /	379장(통429)
헌금기도 /	회원 중
주기도문 /	다같이

진실성이란?

진실성은 참되고 정확한 것을 삶과 말로 전달하는 것이다.

반대말 / 속임

말씀 살펴보기

· 바나바가 사도들을 향해 한 사역은 무엇입니까?(27절)

· 바울이 예루살렘에 출입하며 증거한 내용은 무엇입니까?(29절)

· 바울과 화해한 교회(유대, 갈릴리, 사마리아)에 나타난 결과는 무엇입니까?(31절)

말씀 나누기

그리스도인을 핍박하던 바울은 다메섹 도상에서 예수님을 만난 후 회심하여 복음 전하는 데 앞장섰습니다. 이러한 바울의 변심에 화가 난 유대인들은 바울을 죽이려 했고 그는 예루살렘으로 떠났습니다. 그런데 정작 예루살렘에 도착하자 예수님의 제자들은 바울의 회심을 진심으로 믿어주지 않았습니다. 불과 얼마 전까지만 해도 예수 믿는 자들을 핍박하던 그 모습을 기억하는 사람들의 마음은 굳게 닫혀 있었습니다.

그런데 이때 바나바가 앞장서서 바울의 진심을 대변해주었습니다. 어쩌면 바울을 대변함으로 불이익을 당할 수도 있는 상황이었습니다. 그러나 그는 담대하게 사람들 앞에서 바울의 회심이 진실임을 선포했고 그로인해 예루살렘교회는 바울에 대한 경계를 풀고 형제로 받아들였습니다. 이처럼 진실은 한 사람을 살리고 하나님의 나라를 확장하는 능력이 있습니다. 진실이 주는 교훈은 무엇인가요?

1. 진실함으로 성도간의 갈등이 해결됩니다

진실을 선포한 바나바를 통해 사도바울에 대한 오해가 해결되었고 예루살렘 교회는 한 사람의 동역자를 세우게 되었습니다. 그리고 하나님은 이방인을 위한 복음전파에 충성할 수 있는 일꾼을 얻게 되었습니다.

교회 공동체 안에는 여러 가지 갈등의 요소가 많습니다. 그때 우리의 관점은 하나님과의 관계를 바르게 세워가는 데 초점을 맞춰야 합니다. 그것이 때로 나에게 불이익이 되더라도 담대하게 진실을 말할 수 있어야 합니다. 진실의 힘은 하나님에게서 나오는 것입니다. 진실한 말은 하나님이 책임져주십니다. 바나바가 바울의 진실을 사람들 앞에 당당하게 밝힌 것은 바울 자신에게만 유익을 주기 위함이 아니라 하나님 나라의 바른 질서를 회복하고 확장하고자 하는데 뜻이 있었습니다.

[도움말씀] 고전 1:26-29

2. 진실함으로 사람이 세워집니다

진실한 사람 바나바는 바울을 데리고 사도들에게 가서 그가 길에서 어떻게 주를 보았는지, 주께서 그에게 하신 말씀은 무엇이며, 다메섹에서 그가 어떻게 예수의 이름으로 담대하게 말하였는지 증거해 주었습니다(27절). 바나바의 진실한 증거는 바울에게 경계심을 갖고 있던 제자들의 마음을 풀어

주었으며 바울을 동력자의 한 사람으로 받아들이도록 했습니다.

때에 맞는 격려의 말을 해야 합니다. 시의적절한 말은 절망속에 있는 사람에게 소망을 주고 상처 입은 사람에게 치료약이 되며, 자신의 결점으로 고민하는 사람들에게 자신에 대한 평가를 하는 계기를 마련해 줍니다.

사도요한도 "자녀들아 우리가 말과 혀로만 사랑하지 말고 행함과 진실함으로 하자"(요일 3:18)고 말씀하셨습니다. 우리의 입술이 사람을 죽이기도 하고 살리기도 하는 힘을 갖고 있습니다. 내 일이 아니라고 무관심하거나 모른 척하지 말고 가까이 있는 사람들의 아픔과 필요를 알고 행동할 수 있는 관심과 사랑이 필요합니다.

[도움말씀] 엡 5:9

3. 진실한 자는 성공합니다

진실한 자가 성공하는 이유는 진실한 자가 성실하기 때문입니다. 진실한 자는 말과 행동이 일치합니다. 그러므로 입술에 거짓이 없고 게으르게 행동하지 않습니다. 진실과 성실은 하나님의 속성이며 거짓말과 게으름은 마귀의 속성입니다. 진실한 그리스도인은 우리 가운데 하나님의 뜻을 이루어갑니다.

진실한 사람 바나바의 말이 예루살렘 교회를 움직인 것처럼 나의 말이 사람들에게 얼마만큼 영향력을 끼치고 있는지 생각해봅시다. 진실은 성공의 밑거름입니다. 농부가 씨앗을 뿌리기 전에 반드시 밑거름을 주어야만 단단한 뿌리를 세우고 싹이 자랍니다. 겉으로 근사한 것처럼 보여도 진실의 밑거름이 받쳐주지 않는 성공은 거짓에 포장된 바람에 불과합니다.

[도움말씀] 시 19:14

말씀 실천하기

1. 바나바와 같이 형제가 어려움을 당했을 때 진실을 말해준 경험이 있다면 나누어 봅시다.
2. 진실을 말함으로써 어려움을 겪었다면 말해봅시다.

합심기도

1. 어느 상황에서든지 진실을 말할 수 있는 용기를 주옵소서.
2. 다른 사람들에게도 진실하라고 격려하게 하옵소서.

♥ 금주의 실천사항을 한가지씩 적어보세요.

♥ 다음예배는 (   ) 에서 (   )월 (   )일 (   )시 (   )분

39 | 평화를 심는 성도

이룸목표 : 화평의 정의를 배운다.
삶 속에서 화평한 삶을 실천한다.

성품 / 화평

사도신경 / 다같이
찬송 / 205장(통236)
기도 / 회원 중
말씀 / 창 26:12-22
  · 새길말씀 - 창 26:22
헌금찬송 / 397장(통454)
헌금기도 / 회원 중
주기도문 / 다같이

화평이란?

화평은 화목을 이루기 위해서 노력하는 것이다.

반대말 / 분쟁

말씀 살펴보기

· 이삭이 받았던 화평의 복은 무엇입니까?((12-13절)
· 시기를 받을 때 이삭은 어떻게 대처하였습니까?(17, 21, 22절)
· 르호봇의 뜻은 무엇입니까?(22절)

말씀 나누기

이삭은 성품이 온유하고 겸손하며 정직하고 화평한 자입니다. 그는 고향에 흉년이 들자 그랄로 옮겨와 농사를 지었고 큰 축복을 얻었습니다.

이삭이 거부가 되자 사람들은 시기질투했고, 결국 그의 우물까지 빼앗았습니다. 이 지역은 본래 물이 귀하므로 생존을 위해서는 자기 우물이 필요했습니다. 그러나 이삭은 우물을 빼앗는 그들과 다투지 않고 양보하며 스스로 옮겨갔습니다. 십계명 가운데 아홉 번째 "네 이웃에 대하여 거짓증거하지 말라"는 계명은 하나님과의 깨어진 사랑의 관계 회복을 위해 주신 하나님의 약속입니다.

하나님의 사랑은 모든 관계가 화평케 되는 것입니다. 그 이유는 화평이 통로가 되어 하나님의 사랑이 흘러가기 때문입니다. 마귀는 서로 다투고 분쟁하게 만듭니다. 거짓은 화평의 관계를 이루지 못하게 하는 걸림돌입니다. 지난 과에서 우리가 하나님의 사랑으로 가득 차 있을 때 참되고 정확한 것을 삶과 말로 전달할 수 있음을 배웠다면 이번 과에서는 진실할 때 찾아오는 화평의 능력과 유익, 화평의 성품을 배우고 실천함으로 온전한 성결과 완전한 회복의 기쁨을 누리게 될 것입니다.

1. 화평의 의미는 무엇인가요?

'화평'이란 '에이레네'라고 하는데 신약성경에 88번 정도 나옵니다. 이 말은 구약 '샬롬'을 번역한 말인데 신구약을 합하면 이 평화란 말이 400번 이상 나옵니다. 화평은 '평화, 평안, 평강'이라 할 수 있습니다. 화평의 성품은 문제속에서도 그것들을 해결하고 자신 뿐 아니라 다른 사람과도 좋은 관계를 맺는 것입니다.

알라스카 에스키모인들은 '평화'란 "원수를 친구로 삼는 것"이라고 합니다. 이것이 그리스도인입니다. 그리스도인은 분쟁이 있는 곳에서 마냥 불안해하는 사람이 아닙니다.

혼자서 도를 닦고 평화를 즐기는 사람이 아닙니다. 그리스도인은 분쟁의 자리에서도 화평을 만들어가는 사람입니다.

[도움말씀] 롬 5:1

2. 왜 화평한 삶을 살아야 하나요?

좋은 인간관계를 유지하기 위하여 화평해야 합니다. 블레셋인들과의 우물 시비에서 양보함으로 승리한 이삭은 우리들에게 다투지 아니하고 선한 방법으로 승리해야 함을 가르쳐 주고 있습니다. 그는 자신을 대적하는 자들과 다투지 않고 묵묵히 자기 할 일을 했습니다.

화평의 반대는 분쟁입니다. 분쟁은 하나님과의 관계를 깨뜨리려는 마귀의 전략입니다. 우리는 일상에서 많은 분쟁을 경험합니다. 부부간의 작은 다툼이 가정파탄의 원인이 되는가 하면 이웃간의 사소한 갈등이 생명까지 위협하는 경우도 있습니다. 또한 사소한 말다툼으로 교회 공동체가 분열되기도 합니다. 우리 삶에 분쟁이 해결되지 않는 이유는 나는 옳고 상대는 틀렸다는 자기 중심적 사고에서 비롯됩니다. 분쟁은 사소해보이지만 누룩과 같아서 엄청난 결과를 낳게 됩니다. 하나님의 사랑이 우리 마음 안에 있어야 하나님의 화평이 유지되고 하나님의 사랑이 흘러가 그 능력이 나타납니다.

[도움말씀] 히 12:4

3. 어떻게 화평할 수 있을까요?

상대를 포용해야 화평할 수 있습니다. 이웃에 대해 악한 말이나 거짓을 말할 때 화평이 깨어집니다. 포용력이 부족하면 불편한 관계를 형성하지만 수용할 때는 좋은 관계를 만들며 화평하게 됩니다. 자신에게 주어진 상황을 주님이 허락한 것으로 받아들이면 불평과 한숨과 절망이 아니라 감사와 기쁨과 희망의 긍정적인 마음이 생겨 화평의 삶을 살게 됩니다.

계속되는 블레셋인들의 거짓증거와 다툼에도 이삭은 선한 마음을 포기하지 않고 선을 베풀었습니다. 결국 하나님이 이삭과 함께하심을 인정했던 블레셋의 아비멜렉왕과 친구인 아훗삿과 군대장관 비골은 이를 보고 두려워하여 전쟁 대신 평화 조약을 제안했습니다.

화평의 사람 이삭은 이들의 화해의 요청을 받아들이며 잔치를 베풀었고, 이삭과 블레셋 사이는 화평이 이루어졌습니다. 이삭은 끝까지 웃음을 잃지 아니하고 악을 선으로 갚았으며 불의한 가운데 선을 행함으로 하나님께 감사드렸습니다. 성도는 세상속에서 평화의 사람이 되어야 합니다.

[도움말씀] 엡 4:3

말씀 실천하기
1. 계속해서 시비를 걸어 올 때 성도의 대처방법을 나누어 봅시다.
2. 나를 힘들게 하는 사람을 어떤 자세로 대합니까?

합심기도
1. 평화가 깨어지고 불화가 넘치는 곳곳마다 평화가 넘쳐나게 하소서.
2. 시비하는 사람들을 끝까지 용서할 수 있는 믿음을 주옵소서.

♥ 금주의 실천사항을 한가지씩 적어보세요.

♥ 다음예배는 (   ) 에서 (   )월 (   )일 (   )시 (   )분

40 | 공동체를 세우는 힘

이룸목표 : 화평을 결심한다.
화평한 공동체를 만들기 위해 힘쓴다.

성품 / 화평

사도신경 / 다같이
찬송 / 350장(통393)
기도 / 회원 중
말씀 / 약 3:13-18
· 새길말씀 - 약 3:18
헌금찬송 / 455장(통507)
헌금기도 / 회원 중
주기도문 / 다같이

화평이란?

화평은 화목을
이루기 위해서
노력하는 것이다.

반대말 / 분쟁

말씀 살펴보기

· 우리 마음속에 있는 악한 시기와 다툼의 결과는 무엇입니까?(14절)
· 화평하는 자들은 어떤 열매를 거둡니까?(17-18절)

말씀 나누기

야고보는 성숙한 그리스도인의 삶으로서 지혜를 이야기 합니다. 위로부터 난 지혜와 세상의 지혜는 성숙한 그리스도인과 영적으로 성숙하지 못한 연약한 그리스도인의 모습을 설명합니다.

영적으로 미성숙한 상태에 있으면서도 선생되기를 즐겨하는 자들은 세속적인 지혜를 따라 행하는 자들로 자신의 정욕을 충족하기 위해 시기와 다툼과 거짓을 말합니다. 성숙한 그리스도인은 하나님이 주시는 지혜를 따라 성숙의 열매인 성결, 화평, 관용, 양순, 긍휼, 선한 열매, 진실함의 열매를 맺습니다.

참으로 지혜있는 사람은 하나님의 뜻이 무엇인지 알고 최선을 다하여 그의 삶 가운데 하나님의 뜻을 실천하고자 애씁니다. 야고보를 통해 말씀하시는 선행은 불화와 불손함 없이 사랑스럽고 너그러우며 예의바른 삶입니다. 그리고 그 선행은 화평을 이루기 위한 삶의 목적입니다. 화평이 주는 교훈은 무엇인가요?

1. 다툼이 사라집니다

다툼은 시기의 결과물입니다. 야고보가 '너희 마음 속에' 라고 말한 이유는 다툼의 근원이 마음에서 비롯되며, 그 마음이 문제를 악화시키기 때문입니다. 또한 다툼의 목적은 자기를 드러내려는 데 있습니다. 에이데리아(eritheia, 다툼)는 '당파심' 입니다. 파벌을 조장하는 자의 악의이며, 우리의 야심이나 경쟁을 말하기도 합니다.

현대의 많은 교회들이 다툼에 휩쓸려있습니다. 사단은 교묘하게 교회의 화평을 깨뜨리는 데 앞장서도록 성도들을 유혹합니다. 그래서 화평케 하는 사람으로 역사해야 할 사람들이 오히려 분쟁케 하는 사람들이 되고 하나님의 아들들이 되어야 할 사람들이 사단의 아들들이 되는 경우가 얼마나 많은지 모릅니다. 분쟁과 시기가 우리 마음 속에 주인노릇 하지 못하게 마음을 지켜야 합니다.

[도움말씀] 잠 4:23

2. 화평하면 교만한 말을 하지 않습니다

사람이 자기를 사랑하게 되면 보다 과장하게 되고 자연스럽게 거짓말을 합니다. 이기적인 욕심은 진리를 드러내기보다는 자신을 드러내거나 자기 견해의 승리를 위해 더 큰 관심을 갖습니다. 자신의 무지로 인해 겸손하기보다 자신의 얄팍한 지식을 자랑하고 결국 공동체 가운데 화평보다는 분쟁과 시기를 일으키게 됩니다.

우리는 많은 공동체 속에서 살아갑니다. 작게는 가정부터 시작하여 학교, 직장, 교회에서 서로 상생하는 관계로 살아갑니다. 모든 조직이 하나님의 사랑으로 온전한 공동체가 되기 위해서는 자기 의견을 고집하기보다 상대방의 마음을 이해하기 위해 힘쓰고 나만 옳다는 교만한 말은 삼가야 합니다.

[도움말씀] 엡 4:29

3. 화평한 사람은 거짓이 없습니다

남에게 잘 보이려고 변장과 술수를 쓰지 않습니다. 화평은 우연히 이루어지지 않습니다. 화평을 이루기 위해서는 많은 노력이 필요합니다. 그리고 화평을 이루려면 파종하고 재배하여 추수하는 과정이 필요합니다. 많은 사람들이 화평을 부르짖고 있습니다. 그런데 그들은 농부들처럼 화평의 열매를 생산하기 위하여 노력하지 않으며 단지 열매에만 깊은 관심이 있습니다. 그러므로 신속한 결과를 얻기 위해 거짓말도, 이간질도, 악한 일도 서슴치 않는 것입니다.

세상에 관심을 두고 살아가는 사람들은 시기와 분쟁을 낳지만 하늘에 관심을 두고 사는 사람들은 요란과 모든 악한 일들을 제거하고 화평을 이룹니다. 성도는 열매로 자신이 구하고 행한 일들이 하늘에서부터 나왔음을 밝혀야 합니다. 하늘을 품고 사는 사람들은 하늘로부터 온 능력이 자신을 보호하며 더 나아가 악으로 가득찬 세상에 화평을 가져옵니다.

주님께서 기뻐하시는 화평은 먼저 성결함에서 시작되고 성결한 결과를 낳습니다. 또한 하나님을 제일로 섬기고(히 12:14; 요일 3:2-23) 세상의 정욕과 명예욕과 물욕 등을 제거하고 관용과 양순과 긍휼과 선함은 화평을 이루는 길입니다. 화평은 성도가 삶 속에 실현해야 할 구체적인 삶의 내용입니다. 하나님과 화평을 깨는 시기, 다툼, 자기애, 거짓 등을 버리고 성결과 관용과 양순과 긍휼과 선한 열매로 채울 때 성도의 삶은 화평의 삶이 될 것입니다.

화평한 사람이란 평화를 위해 능동적으로 행동하는 사람, 평화를 이끌어 가는 사람, 화해를 창조하는 사람을 의미합니다. 하나님과 화목하는 것이 구원이요 영생이요, 행복입니다. 그래서 주님은 먼저 하나님과 화목하게 된 우리 그리스도인들에게 하나님과 세상 사람들을 화목하게 만드는 책임을 맡겨 주셨습니다. 죄악으로 물든 이 세상을 구석 구석 밝히는 진리의 횃불을 높이 들고 화평을 이루는 평화의 피스메이커가 되기를 바랍니다.

[도움말씀] 시 29:11

말씀 실천하기
1. 다툼이 있을 때 당신은 어떻게 대처하는지 이야기해 봅시다.
2. 당신은 분쟁을 만드는 사람입니까? 평화를 만드는 사람입니까?

합심기도
1. 교회안에 다툼이 사라지고 화평의 관계가 회복되게 하소서.
2. 화평의 열매를 풍성하게 맺는 교회되게 하소서.

♥ 금주의 실천사항을 한가지씩 적어보세요.

♥ 다음예배는 (   ) 에서 (   )월 (   )일 (   )시 (   )분

41 | 만족은 성숙한 믿음의 증거

이룸목표 : 만족의 정의를 배운다.
진정한 만족이 무엇인가를 배우고 만족의 방법을 배운다.

성품 / 만족

사도신경 / 다같이
찬송 / 445장(통502)
기도 / 회원 중
말씀 / 시 23:1-6
 · 새길말씀 – 시 23:1
헌금찬송 / 569장(통442)
헌금기도 / 회원 중
주기도문 / 다같이

만족이란?

만족은 하나님이 나의 현재와 미래의 행복에 필요한 모든 것을 이미 공급해 주셨음을 깨닫는 것이다.

반대말 / 탐심

말씀 살펴보기

· 다윗은 왜 부족함이 없다고 했습니까?(1절)
· 목자이신 하나님이 우리를 어떠한 곳으로 인도하십니까?(2-3절)
· 사망의 음침한 골짜기로 다닐지라도 왜 두려워하지 않습니까?(4절)

말씀나누기

본문은 다윗이 수많은 역경과 환란 가운데서 깨달은 진리를 찬양하는 노래입니다. 하나님으로 인해 얻은 만족과 기쁨은 세상이 주는 그 어떤 것과도 비교할 수 없습니다. 그것은 결코 물질이나 환경에서 주는 만족만을 의미하지는 않습니다. 진정 나의 목자이신 여호와 하나님과의 관계를 통해서 얻은 영혼의 기쁨입니다.

이러한 영혼의 기쁨, 즉 영적 만족은 오직 하나님께로부터 주어지는 은혜의 결과입니다. 우리가 하나님의 은혜를 사모하고 하나님의 은혜를 갈망하며 간구할 때 주어집니다. 그러므로 우리가 주의할 것은 육신의 욕망을 좇는 탐심을 품지 말라는 계명을 잘 지키는 것입니다.

탐심은 우리가 자족하지 못하기 때문에 생기는 죄악의 뿌리입니다. 이러한 탐심을 뿌리 뽑기 위해서는 먼저 하나님과의 관계를 회복하고 하나님께서 주시는 은혜를 갈망해야 합니다. 그리고 하나님이 주신 계명을 지키고 순종해야 합니다. 성령의 인도하심에 따라 순복해야 할 인생이 육신의 욕심을 좇아 살아가기 때문에 언제나 만족하지 못하고 불평하는 것입니다. 또 이러한 사람은 자기를 사랑하고 세상을 사랑하기 때문에 끝없는 욕망에 사로잡힙니다. 우리는 무엇보다 하나님과의 관계를 회복하고 우리의 죄악을 회개하며 하나님께 돌아가야 합니다.

십계명 가운데 열 번째 계명은 "네 이웃의 집을 탐내지 말라"는 계명입니다. 이는 하나님과의 깨어진 관계를 회복하기 위해 주신 하나님의 명령입니다. 이 명령에 순종하기 위해서는 하나님이 주시는 만족의 성품을 배우고 실천해야 합니다. 그렇게 될 때 온전한 성결과 완전한 회복의 기쁨을 누리게 될 것입니다.

1. 만족이란 무엇일까요?

만족의 어원적 의미는 헬라어 '플레스모네' 인데 그 뜻은 '충만하다', '채우다' 라는 의미를 갖고 있습니다. 성경적 의미는 '현재의 형편을 하나님의 섭리로 믿고 기쁘게 받아들이는 것' 입니다. 만족이란 진정한 행복이 물질에 달려있지 않음을 말하는 것입니다. 인간이 갖고 있는 육신적인 탐욕은 '무엇을 먹을까! 무엇을 마실까! 무엇을 입을까!' 에 대한 끊임없는 욕구입니다. 반면 영적인 존재로서의 인간은 결코 이러한 본능적인 욕구를 채운다고 해서 만족하지 않습니다. 다윗이 고백하는 만족은 바로 하나님과의 관계에서 얻을 수 있습니다. 하나님이 목자가 되셔서 늘 함께하시고 인도하시며 지켜 보호하심으로 얻는 만족입니다. 그러므로 만족은 우리가 하나님과 올바른 관계를 유지할 때 주어지는 은혜입니다.

[도움말씀] 시 107:9

2. 왜 만족해야 할까요?

나의 모든 필요에 대해서 현재와 미래까지도 공급해주실 거라는 믿음이 있기 때문에 만족할 수 있습니다. 만족은 하나님의 은혜에 대한 기쁨이요 함께 하심의 증거입니다. 다윗은 "하나님은 나의 목자이시며 나는 그의 양이라"고 고백하며 그로인해 부족함이 없다고 했습니다. 여기서 부족함이 없다는 것은 문제가 없다는 것이 아니라 여전히 사망의 음침한 골짜기를 다닐 수도 있고 생각지 않는 역경이 다가 올 수도 있다는 것입니다. 그러나 여호와 하나님과의 관계는 변함없습니다. 이러한 흔들리지 않는 관계에서만이 진정한 만족이 주어집니다. 그러므로 만족하지 못하는 것은 하나님과의 관계에서 문제가 생겼다는 것입니다. 하나님과 우리의 관계회복을 위해서라도 반드시 만족해야 합니다. 그러기에 하나님이 우리에게 바라시는 것은 조건적인 만족이 아니라 구약의 하박국 선지자처럼 하나님으로 인해서 만족하는 것입니다.

[도움말씀] 합 3:17-18

3. 어떻게 만족할 수 있을까요?

첫째, 언제나 하나님과의 관계를 확신해야 합니다

이 땅 위에 진정한 부자는 부족한 가운데서 변함없이 하나님이 나의 목자 이심을 고백하는 자입니다. 다윗은 환경적으로나 물질적으로 풍성하였기 때문에 만족한 것이 아니라 하나님이 나의 목자가 되셔서 언제나 나를 보호하시고 나의 길을 인도하실 것이라는 믿음이 있었기 때문에 만족할 수 있었습니다. 우리가 참된 만족을 얻을 수 있는 길은 하나님과의 관계에 대한 확신입니다. 그러나 대부분의 사람들은 관계에 대한 믿음이 없기 때문에 자신의 감정이나 환경에 그 믿음의 뿌리를 두고 그것과 함께 흔들립니다. 그러나 여호와를 나의 목자로 삼고 목자의 음성을 듣고 따르는 사람은 항상 기뻐하고 범사에 감사하며 쉬지말고 기도하는 삶을 통해 결코 흔들림이 없이 부족함 없는 삶을 살아가는 것입니다.

[도움말씀] 요 10:14

둘째, 하나님의 인도하심을 따라가야 합니다
양은 시력이 좋지 않아 멀리 내다볼 수 없습니다. 그러므로 목자가 인도하는 대로 따라가기만하면 결국 푸른초장과 잔잔한 시냇물가에 이르게 됩니다. 팔레스틴 지방에서는 목자가 양을 이끌고 갈 때면 늘 맨 앞에 서서 인도합니다. 신기하게도 목자가 외치는 소리를 듣고 양들은 그의 뒤를 따라갑니다. 양들은 절대 낯선 목소리는 따라가지 않습니다. 지금도 하나님은 우리 앞에 서서 우리를 인도하십니다. 하나님은 우리에게 필요한 길, 가야할 길로 인도하십니다. 하나님은 언제나 우리보다 앞장서서 우리를 인도하십니다. 그리고 말씀하십니다. "나를 따라오너라!" 세상의 많은 소리가 있지만 양인 우리들이 살 길은 목자의 인도를 따라가는 것입니다.

[도움말씀] 롬 8:14

셋째, 함께하시고 보호하심을 믿어야 합니다
다윗은 사울과 아들 압살롬에게 쫓겨 죽을 고비를 수없이 넘겼습니다. 그 때마다 그는 혼자라고 생각하지 않았습니다. 늘 하나님이 함께 하심을 깊이 체험했습니다. 우리 삶 속에서도 하나님과의 동행은 우리 인생을 만족케하며 다윗과 같이 어려운 형편에 있을지라도 두려워하지 않습니다. 세상의 소망이 사라진다 할지라도 온전히 주님을 신뢰하고 따라가는 자를 하나님은 친히 쉴만한 물가, 푸른초장으로 때를 따라 인도하시고 보호하시며 삶의 만족을 주십니다.

[도움말씀] 벧전 1:5

말씀실천하기
1. 내가 요즘 불평했던 것은 무엇입니까? 왜 불평하였습니까?
2. 요즘 나는 목자의 인도하심을 잘 받고 있습니까?

합심기도하기
1. 현재 나의 형편에 만족하고 변함없는 하나님의 은혜를 깊이 깨닫도록.
2. 목자의 음성을 잘 듣고 목자만을 잘 따라가는 양이 되도록.

♥ 금주의 실천사항을 한가지씩 적어보세요.

♥ 다음예배는 (   ) 에서 (   )월 (   )일 (   )시 (   )분

순종의 성품을 소개합니다

즉각적이고 온전한 순종으로 복을 받으십시오

순종이란 자신의 뜻을 버리고 하나님의 뜻을 행하는 것입니다.
순종은 모든 성품의 기초와 같습니다. 순종은 성품 가운데
가장 중요한 성품으로, 모든 성품의 최고봉이라 할 수 있습니다.
우리는 하나님이 명하신 것을 즉각적으로, 온전히 순종할 때 복을 받습니다.
또한 하나님은 순종하는 자에게 성령 충만을 허락하시므로
순종은 하나님께 귀히 쓰임 받는 조건이 됩니다.

순종하는 사람이 되는 원리

순종의 중요성을 깨달을 때 더 잘 순종하게 됩니다.
순종은 힘들지만 축복을 가져온다는 것을 알 때 순종할 수 있습니다.
하나님과 지속적이고 친밀한 사랑의 교제가 있을 때 즐겁게 순종합니다.
기도하면 순종할 수 있는 힘을 얻게 됩니다.
고난을 통해 순종을 배울 수 있습니다.

42 | 자족하라

이룸목표 : 만족의 성품을 소망한다.
삶 속에서 만족을 구체적으로 적용한다.

성품 / 만족

사도신경 / 다같이
찬송 / 370장(통455)
기도 / 회원 중
말씀 / 빌 4:10-13
· 새길말씀 - 빌 4:13
헌금찬송 / 300장(통406)
헌금기도 / 회원 중
주기도문 / 다같이

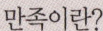

만족이란?

만족은 하나님이 나의 현재와 미래의 행복에 필요한 모든 것을 이미 공급해 주셨음을 깨닫는 것이다.

반대말 / 탐심

말씀 살펴보기

· 지금 바울의 형편이 어떠합니까?(11절)
· 바울이 깨달은 삶의 비결은 무엇입니까?(11-12절)
· 바울은 어디에서 모든 것을 할 수 있다고 하였습니까?(13절)

말씀나누기

사도바울은 회심 후 거의 전 생애를 가난과 핍박속에서 살았습니다. 그럼에도 불구하고 "어떠한 형편에든지 내가 자족하기를 배웠다"고 고백합니다. 여기서 사도바울이 말하는 자족은 어떠한 환경이나 물질을 통해서 얻어진 게 아니라 예수 그리스도 안에서 주님이 주시는 힘으로 만족의 비결을 배웠다는 것입니다.

사도바울은 본문에서 자족의 비결에 대해 말씀하고 있습니다. 여기서 '자족'은 금욕주의자들이 주장하는 마음을 다스림으로 얻어지는 것이 아니라 하나님과 우리의 바른 관계 속에서 주어지는 결과를 의미합니다. 열 번째 계명에서 하나님은 내 이웃의 집을 탐내지말라고 말씀하셨습니다. 다시 말하면 이웃의 재산을 부러워하고 갖고 싶어하는 욕망을 버리고 자족하라는 말씀입니다. 그러면 자족을 통해 얻을 수 있는 교훈은 무엇일까요?

1. 자족하는 마음은 경건의 큰 유익을 줍니다

사도바울은 복음을 전하다 감옥에 들어갔습니다. 인간적으로는 1%의 희망도 보이지 않는데서 하나님을 찬양하며 기도합니다. 이 모든 역사의 주관자가 하나님이심으로 어떠한 환경에서도 원망하지 않고 하나님의 뜻을 구했습니다. 사도 바울은 이처럼 오로지 하나님의 주권을 믿었기 때문에 경건함을 잃지 않았습니다. 그때 옥문이 열리고 그를 묶고 있는 쇠사슬이 다 풀렸습니다. 그리고 이를 계기로 간수에게 복음을 전하였고 마게도냐의 첫 번째 교회인 빌립보교회가 세워지는 동기가 되었습니다. 경건은 하나님과 친밀한 관계를 유지하는 것입니다. 우리가 자족하지 못하는 이유는 하나님 외에 다른 것을 추구하기 때문입니다. 하나님으로 인해 기뻐하는 사람은 세상적인 물질, 권력, 명예 등의 유혹에 흔들리지 않고 하나님이 주시는 은혜를 기뻐하며 즐거워함으로 육신적인 욕망으로부터 자유합니다.

[도움말씀] 눅 12:15

2. 참된 행복을 얻습니다

행복은 주어진 것에 만족하는 마음에 있습니다. 아무리 적은 것이라도 내가 만족하면서 감사할 때 우리 마음속에 참된 행복을 느낄 수 있습니다. 예수님이 하나님이 주시는 여덟 가지 복을 말씀하시면서 첫 번째로 "마음이 가난한 자는 복이 있다"고 하셨습니다. 참된 행복은 마음이 가난한 자에게 주어집니다. 마음이 가난해지면 하나님이 그 안에 임하셔서 천국을 이루십니다. 국민일보 2001년 4월 25일자 신문에 미국 워싱턴 근교 버지니아에 연로하신 한 권사님의 이야기가 기사화 되었습니다. 권사님은 29세에 혼자되었습니다. 당시 남편은 숨을 거두면서 "여보, 그동안 고생 많았소. 미안하지만 이제 한 가지만 약속해주오. 아들들을 꼭 책임지고 키워 주오"라고 유언했습니다. 이 젊은 과부는 온갖 고생을 하며 네 명의 어린 아들을 키웠습니다. 밥상에 먹을 것이 있을 때는 "주님! 먹을 것을 주셔서 감사합니다"라고 했고, 먹을 것이 없을 때는 자식들을 앉혀 놓고 "주님 오늘은 금식하게 해주셔서 감사드립니다"라고 했습니다. 양식이 있든 없든 늘 감사를 드리면서 아들을 키웠습니다. 여자 혼자서 네 명의 아들을 키운다는 것은 결코 쉬운 일이 아니었습니다. 그러나 오로지 믿음과 감사로 아들들을 키웠고 결국 하나님은 어머니와 네 아들들에게 큰 복을 주셨습니다. 권사님의 네 아들은 미국에서 사회적으로나 신앙적으로 교회와 이웃에게 존경받는 훌륭한 사람이 되었습니다. 하나님을 신실하게 바라본 권사님을 하나님은 그냥 보고만 계실 수 없으셨던 것입니다. 자신의 주어진 삶에 불평하지 않고 자족할 때 하나님께 온전한 감사를 드릴 수 있습니다.

[도움말씀] 고후 9:8

3. 불평불만에서 떠나가게 됩니다

자족한다는 것은 모든 것이 하나님의 은혜이므로 남의 것을 탐내거나 탐욕의 지배받지 않는 것입니다. 북이스라엘 7대왕 아합은 최고의 권력과 최고의 부귀영화를 누리는 왕의 위치에서도 만족하지 못하고 힘없는 나봇이라는 평민의 포도원조차 빼앗아 자기 욕망을 채우려고 했습니다. 이처럼 욕심이 지배하면 불평과 불만이 떠나지 않습니다. 이스라엘 백성들이 출애굽한 이후 광야에서 하나님의 많은 은혜로 살아가면서도 원망과 불평이 떠나질 않았습니다. 이러한 그들의 원망과 불평은 결국 광야에서 방황하다 죽고 말았습니다. 그러나 자족하는 사람, 여호수아와 갈렙처럼 오히려 하나님이 주신 약속을 붙잡고 믿음으로 말하고 믿음으로 행할 때 하나님은 그들의 믿음대로 가나안의 복을 받게 하셨습니다. 이처럼 자족하고 하나님의 약속을 붙잡고 나아갈 때 하나님이 함께하시고 그 믿음대로 약속을 이루어 주십니다. 자족하지 못하는 사람은 그 사람의 마음에 자기를 사랑하고 세상을 사랑하는 욕심이 지배합니다. 그러므로 무엇보다 하나님이 주신 모든 것을 믿음으로 받아들이고 자족함으로 감사한 마음과 기뻐하는 마음이 가득해야 합니다. [도움말씀] 살전 5:18

말씀실천하기
1. 지금까지 나는 무엇 때문에 원망하며 불평하였습니까?
2. 만족의 성품을 가지면 내 삶의 어떤 변화가 일어날까요?

합심기도하기
1. 자족하는 마음을 갖게 하시고 탐욕을 내 속에서 물리쳐 주옵소서.
2. 내게 주어진 것이 어떠한 것이든 먼저 하나님께 감사하고 만족하는 마음을 주옵소서.

♥ 금주의 실천사항을 한가지씩 적어보세요.

♥ 다음예배는 (　　　　) 에서 (　　)월 (　　)일 (　　)시 (　　)분

43 | 내 이웃이 누구입니까?

이룸목표 : 이웃의 관계를 통해서 베풂의 정의를 배운다.
진정한 베풂의 방법이 무엇인지 배운다.

성품 / 베풂

사도신경 / 다같이
찬송 / 327장(통361)
기도 / 회원 중
말씀 / 눅 10:25-37
 · 새길말씀 - 눅 10:36-37
헌금찬송 / 220장(통278)
헌금기도 / 회원 중
주기도문 / 다같이

베풂이란?

베풂은 보상을 바라는 동기없이 다른 사람의 기본 필요를 채워주는 것이다.

반대말 / 이기심

말씀 살펴보기

- 예수님이 율법사에게 하신 말씀은 무엇입니까?(28절)
- 강도 만난 사람을 본 제사장과 레위인은 어떤 반응을 보였습니까?(31-32절)
- 진정한 이웃은 누구입니까?(37절)

말씀나누기

본문은 한 율법사와 예수님의 대화입니다. 그 대화의 핵심은 영생얻는 비결입니다. 율법사는 누구보다 성경에 대해 더 잘 알고 있었습니다. 그는 예수님의 질문에 성경의 핵심은 "마음을 다하고 목숨을 다하고 힘을 다하고 뜻을 다하여 하나님을 사랑하고 이웃을 사랑하는 것"이라고 자신있게 대답했습니다. 예수님은 옳다고 인정했고 율법사는 다시 예수님께 "그러면 내 이웃이 누구입니까?"라고 질문했습니다. 그때 예수님은 선한 사마리아인의 비유를 통하여 우리가 사랑해야 할 이웃이 누구인지 말씀해 주셨습니다. 이웃사랑은 이웃을 골라서 사랑하는 것이 아니라 누구든지 도움이 필요한 사람의 이웃이 되어 주는 것임을 가르쳐 주셨습니다. 이웃을 진정으로 사랑하는 행동에는 값을 치르는 수고가 뒤따릅니다.

십계명 가운데 열 번째 "네 이웃의 집을 탐내지 말라"는 계명은 하나님과의 깨어진 사랑의 관계회복을 위해 주신 하나님의 명령입니다. 하나님의 사랑은 어떠한 상황 가운데서도 만족하고 감사할 수 있는 능력입니다. 지난 과에서 이 약속이 성취되기 위한 구체적인 실천방법으로 만족의 성품을 살폈다면 이번 과에서는 하나님의 사랑으로부터 오는 진정한 만족은 만족에 머물지 않고 적극적으로 이웃에게 베푸는 삶임을 배우게 될 것입니다.

1. 베풂이란 무엇일까요?

베풂이란 '거저 받았으니 거저 주라'는 주님의 가르침에 따라 내게 있는 것으로 주님을 섬기듯 이웃을 섬기는 것입니다. 베풂의 어원적 의미는 '사랑하고 가엽게 여기는 마음' 입니다. 모든 사람을 차별없이 사랑하는 사마리아 사람처럼 조건없이 베푸는 사랑을 말합니다. 이는 세상을 향한 적극적인 사랑의 실천입니다. 하나님은 우리에게 많은 것들을 맡겨주셨습니다.

베풂은 우리에게 허락된 물질과 자원들을 지혜롭게 사용하고 나눔으로써 나와 이웃의 삶이 회복되는 것을 의미합니다.

[도움말씀] 마 5:44

2. 왜 베풂을 실천해야 합니까?

하나님은 하나님의 사랑이 나를 통해 이웃에게 흘러가기를 원하십니다. 이 사랑은 베풂을 통해 구체적으로 표현됩니다. 세상이치는 나에게 있는 것을 남에게 베풀면 베풀수록 나의 것은 줄어들고 없어지는 것이지만 하나님의 이치는 매우 역설적입니다. 우리의 것을 이웃과 함께 나누고 베풀 때 더욱 풍성해진다는 것입니다.

강철왕 카네기는 수많은 역경을 통해 강철회사를 설립하였습니다. 그에게 있어 양보할 수 없는 기업 정신은 남에게 베푸는 것이었습니다. 그는 많은 사람에게 직업을 주고 부의 목적을 '베푸는 데' 두었습니다. 이런 베풂이 산울림이 되어 결국 그를 세기의 재벌 '강철왕카네기'가 될 수 있었던 것입니다. 우리가 베풂을 통해 하나님의 사랑을 나누는 통로가 되면 하나님은 베푼 자와 받은 자 모두에게 풍성한 사랑으로 채우십니다.

[도움말씀] 요일 3:16

3. 어떻게 베풂을 실천해야 합니까?

첫째, 조건없이 베푸는 것입니다(33-35절)

강도 만난 자에게 가장 시급한 것은 치료해주고 감싸주는 것입니다. 같은 동족이며 많은 것을 가진 이웃들이었음에도 불구하고 여러 가지 이유를 들어 도움을 외면하였습니다. 그러나 그들로부터 많은 멸시를 받던 사마리아인은 그냥 지나치지 않고 그를 도와주었습니다. 그는 아무런 대가없이 고통스러워하는 이웃의 필요만 생각했습니다. 대가를 바라고 베푼 사랑은 결국 실망하게 되고 상대로 하여금 금방 그 실상이 드러나고 하나님의 온전한 사랑이 전달될 수 없습니다.

[도움말씀] 요일 3:18

둘째, 불쌍히 여김으로 베푸는 것입니다(33절)

본문에서 사마리아 사람이 강도 만난 자를 불쌍히 여겼다는 것은 그 사람과 함께 고통을 느꼈다는 것입니다. 이처럼 상대의 고통을 함께하는 마음을 가질 때 자연스럽게 베풂을 실천할 수 있습니다. 단순히 동정심이 아닙니다. 하나님의 사랑이 나를 이끌어가는 베풂이 진정한 베풂입니다.

[도움말씀] 요일 4:20

셋째, 자기 희생으로 베풀어야 합니다

결단하고 마음을 먹어도 실천하지 않으면 아무 소용없습니다. 본문 34-35절에 사마리아인은 강도만난 사람에게 자기가 가지고 있는 기름과 포도주를 사용했고 나중에는 주막에 가서 돈을 주어서 부탁을 하였습니다. 이처럼 베풂에는 희생이 따릅니다. 머리로만 이해하고 말로 동정하는 것이 베풂이 아닙니다.

사마리아인처럼 자신을 희생하고 상대방의 필요를 채워주는 것입니다. 예수님의 사랑도 마찬가지입니다. 그저 말로만 외치신 것이 아닙니다. 자기를 비어 종의 되셨고 죽기까지 복종하시면서 사랑을 실천하신 것입니다. 이처럼 우리도 베풂을 실천하기 위해서는 자기를 내려놓아야 합니다. 그리고 주님이 우리를 사랑하신 것처럼 그 사랑으로 이웃을 사랑할 때 희생과 수고가 뒤따르는 것입니다. 그러나 이것은 고통이 아니라 기쁨입니다. 무엇을 바라고 베푸는 사랑이 아닙니다. 내가 쓸 것이지만 이웃의 필요를 위해 아낌없이 희생하는 것이 바로 베풂입니다. [도움말씀] 요일 4:10

말씀실천하기

1. 내가 강도 만난 사람을 보았다면 어떻게 했을 것 같습니까?
2. 내가 이번 주에 꼭 베풂을 실천할 대상이 누구인지 생각해 봅시다.

합심기도하기

1. 이웃에게 베풀 수 있는 마음을 주옵소서.
2. 무엇을 받기보다는 베푸는 것을 기뻐하는 믿음을 주옵소서.

♥ 금주의 실천사항을 한가지씩 적어보세요.

♥ 다음예배는 (   ) 에서 (   )월 (   )일 (   )시 (   )분

44 | 베풂에는 보상이 없다!

이룸목표 : 선을 통하여 베풂의 성품을 실천한다.
삶속에서 베풂을 구체적으로 실천한다.

성품 / 베풂

사도신경 / 다같이
찬송 / 458장(통513)
기도 / 회원 중
말씀 / 마 25:31-46
· 새길말씀 – 마 25:40
헌금찬송 / 455장(통507)
헌금기도 / 회원 중
주기도문 / 다같이

베풂이란?

베풂은 보상을 바라는 동기없이 다른 사람의 기본 필요를 채워주는 것이다.

반대말 / 이기심

말씀 살펴보기

· 마지막 심판할 때 인자가 사람들을 어떻게 구분하였습니까?(31-33절)
· 오른 편에 있는 사람들에 주신 상급은 무엇입니까?(34절)
· 양의 편에 있는 사람들이 무엇 때문에 오른 편에 서게 되었습니까?(35-36절)
· 누구에게 한 것이 하나님께 한 것이라고 하셨습니까?(40절)

말씀나누기

예수님은 마지막 심판 때를 양과 염소의 비유를 통해 말씀하셨습니다. 여기에서 양은 지극히 작은 자에게 선을 베푼 사람, 염소는 선을 베풀지 않은 사람을 의미합니다. 마지막 때 왼편에 있는 자들은 심판을 받습니다. 심판의 기준은 이처럼 양과 염소의 비유같이 소외되고 어려움을 겪는 이웃에게 선을 베푼 여부에 따라 결정됩니다. 하나님이 우리에게 주신 열 번째 계명을 적극적으로 실천하는 길은 이웃에게 사랑을 베푸는 것입니다. 베풂은 자선, 구제, 나눔 등 하나님이 맡기신 은사나 재능, 그리고 물질을 하나님의 영광을 위해 아낌없이 사용하는 것입니다. 사도바울은 "도적질하는 자는 다시 도적질하지 말고 돌이켜 빈궁한 자에게 구제할 것이 있기 위하여 제 손으로 수고하여 선한 일을 하라"고 하였습니다. 하나님이 원하시는 진정한 이웃사랑은 이웃의 것을 탐하지 않는 것은 물론 더 나아가 어려운 이웃을 살피며 적극적으로 선을 베푸는 데까지 나아가는 것입니다. 본문의 말씀을 통해 베풂의 교훈이 무엇인지 살펴봅시다.

1. 우리가 베풀 때 하나님의 사랑이 전해집니다(35-36절)

양의 편에 서 있는 사람들의 선행은 형제 중 지극히 작은 자에게 베풂을 실천한 것입니다. "내가 주릴 때에 너희가 먹을 것을 주었고 목마를 때에 마시게 하였고 나그네 되었을 때에 영접하였고 헐벗었을 때에 옷을 입혔고 병들었을 때에 돌보았고 옥에 갇혔을 때에 와서 보았느니라"(35-37절)고 말씀하셨습니다. 예수님의 이름으로 나아가 소외된 이웃을 베풂을 실천할 때 보이지 않는 하나님의 사랑이 전해집니다. 사랑은 말로만 하는 것이 아니라 행동으로 하는 것입니다. 작은 것부터 실천해야 합니다. 마음과 달리 잘 베풀지 못하는 이유는 너무 작다고 생각하거나 나중에 큰 것을 베풀겠다는 생각 때문입니다. 성경에서 말하는 베풂은 따뜻한 말 한마디, 물 한잔의 나눔도 포함됩니다. 이런 작은 베풂을 통해 하나님의 사랑이 이웃에게 전해지게 됩니다. 하나님의 사랑이 전해진 곳에서는 큰 역사가 나타납니다.

[도움말씀] 살전 1:3

2. 우리가 베풀 때 하나님이 받으십니다(37-40절)

40절에 보면 "임금이 대답하여 이르시되 내가 진실로 너희에게 이르노니 너희가 여기 내 형제 중에 지극히 작은 자 하나에게 한 것이 곧 내게 한 것이니라"라고 하였습니다.

베풂 자체가 하나님의 말씀이기 때문에 실천하지만 그것이 곧 하나님께 가까이 나아가는 것입니다. 그것을 통하여 하나님은 우리의 선을 기억하십니다.

한국은행 사서로 일하던 김흥용목사는 93년부터 모 선교회가 서울역에서 매주 목요일 개최하던 철야예배에서 "행려자들에게 숙식을 제공하는 곳은 있지만 마음놓고 씻을 수 있는 공간이 없다"는 말을 듣고 나사로의 집을 세우기로 결심했습니다. 그리고 그들을 위해 서울역 부근 동자동 11번지에 '나사로의 집'을 개원하였습니다. 규모는 그리 크지 않은 15평 남짓에 불과하지만 동시에 10명 정도 이용할 수 있는 샤워 시설과 이발실, 그리고 1시간 안에 건조까지 마칠 수 있는 현대식 빨래방 시설을 갖추어 행려자들의 위생과 불편함을 해결해 주었습니다. "지극히 작은 자에게 한 것이 곧 내게 한 것이니라"는 마태복음 25장 40절을 즐겨 암송한다는 김목사는 33년째 만성 신장결석증 환자로 오른쪽 콩팥을 떼어내고 86년 나머지 한쪽마저 3분의 2를 잘라 현재는 고혈압과 협심증까지 겹쳐 혈압이 270-280을 오르내리는 위험한 상황이지만 욕심을 버리고 오늘도 하나님을 섬기듯이 행려자들에게 사랑을 실천하고 있습니다.

[도움말씀] 마 6:4

3. 우리가 베풀 때 삶을 통해 복음이 전파됩니다

예수님을 만난 삭개오는 이웃에게 베푸는 사람이 되었습니다. 탐심의 인생을 살았던 삭개오는 예수님을 만나 예수님의 사랑이 전해지면서 자기 안에 사랑의 베풂이 살아났습니다. 남보다 더 소유해야 행복하다고 생각했던 삭개오는 예수님을 만난 후 삶의 우선순위가 변화된 것입니다.

탐심으로 만족을 추구하며 살았던 지난날의 죄악을 회개하고 주님을 영접한 후 베푸는 삶으로 바뀌었습니다. 세상의 가치관은 삶의 우선순위가 물질에 맞춰져 있으므로 오로지 움켜쥐려고 하지만 기독교의 가치관은 삶의 우선순위가 하나님의 사랑에 맞춰져있으므로 이웃에게 베푸는 것을 소중하게 생각합니다. 나만 생각하고 내 욕망을 채우면 만족할 거라 생각하고 옛사람은 그 어떤 것도 이웃에게 베풀 수 없었지만 예수 그리스도를 통해 하나님의 사랑을 만났을 때 비로소 우리 안에 있는 탐심을 내려놓게 됩니다. 또 이웃과 함께 나누는 삶이야말로 진정한 행복인 것을 깨닫게 됩니다. 그리고 우리가 이웃사랑을 실천할 때 비로소 복음이 삶을 통해 이웃에게 전해집니다.

[도움말씀] 요 3:17

말씀실천하기
1. 지난 한 주간 동안 느꼈던 베풂의 의미와 이유를 말해보고 실천했던 베풂의 방법들을 나누어봅시다.
2. 내 주변에 지금 나의 도움이 필요한 이웃이 있다면 어떤 사람입니까? 구체적으로 그들을 어떻게 도울 수 있을까요?

합심기도하기
1. 소외된 이웃의 아픔을 돌아보게 하시고 실제적으로 이웃에게 베풂을 실천하는 자가 되게 하소서.
2. 주님처럼 이웃의 영혼을 구원하는 데까지 나아가게 하소서.

♥ 금주의 실천사항을 한가지씩 적어보세요.

♥ 다음예배는 (   ) 에서 (   )월 (   )일 (   )시 (   )분

45 | 계산하지 말라!

이룸목표 : 후함의 정의를 배운다.
진정한 후함이 무엇인가를 배우고 후함의 방법을 배운다.

성품 / 후함

사도신경 / 다같이
찬송 / 502장(통259)
기도 / 회원 중
말씀 / 창 18:1-15
· 새길말씀 - 창 18:8
헌금찬송 / 370장(통455)
헌금기도 / 회원 중
주기도문 / 다같이

후함이란?

후함은 하나님이
우리에게 맡겨주신
자원을 지혜롭게
재투자하여 하나님의
성품을 나타내는 것이다.

반대말 / 인색함

말씀 살펴보기

· 아브라함이 나그네를 어떠한 자세로 영접 했습니까?(2-8절)
· 하나님의 사자가 아브라함에게 준 약속은 무엇입니까?(10절)
· 불가능하다고 말할 때 하나님의 사자가 하신 말씀은 무엇입니까?(14절)

말씀나누기

아브라함은 부지 중에 나그네를 대접하는 가운데 천사들을 대접하는 축복의 기회를 얻었습니다. 여기서 '부지 중'이라는 말은 '알지 못하고 행했다'라는 뜻입니다. 아브라함이 일상적으로 지나가는 나그네를 대접하였는데 그가 바로 천사였다는 것입니다. 아브라함은 이러한 선을 통해 자신의 갈급했던 문제를 해결 받았습니다. 그것은 그토록 기다렸던 아들에 대한 약속이 실제적으로 이루어진 것입니다. 100세가 다 된 아브라함에게는 하나님의 넘치는 은혜였습니다. 이때 낳은 아들이 바로 '웃음'이라는 뜻을 가진 이삭입니다. 아브라함의 베풂은 자기 유익을 계산하지 않고 인색함 없는 후한 대접이었습니다. 진정한 후함은 진실된 마음으로 내 이웃을 내 몸과 같이 사랑하라는 십계명을 실천하는 것입니다.

이 계명은 하나님을 실제적으로 사랑하는 증거입니다. 하나님의 계명은 깨어진 관계를 회복시키는 실제적인 방법입니다. 깨어진 관계를 회복하기 위해 지난 과에서 우리는 만족하는 삶의 성품과 적극적으로 베푸는 삶의 성품을 살펴보았습니다.

이번 과에서는 하나님의 사랑으로 베풀되 어떠한 자세로 베풀어야 하는지에 대하여 후함의 성품을 배우고 실천할 것입니다. 이로써 "네 이웃의 집을 탐내지 말라"는 계명을 주신 하나님의 뜻을 분명하게 알게 될 것이며 온전한 성결과 완전한 회복의 기쁨을 누리게 될 것입니다.

1. 후함이란 무엇일까요?

후함은 일반적으로 '마음 자세나 태도가 너그럽다'는 의미를 갖고 있습니다. 구체적인 의미는 '내 자원을 지혜롭게 관리하여 다른 사람의 필요를 채워주는 것'입니다. 여기서 내 자원이란 내가 소유하고 있는 재능, 물질, 지식, 건강, 시간 등을 의미합니다. 자원은 본래 하나님의 것이므로 하나님의 목적에 따라 바르게 사용해야 합니다. 그러므로 내게 주어진 모든 것이 하나님의 것임을 알고 고백하며, 하나님의 뜻에 따라 후함의 성품을 실천해야 합니다.

[도움말씀] 벧전 4:10

2. 왜 후함을 실천해야 할까요?

후함은 내게서 하나님의 은혜가 흘러넘치는 것입니다. 내게 주어진 하나님의 은혜가 나로 인해서 또 다른 사람에게 흘러가고 함께 기뻐하며 만족하는 상태를 의미합니다. 아브라함은 햇볕이 뜨거울 대낮에 장막문에 앉아 있다가 지나가는 나그네를 영접하여 대접하였습니다. 이러한 적극적인 후함이 하나님을 감동시켰고, 하나님의 큰 은혜를 받게 됩니다. 그렇게 바라던 아들에 대한 약속이 구체적으로 이루어졌고, 앞으로 있을 소돔성에 대한 하나님의 심판에 대한 비밀도 가르쳐주셨습니다. 다시 말하면 하나님과 친밀한 교제가 이루어졌다는 것입니다. 후함은 나를 넘어서 이웃의 필요를 채워주고 이웃과 함께 기뻐하는 것입니다.

교회는 주님의 사랑을 체험한 구원받는 그리스도인들의 공동체입니다. 그러므로 초대교회는 교회 안에서 물건을 서로 나누어 쓰며 아낌없이 형제를 위해 자기 것을 내어 놓았습니다. 바나바 같은 사람은 자기의 기업인 밭을 팔아 드렸다고 하였습니다(행 4:37). 이처럼 내게 소중한 물질을 주님 앞에 드려 어려운 이웃들을 돌본다는 것은 그 속에 하나님의 사랑이 충만하기 때문입니다. 우리가 교회 안에서 이웃에게 선을 베푼다고 하면서 다투고 시험에 드는 것은 진심이 결여된 채 남에게 보여지기 위한 사랑에 머물기 때문입니다. 우리의 베풂이 후함으로 나아가기 위해서는 우리가 하나님의 충만한 사랑을 체험해야 합니다. 하나님의 사랑이 내안에 충만할 때 비로소 후함이 나를 통해서 이웃에게 흘러가는 것입니다.

[도움말씀] 마 5:44

3. 어떻게 후함을 실천할 수 있습니까?

첫째, 계산하지 않는 사랑으로 충만해야 합니다

만약 아브라함이 자기 유익을 계산하면서 나그네를 대했다면 아마 쳐다보지도 않든지, 아니면 상대방의 필요를 이용해서 자기 유익을 꾀하려고 했을 것입니다. 그러나 아브라함은 전혀 그런 이기적인 계산이 없었습니다. 단지 피곤에 지친 나그네를 대접하는 것이야말로 하나님을 사랑하는 방법이라고 생각했을 것입니다. 대부분의 사람들은 어떤 일을 할 때 먼저 나에게 유익한가를 따지고 유익하면 선택하고 손해가 된다 싶으면 뒤로 물러섭니다. 신앙적인 문제까지도 물질적인 유익 앞에 힘없이 무너지고 세상과 타협하는 것을 쉽게 찾아볼 수 있습니다. 이러한 이기심은 지금 당장은 나에게 유익한 것 같지만 실상은 나를 탐욕의 노예로 만드는 불행의 씨앗인 것입니다.

[도움말씀] 갈 5:24

둘째, 멈추지 않는 사랑으로 실천해야 합니다

후함의 본질은 사랑입니다. 우리는 하나님의 끝없는 사랑을 받았고 지금도 받고 있습니다. 그러므로 우리는 마땅히 이웃을 사랑해야 합니다. 그 사랑의 실천이 바로 후함입니다. 오늘 본문에 아브라함이 아무런 조건 없이 나그네를 극진하게 대접한 것처럼 구원받은 우리가 빚진 자의 심정으로 이웃을 대접하고 섬기며 이웃의 필요를 채워주어야 합니다. 옥합을 깨어 예수님께 아낌없이 부어드렸던 마리아처럼 우리도 주님을 사랑하는 마음으로 헌신하고 주님의 그 사랑으로 이웃을 사랑할 때 진정한 행복이 내게 임합니다.

[도움말씀] 히 13:1,2

셋째, 종의 자세로 사랑을 실천해야 합니다

나그네를 영접하는 아브라함의 자세는 실로 겸손한 종의 자세였습니다. 2절에 보면 "장막문에 달려 나와 영접하며 몸을 땅에 굽혀"라고 했습니다. 몸을 땅에 굽혀서 영접하는 자세는 종의 자세입니다. 자기와는 아무 관계도 없는 지나가는 나그네임에도 불구하고 그는 주인을 섬기는 것처럼 땅에 엎드려 인사를 했습니다. 이처럼 진정한 후함은 교만하지 않고 주님이 나를 섬겼듯이 나도 이웃을 섬기는 종의 자세를 취하는 것입니다. 이때 주님이 주시는 힘으로 섬기는 것처럼 결코 나를 드러내지 않고 주께 하듯 끝까지 겸손의 자세를 잃지 않아야 합니다. 그렇게 내가 낮아질 때 주님의 능력이 내게 임하여 힘 있게 섬길 수 있는 것입니다. [도움말씀] 빌 2:6

말씀실천하기

1. 지금까지 지내오면서 이웃에 대한 나의 후함을 이야기한다면 무엇을 이야기하겠습니까?
2. 내가 너무 조건적으로 후함을 실천하고 있지는 않습니까?

합심기도하기

1. 계산하지 않고 무조건 후함을 베풀 수 있는 마음을 주옵소서.
2. 내게 있는 이기심을 다 버리고 후함으로 이웃사랑을 실천하게 하소서.

♥ 금주의 실천사항을 한가지씩 적어보세요.

♥ 다음예배는 (   ) 에서 (   )월 (   )일 (   )시 (   )분

온유의 성품을 소개합니다

溫柔

온유함으로 복음을 전하십시오.

온유함은 나약함이 아닙니다. 인내할 줄 알고, 남과 화평할 수 있는 부드러움과 따뜻함, 담대함과 섬세함이 조화된 절제된 강함입니다. 오랜 인내를 통해 형성된 힘이며, 결코 포기하지 않는 눈부신 끈기가 온유함입니다. 그래서 온유한 사람은 기다릴 줄 알고 기다리면서 준비하며 소중한 기회를 보고 붙잡을 수 있는 힘이 있기에 결국 승리하게 됩니다. 온유함은 따뜻함과 부드러움, 인내, 예의 바름, 담대함과 섬세함 등이 조화된 외유내강의 성품입니다.

온유의 습관을 형성하는 원리

따뜻한 성품을 가질 때 온유해집니다.
부드러운 성품을 가질 때 온유해집니다.
인내하는 성품을 가질 때 온유해집니다.
예의 바른 성품을 가질 때 온유해집니다.

46 | 넘치도록 대접하라!

이룰목표 : 후함의 성품을 갈망한다.
삶 속에서 후함을 구체적으로 적용한다.

성품 / 후함

사도신경 / 다같이
찬송 / 28장(통28)
기도 / 회원 중
말씀 / 눅 6:27-38
· 새길말씀 – 눅 6:38
헌금찬송 / 384장(통434)
헌금기도 / 회원 중
주기도문 / 다같이

후함이란?

후함은 하나님이
우리에게 맡겨주신
자원을 지혜롭게
재투자하여 하나님의
성품을 나타내는 것이다.

반대말 / 인색함

말씀 살펴보기

· 적극적인 사랑의 실천은 어떻게 하는 것입니까?(27-29절)
· 예수님이 가르치신 사랑은 구체적으로 어떻게 하는 것입니까?(35절)
· 원수를 사랑하고 선대하는 자에게 주시는 복은 무엇입니까?(36절)
· 주는 자에게 주시는 하나님의 약속은 무엇입니까?(37절)

말씀나누기

　예수님은 제자들이 세상에 나가서 복음을 전할 때 반드시 핍박이 따른다고 말씀하셨습니다. 그때 그 핍박하는 자들을 미워하며 대적할 게 아니라 오히려 사랑으로 선대하며 그들을 축복하고 그들을 위해 기도하라고 하셨습니다. 주님이 말씀하시는 아가페 사랑은 대상에 제한이 없는 무조건적인 사랑입니다. 왜냐하면 사랑 자체가 바로 하나님이시며 그 하나님의 사랑을 우리에게 보여주신 분이 바로 예수 그리스도이기 때문입니다. 그러므로 예수 그리스도를 믿는 것은 그분을 닮아가는 것입니다. 우리는 예수님을 닮아 내 이웃을 사랑해야 합니다. 후함에 대한 예수님의 가르침을 든다면 "원수까지도 사랑하라"는 것입니다.

1. 원수까지도 축복할 수 있습니다

예수님은 나를 저주하고 때리며 겉옷까지 빼앗는 자들을 위해서 후함을 실천하라고 말씀하셨습니다. 영적인 관점에서 후함은 그들을 불쌍히 여기는 것입니다. 예수님은 하나님을 모르고, 거부하고 대적했던 원수들을 위해 기도하시며 끝까지 사랑하셨습니다. 로마서 5장 8절에서 "우리가 아직 죄인 되었을 때에 그리스도께서 우리를 위하여 죽으심으로 하나님께서 우리에 대한 자기의 사랑을 확증하셨느니라"고 말씀하셨습니다. 이처럼 우리가 죄인 되었을 때도 여전히 사랑하셔서 우리를 죄에서 구원해주셨습니다. 그러므로 우리가 그 사랑으로 충만해질 때 원수까지도 불쌍히 여기고 그들을 위해 기도할 수 있습니다. 그러기 위해서 우리는 자신의 한계를 넘어서 주님의 사랑 안에 거해야 합니다. 그 사랑이 우리 안에 가득하면 아무리 우리를 미워하고 시기해도 그를 불쌍히 여기고 사랑으로 품게 됩니다.

[도움말씀] 롬 12:19

2. 기쁨으로 대접할 수 있습니다

초대교회는 모일 때마다 자기의 음식을 가지고 와서 함께 나누며 교제했습니다. 그래서 교회는 진정으로 사랑의 공동체가 되어 모든 물건을 통용하며 또 재산과 소유를 팔아 각 사람의 필요에 따라 나눠주며 날마다 마음을 같이 하여 성전에 모이기를 힘쓰고 집에서 교제의 떡을 떼며 기쁨과 순전한 마음으로 음식을 먹었습니다. 그 때 억지로 하거나 인색함으로 하지 않고 자원함과 넉넉함으로 행하였습니다. 교회는 이처럼 주님의 가르침 대로 섬기며 서로 대접하는 사랑의 공동체입니다. 우리의 옛사람은 언제나 대접받고

자 하는 마음이 있습니다. 그러나 우리 안에 새사람은 예수님처럼 종의 도를 실천하며 섬김의 기쁨을 누리고자 하는 것입니다. 이처럼 예수님의 사랑이 내 안에 충만할 때 이웃의 필요를 먼저 생각하며 자원하는 마음으로 그것을 채우려는 마음을 갖게 됩니다.

[도움말씀] 딤전 5:10

3. 넘치는 축복을 만날 수 있습니다

우리가 하나님의 말씀을 순종할 때 하나님의 넘치는 축복이 약속되어 있습니다. 하나님은 심은 대로 거두게 하시는 분이십니다. 그리하여 더 많은 사람에게 나눌 수 있도록 더욱 풍성히 주시며 그로 인해 도움을 받은 사람들은 하나님께 감사하는 마음을 갖게 됩니다. 구약시대에 사르밧과부는 선지자 엘리야를 통해 주시는 하나님의 말씀을 듣고 순종했을 때 밀가루와 기름이 떨어지지 않는 후함의 복을 받았습니다(왕상 17장). 그리고 수넴여인은 엘리사를 잘 대접하고 섬긴 결과 죽었던 아들이 다시 살아나는 기적을 체험했습니다(왕하 4장). 사도바울도 "우리가 선을 행하되 낙심하지 말지니 포기하지 아니하면 때가 이르매 거두리라"(갈 6:9)고 말씀하셨습니다. 그러므로 믿음으로 하나님의 말씀을 따라 이웃을 사랑하고 섬길 때 반드시 하나님의 약속하신 차고 넘치는 복을 누리게 되는 것입니다.

[도움말씀] 시 23:5

말씀실천하기

1. 나의 성품은 받는 것을 좋아합니까? 주는 것을 좋아합니까?
2. 하나님이 나에게 무엇인가 주라는 감동을 주셨을 때 어떻게 반응했습니까?

합심기도하기

1. 받는 기쁨보다 주는 기쁨이 더 크다는 것을 알게 하시고 주는 자가 되게 하소서.
2. 나눔을 통해 이웃과 함께하는 삶을 살게 하시고 주님이 다 쏟아부어주신 것처럼 나도 이웃에게 사랑을 실천하게 하소서.

♥ 금주의 실천사항을 한가지씩 적어보세요.

♥ 다음예배는 (   ) 에서 (   )월 (   )일 (   )시 (   )분

17 | 용서하라 반드시 회복된다

이룸목표 : 용서를 왜 해야만 하는지 알고 실천한다.
용서를 통해 얻는 유익이 무엇인지 안다.

성품실천

사도신경 / 다같이
찬송 / 488장(통488)
기도 / 회원 중
말씀 / 엡 4:32
· 새길말씀 – 엡 4:32
헌금찬송 / 352장(통390)
헌금기도 / 회원 중
주기도문 / 다같이

"지혜로운 사람은 용서하기를 서두르는데 그 이유는 시간의 진정한 가치를 알고, 불필요한 고통으로 지내지 않을 것을 알기 때문이다."
-Samuel Johnson-

말씀 살펴보기

· 상대방을 용서함으로 자기 신앙이 한 단계 성숙해졌던 경험이 있나요?
· 내면의 평화가 깨지는 이유가 무엇일까요?
· 아직도 용서하지 못해 괴로운 사람이 있나요?

말씀 나누기

한 해를 마무리하며 용서에 대하여 공부할 것입니다. 용서란 하나님과 사람사이의 관계 회복은 물론 사람과 사람사이의 관계도 새롭게 하는 놀라운 능력을 지니고 있습니다. 그런데 우리가 하나님으로부터 받은 용서는 사실은 주님의 목숨과 맞바꾼 것이기에 우리도 주님의 고난에 동참해야 함을 의미합니다. 따라서 그리스도인은 자연히 다른 사람에 대한 용서의 삶을 살아야합니다. 그런데 많은 사람들이 '시간이 약'이라고 말하며 용서보다는 과거의 쓰라린 기억을 잊어버림으로 문제를 해결하려 하는데 그것은 사실 과거의 상처를 깊이 가둬두고 관계를 더 나빠지게 하는 것일 뿐 문제의 해결책은 되지 못합니다.

용서는 화해와도 다르고 또한 무조건 참는 것과도 다릅니다. 상처받은 감정의 찌꺼기를 덮어버리게 되면 그 상처는 분노가 되어 마음속에 잠재된 채 폭발할 날만을 기다리게 됩니다. 용서는 또한 상대방의 잘못을 무조건 눈감아주는 것도 아닙니다.

진정한 용서는 그 과정에 진통이 따릅니다. 그 과정을 용기 있게 통과한 후에 비로소 용서가 주는 참 기쁨에 참여할 수 있습니다. 따라서 그리스도인은 그 대상이 가족이든 아니면 가까운 이웃이든 과거에 고통을 안겨준 사람들을 용서하라는 성령의 이끄심에 순종해야 합니다. 그럴 때 내면의 평화가 회복되어 하나님 앞에 자신있게 나갈 수 있습니다.

1. 용서가 왜 중요할까요?

많은 사람들이 하나님을 만나고 싶어합니다. 그래서 열심히 기도하고 말씀을 듣고 묵상합니다. 그러나 오랫동안 교회를 다녔어도 하나님을 만났다는 사람보다 하나님에 대해 잘 모르겠다고 자신없어 하는 사람들이 더 많습니다. 교회를 오래 다니신 권사님, 집사님 중에서도 하나님에 관하여 자신없어 하는 모습을 보게 됩니다. 그렇다면 하나님을 만난다는 것은 무슨 뜻일까요? 하나님은 사랑이십니다.

하나님을 만난다는 것은 내가 하나님의 사랑의 흐름을 느낄 때를 의미합니다. 사랑을 흘려보내시는 성령으로 말미암아 하나님의 사랑이 우리의 마음에 부은바 되었을 때 비로소 그 사랑을 느끼게 되는 것입니다. "우리에게 주신 성령으로 말미암아 하나님의 사랑이 우리 마음에 부은바 됨이니"(롬 5:5). 우리 마음이 어떠한 상태에 있든지 상관없이 동정심과 하나님의 사랑의 흐름이 우리 삶 가운데로 이렇게 들어옵니다. 이것은 자신도 모르는 사이에 순간적이고 초자연적으로 우리 가슴에 심겨져서 우리 안에 채워집니다. 그리고 우리에게서 각 사람에게로 흘러갑니다. 이것이 확실히 하나님을 만나는 과정입니다. 당신이 이 사랑을 느낄 때면 당신은 이미 하나님을 만난 사람이라 할 수 있습니다. 왜냐하면 하나님은 사랑이시기 때문입니다.

사랑을 흘려보내는 성령께서 우리 안에 계속해서 말과 행동으로 사랑을 흘려보내시는 것처럼 그 상태가 바로 '성결' 입니다. 우리 교회는 이러한 하나님의 사랑을 힘써 채우고 힘써 흘려보내는 일에 최선을 다해야 합니다. 이 사랑이 흘러갈 때 하나님의 역사들을 경험하게 될 것입니다. 하나님을 만나기 위해 가장 먼저 해야 할 일은 부모님과 가족 그리고 이웃을 용서하고 또 용서를 구하는 일입니다. 왜냐하면 용서하거나 용서를 구하지 않는 미움과 분노, 불평이 있는 곳에는 하나님의 사랑이 채워지지 않기 때문입니다. 사람은 누구나 용서받아야 할 때 용서받아야 하고 용서해야 할 때 용서해야 합니다. 그때 마음의 평화가 있습니다. 그런데 사람들은 용서를 잘하지 못합니다. 용서가 잘 되지 않습니다. 용서는 죄인인 인간의 성품이 아니기 때문입니다. 인간의 원천적인 성품에는 미움과 갈등과 분노가 있을 뿐입니다.

2. 용서는 하나님의 성품입니다

진정한 용서는 하나님의 것입니다. 용서는 하나님 아버지를 모신 거듭난 그리스도인에게서만 발견되는 독특한 하나님의 성품입니다. 그래서 많은 사람들이 용서받기를 원하고 용서하기를 원하지만 실제로는 잘 되지 않는 것입니다. 세상에서 제일 큰 능력은 용서의 능력입니다. 용서처럼 큰 능력은 없습니다. 주님은 십자가에서 자신에게 침을 뱉고 창으로 찌르는 사람들을 향해 말씀하셨습니다. "아버지여 저희를 사하여 주옵소서. 자기의 하는 것을 알지 못함이니이다"(눅23:34) 이 용서의 기도가 나의 마음과 더 나아가 우리 가정과 사회 그리고 교회를 회복시킬 수 있는 원리입니다. 우리 가정을 복되게 하는 비결입니다. 죄 많고 부정부패가 판치는 혼탁한 이 세상을 용서하기로 결정하면 비로소 우리는 자유함을 누리게 됩니다.

　부모나 형제 그리고 주변의 사람들에게 상처가 있거나 나를 고통스럽게 했다는 이유로 마음을 닫고 분노하며 살아가고 있는 사람이 있다면 이제 그 닫힌 마음에 예수의 사랑을 채워야 합니다. 사랑이 차올라 넘치면 예수님이 나를 사랑하신 그 사랑 때문에 부모님과 가족, 그리고 친구를 용서하고 용서를 구할 때 그 사랑이 나를 담대하게 하고 기뻐하도록 도우시는 은혜와 능력을 경험하게 될 것입니다.
　사람 사는 곳에는 항상 상처와 분노와 불평 그리고 섭섭함이 존재하기 마련입니다. 이는 사탄이 사랑이 흘러가지 못하도록 방해하고 속이기 때문입니다. 그러나 주님의 사랑이 흘러넘치면 용서하고 용서를 구하게 되어 그 관계가 회복되고 그 사랑으로 아름다운 가정으로 변화되고 아름다운 관계로 회복하게 됩니다.
　주님은 어떠한 상황에서도 용서하고 용서를 구하라고 말씀하십니다. 그것은 나의 영혼을 주님의 사랑이 흘러가는 깨끗한 그릇으로 준비시키기 위한 하나님의 뜻이 담겨 있기 때문입니다. 우리의 성품의 그릇에 사랑이 채워지지 못하게 하는 가장 큰 방해와 속임은 미움, 불평, 불만, 섭섭함으로 찾아오는 원망의 마음입니다. 도저히 용서할 수 없을 것 같지만 주님의 사랑이 내 마음에 차오르면 우리를 담대하게 하셔서 도우십니다. 사랑을 채우시는 성령님께 맡기고 의지해 보십시오.
　용서의 회복을 통해 새롭게 맞이 할 새해는 더 큰 주님의 사랑의 능력을 함께 경험하도록 합시다.

말씀 실천하기
용서를 구해야 하거나 용서해 주어야 했는데 아직 결정하지 못한 경우가 있다면 이 시간 하나님의 사랑이 내 안에 흘러넘쳐 용서가 내 영혼에 충만히 깃들기를 위해 기도하는 마음으로 용서하는 또는 용서를 구하는 편지를 써봅시다.

합심기도하기

　상처로 인한 분노와 미움의 감정으로부터 벗어날 수 있는 유일한 방법은 상처를 주었다고 생각하는 사람을 용서하는 것입니다. 용서하기 위해 상처를 준 사람들의 이름을 떠올리면서 이렇게 기도 해보십시오.

"주님, 저는 저에게 상처를 준 ○○○을(를)
용서하기로 결심했습니다.
그래서 주님께 제 마음속에 숨어있는
나쁜 감정과 기억들을 모두 맡겨드립니다.
주님께서 대신 고쳐주시옵소서."

♥ 금주의 실천사항을 한가지씩 적어보세요.

♥ 다음예배는 (　　　　) 에서 (　)월 (　)일 (　)시 (　)분

48 | 명절과 큰 계명들

이룸목표 : 명절에 기억할 하나님의 말씀을 생각해본다.
성도들이 찾아갈 진정한 고향은 어디인가 살펴본다.

신년

사도신경 / 다같이
찬송 / 559장(통305)
기도 / 회원 중
말씀 / 마 22:34-40
 · 새길말씀 - 마 22:37-40
헌금찬송 / 28장(통28)
헌금기도 / 회원 중
주기도문 / 다같이

부모는 그들의 삶으로
자녀들에게 유산을
남깁니다.
이 유산이 자녀들의
인생을 결정합니다.

말씀 살펴보기

· 부모님을 찾아뵙고 가족을 만나는 기쁨보다 먼저 사랑해야 할 대상은 누구입니까?(37절)
· 부모님과 형제자매 외에 우리가 사랑해야 할 대상은 누구입니까?(39절)
· 우리 이웃의 범위는 어디까지입니까?(마 5:43-44절)

말씀 나누기

자기가 태어난 고향을 찾는 본능은 연어가 최고입니다. 수 천리의 바닷길을 거슬러 올라와 자신이 태어난 하천으로 산란하기 위하여 되돌아오는데 앞세대가 회귀하여 온 날짜와 거의 일치하는 날짜에 모천으로 돌아오고 있습니다.

음력으로 새해가 시작되는 설을 맞으며 많은 사람들이 자기가 태어난 고향으로, 부모님이 계신 고향집을 찾아 여행길에 오릅니다. 눈이 내려 빙판길이 되어도, 도로가 주차장이 되다시피 정체되어도 고향 길을 막지 못합니다.

고향을 찾는 명절을 맞아 기억해야 할 큰 계명이 있습니다. 먼저 하나님을 사랑하는 것입니다.

1. 먼저 하나님의 의와 그 나라를 구해야 합니다(마 6:33)

첫째, 명절을 지키는 것보다 귀한 일이 주일을 성수하는 일입니다(시 84:10). 주일에 주님의 전에 나와 예배드리는 일과, 고향을 찾아 부모님께 인사하고 가족들을 만나는 일 중 어느 것이 중요합니까? 주일은 다음 주일도 또 있으나 설은 일 년에 한 번밖에 없으니 고향에 가는 일이 우선일까요?

그런데 성경은 주의 전에서 지내는 하루가 세상에서 지내는 천 날보다 낫다 했습니다. 즉 명절이나 어떤 중요한 행사가 있다 하더라도 주일을 주님 전에서 지키는 것이 세상에서의 천 날보다 낫다 하셨기에 주님 앞에 나옵니다. 고향에도 교회가 있다고요? 그러나 주일은 내가 등록한 내 교회에서 지키는 것이 원칙입니다. 명절과 주일이 겹치는 경우에 성도들이 명심해야 할 부분입니다.

명절에 고향을 찾게 되면 부모님께 효도하고, 고향교회도 찾아가 고마운 인사를 나누시기 바랍니다. 또 고향의 어르신들을 찾아뵙고 인사를 드림으로 성도들이 이웃을 사랑하는 표를 보이시기 바랍니다.

둘째, 먼저 찾아뵙고 경외해야 할 분이 하나님이십니다(시 24:5-6). 부모 형제를 만나는 일도 중요하고 기다려지는 일입니다. 그러나 가정을 주신 하나님께 감사하고 경배하는 일이 선행되어야 합니다. 사람을 기쁘게 하기에 앞서 하나님을 기쁘시게 하는 삶이 하나님의 자녀 된 그리스도인의 삶입니다(갈 1:10). 먼저 하나님을 구하여 찾는 사람이 하나님께 복을 받고 의롭다 인정함을 받습니다(시 24:5-6).

2. 더 나은 본향이 있음을 기억해야 합니다(출 20:2)

첫째, 하늘에 있는 본향입니다(히 11:16). 내가 태어나고 자란 곳, 부모님이 계신 곳을 고향이라 부르는데 땅에 있는 고향은 영원한 본향이 아닙니다. 우리의 영원한 본향은 하늘에 있습니다. 하나님 아버지께서 계신 집 천국이 우리가 찾아갈 고향이란 말입니다. 땅에 있는 본향을 찾기에 앞서 하나님께 나아와 경배하는 믿음을 가지고 삶의 우선순위를 지키는 사람들에게 하나님은 그들의 하나님 되심을 부끄러워 아니하시고 기뻐하신다고 했습니다.

둘째, 우리는 본향을 찾는 나그네요 외국인과 같습니다(히 11:13). 고향에 이르기까지의 길이 사납고 멀다 하여도 고향을 찾아 떠나는데 고향에 이르기까지는 여행자 즉 나그네들입니다. 마찬가지로 영원한 하늘 본향에 이르기까지 신자들은 땅에서 나그네요 외국인 같은 생활을 합니다. 길이 멀고 그 길이 어렵다 해도 언젠가는 고향에 이를 것을 기대하면서 본향을 찾아 발걸음을 옮겨가는 나그네들로 땅에 있는 고향이나 하늘에 있는 영원한 본향도 끝까지 잘 찾아 이를 수 있기 바랍니다.

3. 하나님보다 더 사랑하는 것은 우상숭배입니다(마 10:37)

첫째, 하나님을 제일로 사랑하고 경배해야 합니다(마 22:37). 부모를 공경하고 형제자매 또 자녀들을 사랑하는 것은 자연스러운 일입니다. 기독교는 효도의 종교입니다. "네 아버지와 어머니를 공경하라 이것은 약속이 있는 첫 계명이니 이로써 네가 잘 되고 땅에서 장수하리라"(엡 6:2-3) 약속하셨고 "네 부모를 즐겁게 하며 너를 낳은 어미를 기쁘게 하라"(잠 23:25)고 명령하고 계십니다. 하나님은 부모에게 효도하라고 명령하실 뿐 아니라 효도하는 자녀들에게 땅에서 잘 되고 장수하는 복까지 약속하셨습니다. 그러나 신자들은 부모님 공경에 앞서 먼저 하나님을 경외하고 가장 사랑해야 합니다. 하나님보다 더 사랑하는 사람이나 물건은 하나님의 영광을 가로채는 우상과 같습니다. 그래서 마음을 다하고 목숨을 다하고 뜻을 다하여 하나님을 사랑해야 한다고 예수님께서 가르치신 것입니다.

둘째, 부모님과 형제자매 그리고 이웃을 사랑해야 합니다(마 22:39). 고향을 찾아 부모님께 인사하고 동네 어른들을 찾아뵙는 일은 자녀들이 해야 할 마땅한 도리입니다. 그러나 하나님을 경외하는 일보다 사람을 사랑하는 일이 앞설 수는 없습니다. 먼저 아버지 하나님께 경배하는 자녀 된 도리를 다 한 후에 부모님과 이웃들에게 효도하며 사랑하는 것이 순서입니다. 그러므로 부모님을 사랑하되 살아계실 때 건강하실 때 찾아뵙고 좋은 것으로 대접하고 기쁘시게 함이 돌아가신 후 울며 음식을 차려 제사지내는 것보다 훨씬 더 큰 효도입니다.

결론

모든 계명을 지키다가 하나라도 어기면 모든 것을 범한 것이 된다고 하셨습니다(약 2:10). 오늘 하루쯤이야, 이것 하나쯤이야 하며 하나님의 법을 무시할 때 하나님의 계명 전체를 범하는 잘못을 저지르는 것입니다. 하나님 제일주의 신앙제일주의로 명절은 물론 날마다의 삶 속에서 하나님께 영광을 돌리고 복 받는 성도들이 되시기 바랍니다.

말씀 실천하기

1. 부모에게 효도하며 형제간의 우애있게 지내는지 진실하게 나눠봅시다.
2. 가난하고 외로운 이웃을 생각하며 사랑을 나눈 적이 있습니까?

합심 기도하기

1. 부모님과 형제간에 서운했고 미워하던 것을 내려놓고 사랑하도록.
2. 나를 어렵게 하고 미워하는 사람들까지 사랑하도록.

♥ 금주의 실천사항을 한가지씩 적어보세요.

♥ 다음예배는 (   ) (   )월 (   )일 (   )시 (   )분

49 | 빈 무덤

이룸목표: 예수님의 부활이 역사적인 사실임을 배운다.
성도들도 죽음을 이기고 승리할 것이라는 확신을 갖는다.

부활절

사도신경 / 다같이
찬송 / 160장(통150)
기도 / 회원 중
말씀 / 막 16:1-6
· 새길말씀 - 눅 24:5
헌금찬송 / 164장(통154)
헌금기도 / 회원 중
주기도문 / 다같이

믿음이란?

믿음은 주어진 상황 속에서 하나님의 뜻을 깨닫고 그 뜻에 맞게 행동하는 것이다.

말씀 살펴보기

· 예수님의 부활 약속을 믿은 사람이 있습니까?(1절)
· 여자들이 예수님의 무덤에 갈 때 걱정하던 일은 무엇입니까?(3절)
· 천사들이 여자들에게 한 말은 무엇입니까?(6절)

말씀 나누기

온 인류의 죄를 짊어지신 하나님의 어린양 예수님은 속죄의 제물이 되어 죽임을 당했습니다. 원수들은 승리감에 도취되었고 자기들의 승리를 확실케 하려고 무덤을 인봉하고 경비병들을 세워 예수님의 무덤을 지키게 했습니다.

제자들은 다 도망쳤고, 두려움과 슬픔 속에 안식일(토요일)이 지나고 있었습니다. 예수님의 운명과 장사까지 지켜보았던 여자들이 안식일을 기다리다가 안식 후 첫날(일요일 즉 주일) 새벽 아직 어두울 때 예수님의 무덤을 찾아갔습니다. 그런데 무덤 문을 막았던 돌이 굴려 있었고 예수님의 시체는 보이지 않았습니다. 빈 무덤이 그들을 기다리고 있었습니다.

1. 천사가 무덤 문을 막았던 돌을 굴렸습니다(3절, 마 28:2)

첫째, 그 돌은 여자들의 힘으로 굴릴 수 없는 심히 큰 돌이었습니다(4절). 새벽 아직 밝기 전에 여자들이 예수님의 몸에 바르기 위하여 사다 두었던 향품과 향유를 가지고 무덤으로 갔습니다. 가면서 무덤 입구를 막은 그 큰 돌을 어떻게 옮길까 걱정을 했는데(3절) 가보니 벌써 돌이 굴려져 있었습니다(4절). 하늘에서 천사가 내려와 돌을 굴려 내고 그 돌 위에 앉아 있었습니다. 큰 지진과 함께 빛나는 천사가 나타나자 경비를 서던 사람들은 놀라서 무서워 떨며 죽은 사람처럼 되었습니다. 여자들이 무덤에 왔을 때 이미 경비병들은 일어난 일을 상관들에게 알리러 떠난 다음이었습니다.

둘째, 빈 무덤임을 보이려고 돌을 굴린 것입니다(6절). 예수님이 나오시도록 돌문을 연 것이 아니라 빈 무덤을 확인시키려고 돌을 굴린 것입니다. 부활의 몸은 공간이나 시간의 제한을 받지 않기 때문에 무덤 문을 막은 돌을 옮기지 않아도 부활하신 예수님은 얼마든지 거기서 나오실 수 있습니다. 유대인들을 무서워하여 다락방에 모여 문들을 닫고 있던 제자들에게 예수님이 갑자기 나타나신 것처럼 공간적 제한을 받는 몸이 아니기에 무덤 문을 열어야 나오시는 분이 아닙니다.

나사로가 다시 살아났을 때는 무덤 문을 열어야 나올 수 있었습니다(요 11:39, 41). 부활의 첫 열매이신 예수님의 몸은 신령한 몸이셨으나(고전 15:23, 44) 나사로의 몸은 여전히 혈과 육을 가진 몸이었기에 무덤 문을 열지 않으면 나올 수 없었습니다. [도움말씀] 고전 15:23

2. 예수님의 빈 무덤은 약속의 성취를 확인시키는 것입니다(마 28:6)

무덤을 찾아온 여자들에게 천사가 이른 말은 "그가 여기 계시지 않고 주의 말씀하시던 대로 살아나셨느니라 와서 그의 누우셨던 곳을 보라"(마 28:6)라고 하였으니 이는 미리 말씀하신 대로 살아나신 것은 약속의 성취를 뜻합니다.

첫째, 구약 예언의 성취를 나타냅니다(시 16:10). 구약에 예수님의 부활을 예언한 구절들이 많은 가운데 다윗은 선지자인고로 예수님의 부활을 미리 예언한 일이 있습니다. 시편 16장 10절에서 "내 영혼을 음부에 버리지 아니하시며 주의 거룩한 자로 썩지 않게 하실 것임이니이다"라고 말했는데 이는 자기 자신에 대한 예언이 아닙니다. 오순절에 성령 충만을 받은 베드로가 설교한 내용대로 다윗은 죽어 장사되었고 그 묘가 그냥 땅에 있으나 그리스도는 음부에 버림이 되지 않고 그 육신이 썩음을 당하지 않으리라고 예수님의 부활을 미리 예언한 것입니다. 이 예언은 하나님이 그리스도를 죽음에서 일으키심으로 성취된 것입니다.

둘째, 예수님의 부활 약속이 성취된 것입니다(마 12:40, 17:23, 20:19). 제자들이 예수님을 하나님의 아들이요 죄에서 인류를 구원하신 그리스도이심을 믿고 신앙을 고백하자 그때부터 당신의 고난과 죽음 그리고 부활을 예언하셨습니다(마 16:21).

예수님은 여러 차례 당신이 유대교 종교지도자들에게 고난을 당하시고 죽임을 당할 것이나 제 삼일에 살아나실 것을 말씀하셨는데 삼일 되는 날 부활하심으로 그 약속을 이루셨습니다. 무덤을 찾았던 여인들이나 제자들까지도 부활을 믿지 못했지만 빈 무덤이 예수님의 부활을 증거하고, 부활하신 예수님이 친히 막달라 마리아와 제자들에게 나타나심으로 부활을 확인시켜 주셨습니다. 예수님의 말씀은 천지가 없어질지라도 일점일획이라도 변함없이 이루어질 것임을 다시 한번 확인하게 됩니다.

[도움말씀] 마 27:63

3. 빈 무덤은 마귀의 패배를 증명하는 것입니다(히 2:14)

첫째, 사망의 세력 잡은 마귀를 이기신 것을 증명합니다. 예수님의 출생으로부터 생애 전반에 걸쳐 예수님을 없애려던 마귀의 계략은 마침내 성공을 거둔 것처럼 보였습니다. 가룟 유다의 마음에 들어가 예수님을 팔 계획을 세우게 했고 종교 지도자들을 동원하여 예수님을 십자가에 못 박아 죽였기 때문입니다. 그러나 생명이 죽음에 매여 있을 수 없었습니다. 부활하심으로 사망의 권세를 가진 마귀를 정복하신 것입니다. 예수님의 죽으심과 부활은 사망에 대한 승리이며 마귀를 이기신 것을 나타냅니다(히 2:14-15).

둘째, 성도들도 사망을 호령하는 승리자가 되게 하시려는 뜻입니다. 예수님이 사망을 이기고 부활하신 것은 성도들에게 죽음은 끝이 아니라 새로운 삶으로 인도하는 시작이 됨을 보여주는 사건이었습니다. 몸을 떠나면 그리스도와 함께 있을 것을 알고(빌 1:23), 마지막 날 그리스도께서 재림하실 때 썩지 않는 영광스러운 몸으로 다시 살 것을 믿게 되었습니다. 불신자들은 죽기를 무서워함으로 일생에 매여 사망의 종노릇하지만 그리스도인들은 죽음을 두려워하지 않고 오히려 사망을 호령하는 승리자가 된 것입니다.

[도움말씀] 고전 15:55-57

결론

예수님의 탄생 때 천사가 소식을 전한 것처럼(눅 2:10) 예수님의 부활 때에도 천사가 부활을 증명해 보였습니다. 곧 빈 무덤을 보이며 예수께서 살아나셨고 거기 계시지 않음을 확인시켜 주었습니다.

성인의 무덤을 꾸미고 숭배하는 다른 종교와 달리 기독교는 부활과 생명의 종교이기에 예수님의 무덤은 비었습니다. 부활하셨기 때문입니다. 우리 또한 그리스도 안에서 부활의 소망을 갖게 되었습니다(고전 15:23). 재림의 날에 예수님처럼 영광의 몸, 신령한 몸으로 살게 되는 날을 기다리며 부활의 증인이 되고 복음 전하는 사명을 감당해야 하겠습니다. [도움말씀] 마 28:1-6

말씀 실천하기

1. 예수님의 부활을 역사적인 사실로 믿습니까? 사도신경의 고백을 나의 신앙고백으로 받아들입니까?
2. 성도들도 사망을 이기고 예수님께서 재림하실 때 부활하여 영생을 얻을 것으로 확신합니까?

합심 기도하기

1. 하나님의 말씀이 진리임을 믿고 이 말씀 위에 굳게 설 수 있도록.
2. 인생길을 가는 동안 어떤 고난과 핍박이 오더라도 마지막 날 부활의 영광과 함께 영생을 얻을 줄 믿고 날마다의 삶 속에 승리할 수 있도록.

♥ 금주의 실천사항을 한가지씩 적어보세요.

♥ 다음예배는 (   ) 에서 (   )월 (   )일 (   )시 (   )분

감사의 성품을 소개합니다

감사를 통해 풍성한 행복을 누리십시오.
감사는 우리가 받은 것을 받았다고 구체적으로 표현하는 것입니다.
하나님이 귀히 여기시는 감사는 믿음으로 드리는 감사입니다.
믿음으로 드리는 감사를 시작하면 우리 삶에 기적이 충만해집니다.
감사는 기적을 창조하는 능력입니다. 감사는 기적을 창조하는 원리입니다.
기적을 창조하는 재료는 이미 우리 안에, 예수님의 이름이라는 권세로 있습니다.
기적은 작은 일에서 시작한다는 것을 기억하십시오.
그리고 감사의 말, 믿음의 선언으로 기적을 창조하는 데 도전하십시오.

감사의 습관을 형성하는 원리

날마다 받을 복을 구체적으로 세어 보십시오.
살아 있다는 것 자체가 이미 복을 받은 것입니다.
우리에게 사랑을 베풀어 준 사람들에게 감사를 표현하십시오.
하나님께 받은 은혜를 감사일기에 기록하십시오.
모든 사건을 긍정적으로 해석함으로 감사를 표현하도록 하십시오.
"범사에 감사하라"는 말씀에 순종하십시오. 이해하려고 하지 말고 순종하십시오.

50 | 맥추절을 지키라

이룰목표 : 맥추절의 뜻을 안다.
하나님께 감사하고 늘 자족하는 삶을 살도록 한다.

맥추감사절

사도신경 / 다같이
찬송 / 587장(통306)
기도 / 회원 중
말씀 / 출 23:14-17
· 새길말씀 - 시 116:12
헌금찬송 / 591장(통310)
헌금기도 / 회원 중
주기도문 / 다같이

감사란?

감사는 하나님과 다른 사람들이 내 삶에 혜택을 준 것에 대하여 진심으로 고마움을 표현하는 것이다.

말씀 살펴보기

· 하나님의 백성들이 지켜야 할 절기는 몇 개입니까?(14절)
· 3대 절기 이름은 무엇입니까?(15-16절)
· 수고하여 밭에 뿌린 첫 열매를 거두며 감사하는 절기는 무엇입니까?(16절)

말씀 나누기

맥추절이란 '거두어 수확하는 절기'라는 뜻의 명절입니다. 하나님의 백성들이 지켜야 할 3대 절기 중 하나입니다.

3대 절기 중 유대 달력으로 정월 14일 저녁에 흠 없고 1년 된 수양을 잡아 이스라엘 백성들이 애굽의 종살이에서 해방된 날을 기념하는 절기입니다.

이날을 유월절이라 부르고 그로부터 한 주간동안 누룩 없는 떡을 먹으면서 하나님의 구속을 감사하는 것입니다. 또 하나의 절기는 수장절인데 팔레스타인 지역에서 가을에 포도와 올리브 등 과일의 수확이 끝나는 때 한 해의 추수가 무사히 끝난 것을 감사하는 명절입니다. 다른 말로는 초막절 또는 장막절이라 부릅니다. 이는 광야 40년의 방황을 회고하며 지붕 위에나 마당에 초막을 짓고 광야생활에서 하나님의 인도하심과 보호하심을 기억하며 체험하는 절기입니다.

맥추절은 양력 5-6월에 봄의 곡물을 추수하며 감사하는 절기이고, 수장절은 양력 9-10월 경 가을의 과일 추수를 끝내고 감사드리는 절기입니다.

1. 맥추절의 유래

첫째, 가나안에서 농사하여 거둔 첫 열매를 드림에서 유래합니다(신 26:1-11). 아브라함에게 하신 약속을 따라 하나님께서 이스라엘을 해방하신 날이 유월절인데 가나안에 들어가기까지 40년간 광야 길을 여행하는 동안에는 하늘 양식인 만나를 먹이셨습니다. 광야생활이 끝나고 이스라엘이 가나안에 정착하여 농사를 짓게 되었고 거둔 토지소산의 맏물 곧 첫 열매를 하나님께 드린 것이 맥추절의 기원입니다.

둘째, 보리 수확을 시작한지 7주간이 지나 지키는 절기입니다(출 34:22). 보리 수확을 시작해서 수확을 마치기까지 7주간 즉 7일을 일곱 번 지난 다음 맥추절을 지키며 맥추의 초실절을 감사함으로 지키는 것입니다.

[도움말씀] 시 24:1

2. 맥추절의 다른 이름들

관련 명칭 중 맥추절이란 말이 가장 오래된 명칭입니다(출 23:16). 후대에 칠칠절 또는 오순절이라 불리어졌습니다.

첫째, 칠칠절, 곧 보리 수확의 첫 단을 거둘 때부터 7주간(7일×7주)에 걸쳐 곡물 추수가 무사히 끝남을 감사하며 보리의 처음 익은 열매를 드리는 날인데 가나안에 정착하여 농사를 짓게 된 이스라엘 백성들이 처음 거둔 곡식으로 하나님께 감사하는 절기입니다(출 34:22).

둘째, 오순절, 곧 보리의 첫 수확을 하나님께 드린 무교절로부터 밀 수확을 마치기까지 세어 50일째 되는 날에 지키는 명절로 단 하루 동안 모두 함께 먹고 마시는 축제입니다(레 23:16). 신약시대에 들어와서는 성령께서 강림하신 날이 오순절입니다. [도움말씀] 행 2:1

3. 맥추절의 의의

첫째, 땅의 소산을 주신 하나님께 감사하는 절기입니다. 가나안에 정착하게 하시고 땅의 소산을 주신 하나님께 감사하는 절기입니다. 애굽의 종살이에서 구원하시고 조상에게 하신 약속을 따라 가나안 땅을 기업으로 주신 하나님께 감사하는 날이 맥추감사절입니다.

둘째, 가난한 이웃을 돌아보는 기회입니다. 떨어진 이삭을 다 거두지 말고, 밭모퉁이 곡식을 다 베지 말며, 나무의 열매를 다 거두지 않음으로(신 24:19-21) 빈부귀천 모든 백성은 하나님의 자녀요 한 가족이라는 공동체 의식을 고취하는 데 그 뜻이 있습니다. [도움말씀] 신 26:1, 2, 5

4. 맥추절을 지키는 법

첫째, 20세 이상의 남자가 의무적으로 여호와께 보여야 합니다(출 23:17). 베풀어 주신 은혜에 감사하며 20세 이상의 남자들은 의무적으로 절기를 지키며 하나님의 성전으로 나와야 했지만 아이나 여자도 참예할 수 있었습니다. 보리 추수를 하며 여기까지 인도하시고 복주신 하나님께 감사하는 한편 장래에도 동일한 은혜를 주실 것을 간구하기 위해 모이는 것이었습니다.

둘째, 하나님이 주신 복을 따라 감사예물을 드리는 것입니다(신 16:17). 밀 추수가 끝난 다음 풍성한 수확을 감사하며 추수한 첫 밀을 곱게 빻고 누룩을 넣어 만든 떡 두 덩이를 요제 즉 흔들어 드리는 제사로 하나님께 드린 후(레 23:15-17) 각자가 자기의 첫 열매를 드립니다. 첫 열매란 추수한 시간에서 첫 번이라는 뜻보다는 가장 좋은 것이란 의미입니다.

셋째, 한 해의 전반기가 끝나고 후반기가 시작되는 7월 첫 주에 지킵니다. 인생의 모든 것은 오직 하나님께로 말미암음을 고백하고 수확의 기쁨을 주신 하나님께 감사하며 일상의 모든 생활을 중단하고 하나님을 향한 자신의 신앙을 재무장하는 날로 맥추절을 지킵니다. 농경 사회 뿐 아니라 무슨 사업, 어느 일터에서 일하든지 하나님이 주신 수확을 감사하며 영혼의 추수 곧 전도 사역에도 많은 수확을 걷도록 노력해야 할 것입니다.
[도움말씀] 민 18:12

결론
이스라엘 백성의 3대 절기는 신약 성도들에게도 큰 의미가 있습니다. 예수께서 유월절 어린양으로 속죄의 피를 흘리셨기에 고난주간을 기념하고 부활의 첫 열매로 다시 사셨기에 부활절을 지킵니다. 오순절에 성령 강림하심으로 그리스도의 몸인 교회의 일원이 된 성도들은 첫째 부활에 참여할 소망을 가지고 하나님께 감사하며 날마다의 삶 속에서 하나님의 인도하심과 공급하시는 사랑에 감사해야 합니다. 그리고 예수님 다시 오시는 재림의 날은 모든 성도들 즉 산 자와 죽은 자가 함께 공중으로 이끌려감을 입고 그리스도의 신부로 영접 받게 될 것입니다. [도움말씀] 출 34:18-24

말씀 실천하기
1. 주신 것에 감사하기보다 없는 것을 불평하고 있지는 않습니까?
2. 주신 복을 나눌 수 있는 구체적인 대상과 방법을 나눠봅시다.

합심 기도하기
1. 원망불평을 회개하고 작은 것으로부터 범사에 감사하는 생활을 하도록.
2. 나보다 어려운 이웃을 사랑하고 그 필요를 채우는 복의 통로가 되도록.

♥ 금주의 실천사항을 한가지씩 적어보세요.

♥ 다음예배는 (   ) 에서 (   )월 (   )일 (   )시 (   )분

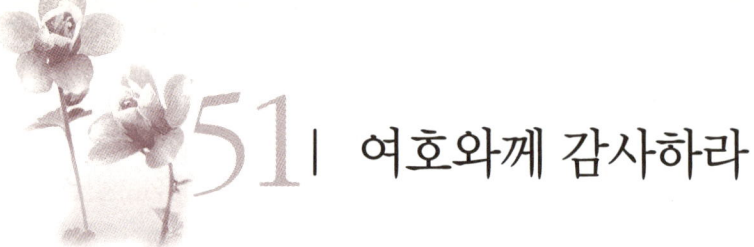

51 여호와께 감사하라

이룰목표 : 추수감사절의 유래와 의미를 생각한다.
감사하며 보답하는 삶을 살아가도록 한다.

추수감사절

사도신경 / 다같이
찬송 / 589장(통308)
기도 / 회원 중
말씀 / 시 100:1-5
· 새길말씀 - 딤전 6:8
헌금찬송 / 588장(통307)
헌금기도 / 회원 중
주기도문 / 다같이

감사란?

감사는 하나님과 다른 사람들이 내 삶에 혜택을 준 것에 대하여 진심으로 고마움을 표현하는 것이다.

말씀 살펴보기

· 여호와를 어떻게 섬겨야 합니까?(2절)
· 하나님은 어떤 하나님이십니까?(5절)

말씀 나누기

무르익은 오곡백과를 거두는 11월은 감사의 달입니다. 성경이 명한 3대 절기인 유월절, 맥추절, 수장절(출 23:14-16) 중 수장절(收藏節)은 연말에 추수를 마치고 하나님께 감사하는 절기입니다. 다른 말로는 장막절(帳幕節) 또는 초막절(草幕節)이라고도 합니다. 성경에 나타난 첫 감사는 가인과 아벨이 땅의 소산과 양의 첫 새끼로 하나님께 감사의 제사를 드린 것에서 찾아볼 수 있습니다(창 4:3-4). 기독교 역사상으로는 영국의 청교도들이 종교의 자유를 찾아 신대륙인 미국 매사추세츠 주의 케이프 코드에 도착하여 겨울을 지내며 추위와 질병으로 많은 사람이 죽고 어려움을 겪은 후 다음 해인 1621년 11월 추수를 마치고 3일간 감사절 행사를 가졌습니다. 이후 1789년 미국의 초대 대통령인 워싱톤이 추수감사절을 국경일로 정하였고 1941년 미국 의회 결의로 11월 넷째 목요일로 지정하였습니다. 한국교회는 1904년 조선 장로교에서 11월 10일을 추수감사절로 결정하였고 1914년에 각 교단 선교부의 회의를 통해 11월 셋째 주일에 지키기로 결정하여 오늘에 이르고 있습니다.

1. 결실하게 하시고 공급하시는 하나님께 감사할 것입니다

첫째, 씨를 심고 가꾸는 수고가 크지만 자라게 하신 분은 하나님이십니다(고전 3:6-7). 농부들이 심고 가꾸는 수고를 하지만 곡식을 자라게 하시는 분은 하나님이십니다. 그러므로 하나님께 감사해야합니다. 임금님 수라상에 맛있는 김치가 올랐습니다. 주방장에게 감사하며 사례하려 하자, 그 공을 배추장수에게 돌리며 좋은 배추를 가져다 준 상인이 상 받을 사람이라고 말했습니다. 임금님께 불려온 배추장사는 좋은 배추를 재배한 농부가 상을 받아야 할 것이라고 말했습니다. 농부는 심고 가꾸는 수고는 자기가 했으나 햇빛과 비를 적당하게 내려주신 하나님께서 자라게 하셨으니 하나님께 감사드리시라고 말했답니다.

둘째, 먹고 쓸 것을 주셨으니 하나님께 감사해야합니다(딤전 6:8). 이북을 탈출한 노동자 안 모 씨가 담뱃갑 속에 소형 카메라를 숨겨 몰래 찍은 비디오에 소위 꽃제비(일정한 거주지 없이 떠도는 북한의 굶주리는 아이들)들이 추운 겨울인데 신발도 신지 못한 맨발로 질퍽거리는 시장바닥을 떠돌며 진흙창에 떨어진 음식찌꺼기를 줍는 모습이 보였습니다. 먹고 사는 일이 힘든 이북의 실정을 잘 보여주는 것입니다. 음식을 먹고 많이 남은 것을 볼 때, 특히 음식점에서 음식쓰레기로 버려질 남긴 음식을 볼 때 이북의 굶주리는 동족들이 떠오릅니다. 우리가 태어날 때 아무것도 가져온 것이 없습니다. 그런데도 먹고 입고 생활할 수 있게 되었으니 하나님께 감사할 일입니다. 우리의 필요를 채우기 위해 수고한 농부와 상인 등 주변분들에게도 감사한 마음을 가지고 살아야합니다.

셋째, 공중의 새를 먹이시고 들의 백합화를 입히시는 하나님께 감사할 것입니다(마 6:26, 30). 우리에게 먹고 쓸 것을 주시는 하나님께서는 공중의 새를 먹이시고 들의 풀까지 입히시는 사랑의 하나님이십니다. 새보다 들풀보다 귀한 하나님의 자녀들을 돌보시며 창조하신 피조물을 사랑으로 돌보시는 하나님의 손길에 감사함을 드려야할 것입니다.

[도움말씀] 마 6:26 ,30

2. 생명과 호흡을 주시는 하나님께 감사할 것입니다

첫째, 음식이나 의복보다 귀중한 것이 목숨이며 몸이기 때문입니다(마 6:25). 먹고 마시는 것도 몸과 생명을 위한 것인데, 음식이나 의복보다 귀한 것은 우리의 목숨이며 우리의 몸입니다. 그러므로 귀한 생명을 주신 하나님께 감사해야 합니다.

둘째, 우리에게 몸을 주시고 키워주신 부모님께 감사해야 합니다(잠 23:25). 생명은 하나님께 속한 것이지만 우리를 이 땅에 출생하기까지 낳고 키워주신 분은 부모님이십니다. 그러므로 부모님을 즐겁게 해드리고 감사한 마음으로 봉양함이 마땅합니다.

셋째, 영생을 주시고 영혼을 소생케하시는 하나님께 감사할 것입니다(시 23:3). 타락한 인생을 구속하시고 예수 그리스도를 통해 영원한 생명을 주시는 분이 하나님이십니다. 이러한 은혜를 입은 하나님의 자녀들은 외적인 조건에 따라 감사하는 것이 아니라 아무것도 없고 어려운 환경에 처한다 할지라도 허락하신바 구원과 주신바 영원한 생명을 인해 하나님께 감사하며 찬송해야 합니다.

[도움말씀] 살전 5:18

3. 어떻게 감사해야 할까요?

첫째, 기쁨으로 여호와를 섬기고 감사의 찬송을 드릴 것입니다(시 100:2, 4). 생명과 호흡을 주시고 우리의 필요를 채우시는 하나님께 마음 깊은 곳으로부터 감사를 드리고 기쁨으로 찬송을 불러 크신 이름을 높여야할 것입니다.

둘째, 가장 좋은 것을 가져와 하나님께 드리며 감사할 것입니다(신 26:2, 10). 독생자를 아낌없이 주신 하나님께 우리도 가장 좋은 것을 드려 감사해야 합니다. 소산의 만물 곧 가장 좋은 것을 하나님께 드리며 감사하고 경배해야 합니다. 셋째, 하나님과 부모님의 은혜를 감사하며 보답할 것입니다(시 116:12). 하나님과 부모님으로부터 받은바 은혜와 사랑을 생각하며 힘을 다해 감사하며 보답하는 삶을 살아야 합니다. 하나님을 영화롭게 하고 부모님을 기쁘시게 하는 우리가 되어야 합니다.

[도움말씀] 신 26:10

결론

아무리 많이 소유해도 인간의 욕심은 무저갱(無底坑)같아서 만족할 줄을 모릅니다. 어떠한 형편에서도 자족(自足)함을 배워(빌 4:11) 범사에 감사해야 합니다(살전 5:18). 한국교회가 다 함께 지키는 추수감사주일을 통해 지난 한 해에 돌보아 주시고 인도해 주신 하나님께 감사하며 보답하는 삶을 새롭게 하시기 바랍니다.

말씀 실천하기

1. 하나님으로부터 그리고 부모님으로부터 받은 사랑과 은혜를 말해봅시다.
2. 감사하고 보답하는 삶을 살지 못하는 이유를 깨닫고 실천합시다.

합심 기도하기
   1. 원망하고 불평하던 것을 용서하시기를.
   2. 받은 사랑과 은혜를 감사하며 보답하는 삶을 살아갈 수 있도록.

♥ 금주의 실천사항을 한가지씩 적어보세요.
_____

♥ 다음예배는 (   ) 에서 (   )월 (   )일 (   )시 (   )분
_____

기쁨의 성품을 소개합니다

주님 때문에 기뻐하십시오

기쁨은 그리스도인의 삶을 보여주는 얼굴과 같습니다.
어떤 환경에서도 기뻐할 수 있는 것은 그리스도인의 특권이자 의무입니다.
우리의 성품은 무엇 때문에, 누구 때문에 기뻐하느냐에 따라 결정됩니다.
기쁨의 가장 큰 적인 염려를 기도와 감사로 물리치고 마음을
오직 하나님께 드려야 합니다.
그래서 하나님의 평강이 우리 마음을 지키시게 해야 합니다.

기쁨을 누리기 위해서는 감각이 살아나야 합니다.

고통스러운 깨어짐의 과정을 통해 감각이 살아나고 민감성이 회복됩니다.
깨달음이 임할 때 환희를 경험하며, 거룩한 즐거움을 경험합니다.
사랑할 때 온 몸의 감각이 살아나고 새롭게 호흡합니다.
성령님이 충만히 임하실 때 영적 감각이 회복되어 환희를 느낍니다.

52 | 큰 기쁨의 좋은 소식

이룸목표 : 복음의 핵심이 무엇인가를 배운다.
하나님은 약속을 지키시는 분임을 깨닫는다.

성탄절

사도신경 / 다같이
찬송 / 119장(통119)
기도 / 회원 중
말씀 / 눅 2:8-14
· 새길말씀 - 눅 2:11
헌금찬송 / 122장(통123)
헌금기도 / 회원 중
주기도문 / 다같이

기쁨

주님과 온전히 교제하여
심령이 밝아지고
얼굴에 빛이 나는 것.

말씀 살펴보기

· 천사가 목자들에게 전해준 말은 무엇이었습니까?(10절)
· 임마누엘이란 말은 무슨 뜻인가요?
  (사7:14; 마 1:23절)

말씀 나누기

하나님의 아들 예수 그리스도께서 인간의 몸을 입고 이 땅에 오셨다는 것은 온 세상에 미칠 큰 기쁨의 좋은 소식입니다. 왜냐하면 이는 아담의 범죄 이후에 첫 번째 하셨던 구원의 약속을 이루시기 위해서 이 땅에 오셨기 때문입니다. 구약 전체 속에 선지자들의 예언을 한 가지로 묶는다면 메시야가 이 땅에 오셔서 인류를 구원하신다는 약속입니다. 그 약속을 성취하기 위해 이 땅에 오신 분이 바로 예수 그리스도이신 것입니다. 왜 예수 그리스도의 탄생이 복음입니까?

1. 직무에 충실한 목자들에게 첫 번째로 전해진 소식이기 때문입니다

놀랍게도 이 소식은 예루살렘 성전의 제사장이나 성경을 가르치던 서기관이나 바리새인들이 아니라 베들레헴 들녘에서 밤중에 양을 지키던 목자들에게 첫 번째로 들려졌습니다. 저들을 양떼를 맹수로부터 지키기 위해 남들이 잠자는 밤중에도 지키고 있었습니다. 저들은 유대 사회에서 천한 주목받지 못한 목자들이었습니다. 그러나 이들은 자기의 주어진 일을 충성스럽게 감당하는 사람들이었습니다. 이들에게 기쁜 소식을 전해주신 것입니다. 또 예수님은 마구간에 말구유에 태어났습니다. 이처럼 가장 낮은 곳, 소외되고 포로된 자와 눌린 자를 자유케 하시려고 이 땅에 오셨습니다. 그러므로 복음은 깨어있는 자에게 들려집니다. [도움말씀] 요 10:11

2. 온 백성에게 미칠 큰 기쁨의 소식이기 때문입니다

'복음'이란 헬라어로 '유앙겔리온'이란 말로 '기쁜 소식', '복된 소식'이란 뜻입니다. 한밤중에 주의 사자가 나타나 말하기를 "무서워하지 말라 보라 내가 온 백성에게 미칠 큰 기쁨의 좋은 소식을 너희에게 전하노라 오늘 다윗의 동네에 너희를 위하여 구주가 나셨으니 곧 그리스도 주시니라" (10,11절) 여기서 주목할 것은 세 마디 말씀입니다.

첫째로 "너희를 위하여"라는 말씀입니다. 이 말은 물론 그 당시 밤에 들에서 양떼를 지키던 베들레헴 성 밖의 "목자들을 위하여"라는 말이었습니다. 그러나 이 말은 온 백성 즉 이 세상의 "모든 사람들을 위하여"라는 말입니다. 특히 가난하고 소외된 "모든 사람들을 위하여"라는 말입니다. 또한 이 소식을 들은 우리를 위하여 예수 그리스도께서 이 땅에 오신 것입니다.

둘째는 "구주가 나셨으니"라는 말씀입니다. 구주라는 말은 물에 떠내려가는 자를 건져 내듯이 죄와 사망에 눌려있는 자들을 구원하여 주시는 분이라는 의미입니다. 죄악에서 건져 주시고, 질병에서 건져 주시고, 절망에서 건져 주시고, 지옥에서 건져 주시고, 열등감에서 건져 주시고, 교만과 위선에서 건져주시고, 그리고 모든 불행에서 건져주시는 구주가 오셨다는 말입니다.

셋째는 "평화로다"라는 말씀입니다. 천군천사들의 찬송하기를 "지극히 높은 곳에서는 하나님께 영광이요 땅에서는 하나님이 기뻐하신 사람들 중에 평화로다 하니라"(14절) 예수님이 이 땅에 오신 복음은 하나님께는 영광을 돌리는 사건이요, 예수 그리스도를 나의 구주로 영접하는 자들에게는 진정한 평화가 임합니다. 먼저는 하나님과의 관계가 회복되는 평화입니다. 그리고 인간과의 관계가 회복되는 평화입니다. 이러한 평화를 위해서 이 땅에 오신 예수님은 십자가에서 화목제물이 되신 것입니다. 사람들은 누구나 평화를 원합니다. 그런데 진정한 평화는 구주로 오신 아기 예수를 받아 드리는 데서 옵니다. 그래서 선지자 이사야는 메시야를 가리켜 "평강의 왕"이라고 불렀습니다. [도움말씀] 눅 1:69

3. 구약예언의 성취 소식이기 때문입니다

첫째, 처녀의 몸에서 태어나셨습니다(마 1:23; 창 3:15; 사 7:14). 사람은 어머니의 태속에서부터 죄로 오염되었기에 의인은 한 사람도 없습니다(시 51:5). 그래서 예수님은 아담의 씨를 받은 남자로부터 태어나신 것이 아니라 사내를 알지 못하는 처녀, 즉 동정녀의 몸을 통해 죄와 상관없이 육신을 입고 태어나셨습니다. 이는 아담이 범죄 했을 때 하나님께서 사단의 권세를 깨트릴 구주는 "여자의 후손"이라고 말씀하셨습니다(창 3:15). 그러므로 예수님은 여자의 후손으로 이 땅에 오신 것입니다.

둘째, 다윗의 고향인 베들레헴에서 태어나셨습니다(눅 2:11). 다윗 왕의 후손으로 오시는 분이라는 것과 함께 구약의 미가선지자를 통해 "베들레헴 에브라다야 너는 유다 족속 중에 작을 지라도 이스라엘을 다스릴 자가 네게서 내게로 나올 것이라 그의 근본은 상고에 영원에 있느니라"(미 5:2)고 예언하셨습니다. 그러므로 예수님은 반드시 다윗의 동네 베들레헴에서 태어나셔야 했습니다. 그런데 실제적으로 예수님의 어머니 마리아는 나사렛에서 살고 있었습니다. 그런데 놀랍게도 그 때 가이사 아구스도가 호적령을 내려 요셉과 그의 정혼녀였던 마리아가 함께 베들레헴으로 여행을 떠나게 되어 베들레헴에서 예수님이 탄생하게 되었다는 것입니다. 하나님의 정확한 예언의 성취였습니다. [도움말씀] 미 5:2

결론

예수 그리스도가 이 땅에 오신 것은 온 세상에 미칠 큰 기쁨의 소식이었습니다. 이 소식을 가장 먼저 들은 사람들은 저 베들레헴의 들녘에서 양을 치던 자들이었습니다. 예수님은 가장 낮고 천한 말구유에서 태어나셨습니다. 그러나 이 소식이야말로 하나님께는 영광이 되고 땅에 사는 우리 모두에게 평화의 소식이었습니다. 이 귀한 복음은 이 땅에 모든 사람들에게 들려져야 할 진정한 복음인 것입니다. 누구든지 저를 믿는 자는 멸망치 않을 뿐 아니라 하나님의 자녀가 되는 놀라운 은혜를 얻게 되기 때문입니다.

하나님께 감사하고 나신 왕 예수 그리스도를 찬양합시다. 2000년 전에는 추운 밤에 마구간에서 나신 아기 예수님은 얇은 강보에 쌓여 구유에 뉘셨습니다. 그러나 이제는 예수님을 우리 마음, 따뜻한 우리 가정에 주님으로 왕으로 모셔야 하겠습니다. 독생자를 아낌없이 주신 하나님께 경배와 찬양을 드리고 땅에 거하는 모든 사람들에게 주시는 평화를 감사해야 할 것입니다.

[도움말씀] 요 1:12

말씀 실천하기

1. 이 땅에 오신 예수님을 살아계신 하나님의 아들과 나를 죄와 사망에서 구원하시는 그리스도로 고백하십니까?
2. 복음은 증거 되어야 합니다. 온 백성에게 미칠 큰 기쁨의 좋은 소식을 전하는 삶을 살아갑시다.

합심 기도하기

1. 깨어 기도하다가 재림하시는 예수님을 만날 수 있도록.
2. 초라하게 나셨던 초림의 예수님은 영광의 왕으로 산 자와 죽은 자를 심판하실 재판장으로 다시 오실 것입니다. 선한 일에 열심으로 충성하다가 칭찬과 상급을 받을 수 있도록.

♥ 금주의 실천사항을 한가지씩 적어보세요.

♥ 다음예배는 (   ) 에서 (   )월 (   )일 (   )시 (   )분

관용의 성품을 소개합니다

풍성한 은혜를 관용의 기회로 삼으십시오
관용이란 다른 사람과의 관계를 통해 드러나는 성품으로서,
다른 사람이 잘 되도록 배려하는 것입니다.
관용하기 위해서는 자신이 힘들게 투자한 일에 집착하는 것을 버려야 합니다.
그래서 관용은 먼저 선택할 수 있는 권리를 양보하는 것이며
다른 사람의 과실도 용서하는 것입니다.

관용의 습관을 형성하는 원리
하나님의 약속을 신뢰하십시오. 하나님의 약속을
신뢰하는 것은 하나님의 말씀을 신뢰하는 것입니다.
풍부 의식을 가지십시오. 풍부하신 하나님은 얼마든지
우리에게 풍성한 복을 주실 수 있습니다.
청지기 의식을 가지십시오. 풍부하신 하나님은
얼마든지 우리에게 풍성한 복을 주실 수 있습니다.
종말 의식을 가지십시오. 언젠가는 이 땅을 떠나야 하고
그 때는 아무 것도 가지고 갈 수 없습니다.
관용을 베풀 수 있는 것도 기회입니다.

추석명절 | 부모님의 소원과 당부

이룰목표 : 자녀를 향한 부모님의 마음과 소원을 헤아려보는 시간을 가집시다.
자녀들을 주의 교훈 훈계로 양육하는 좋은 부모가 됩시다.

찬 송: 301장(통460), 배울말씀: 왕상 2:1-4, 새길말씀: 시 24:1, 폐회찬송: 310장(통410)

말씀 살펴보기

- 다윗 왕이 나이 많아 늙었을 때 무엇을 깨달았습니까?(2절)
- 사랑하는 아들 솔로몬에게 유언처럼 남긴 말이 무엇입니까?(3절)
- 하나님께서 다윗에게 약속하신 말씀은 무엇입니까?(4절)

말씀 나누기 / 한가위(중추절) 가정예배 순서

※ 예배인도는 가정에서 가장 어른이 인도하시는 것이 좋습니다.
그렇지 못한 경우에는 신앙의 경험이 있는 사람이 인도합니다.
다같이 묵도하겠습니다. (다같이 머리 숙여 묵도하는 동안 사회자는 아래 성경을 찾아 읽습니다)

묵　　도 ················ 시편 24:1-4 ················ 사 회 자
찬　　송 ········ 301장 / 지금까지 지내온 것 ········ 다 같 이
기　　도 ···· (가족 중에서 기도할 수 있는 분 또는 사회자가) ···· 기 도 자
　　　무더위와 태풍 가운데서도 결실의 계절을 맞게 됨에 대하여 감사
　　　온 가족이 한 자리에 모여 함께 예배드리게 됨을 감사
　　　우리를 낳고 키우시느라고 애쓰신 조상들의 은혜를 감사
　　　이 시간의 예배가 하나님께 영광이 되는 시간이 되도록 간구함

성경봉독 ················ 열왕기상 2:1-4 ················ 사 회 자

말씀과훈계 ·· 설 교 자

땅과 거기 충만한 것과 세계와 그 중에 거하는 자가 다 여호와의 것입니다. 장마와 홍수, 무더위와 태풍 속에서도 풍성한 결실을 허락하신 하나님께 감사를 드려야 합니다. 예전

보릿고개라 하여 먹을 것이 부족하기 때문에 굶기를 밥 먹듯 할 때가 있었습니다. 그 때엔 "더도 말고 덜도 말고 한가위만 같아라!"라고 소원을 빌었습니다. 그러나 지금 우리나라는 잘 사는 나라가 되었고 오히려 명절에 살이 찔까봐 걱정하는 때를 살아가고 있습니다. 아직도 이북에서는 이밥에 고깃국을 먹는 것이 국가적 목표이다시피 가난을 면치 못하고 있습니다. 하나님을 경외하지 않음에서 삼팔선 남쪽 대한민국과 달리 북쪽은 세계를 향해 구걸하는 비참한 형편에 놓이고 말았습니다.

오곡백과가 무르익고 풍성한 결실 속에 가을을 맞으면서 우리는 먼저 하나님께 감사드리고 우리를 낳고 키워주신 조상님과 부모님의 은혜를 기억하고 감사해야 하겠습니다.

이 세상에 태어난 사람은 언제일지는 몰라도 다 세상을 떠날 수밖에 없습니다. 그러나 자녀들이 하나님의 말씀과 부모의 교훈에 따라 바로 살기를 원하는 것이 부모의 마음입니다. 다윗 왕이 그 아들 솔로몬에게 부탁한 말씀은 우리 조상들이 우리에게 원하시는 부탁의 말씀일 것입니다. 하나님께 순종하고 진리 안에서 사는 자녀는 낳고 키워주신 부모에게 기쁨이 됩니다. 또한 하나님께서 말씀하시기를 이렇게 바로 살아가는 자녀들은 무엇을 하든 어디로 가든 형통하리라 약속하셨습니다.

추석을 맞으며 우리는 하나님과 조상들의 은혜를 감사하며 그 교훈을 따라 바로 살아가기로 다짐하는 시간을 가져야 되겠습니다. 이렇게 살 때 영혼과 육신이 아울러 복을 받고 하나님께도 영광을 돌리는 삶을 살게 되는 것입니다. 요한 사도도 노년에 믿음의 자녀들이 진리 안에서 산다함을 듣는 것보다 더 큰 기쁨이 없다고 이야기했습니다(요삼 1:2). 중추절을 은혜 가운데 맞으며 하나님의 자녀들은 하나님 아버지께 영광과 감사를 드리며, 가문을 빛내는 자손들이 되도록 힘써야 하겠습니다. 또한 받은바 복을 이웃과 나누는 복의 통로로 보람된 삶을 살아가야 하겠습니다.

기 도	설 교 자
추모의말	가 족 들
(돌아가신 조상들의 생애를 돌아보며 그분들의 신앙 일화나 평소 하셨던 교훈을 되새긴다)	
찬 송 310장 / 아 하나님의 은혜로	다 같 이
주 기 도	다 같 이
폐 회 (이상으로 한가위 감사예배와 추모예배를 마칩니다)	사 회 자

* 폐회 후 식사나 다과를 나눈다. 추모예배는 음식을 차려 놓고 예배드리는 것이 아니 예배 후에 식탁을 차릴 것이다.

장년부 성품시리즈 1 (통합용)

초판1쇄 | 2009년 11월 10일
개정증보 | 2011년 12월 5일
발행처 | 예수교대한성결교회 총회 (도서출판 JKSC)
발행인 | 석광근
편 집 | 예수교대한성결교회 총회 교육국
편집인 | 최귀수
등 록 | 1974. 2. 1. No. 300-1974-2
주 소 | 110-091 서울 종로구 행촌동 1-30
전 화 | 070_7132_0000 팩스 | 02_725_7079

www.sungkyul.org

값 6,000원